GEFÄHRLICHE MISSION

Oliver Schröm

GEFÄHRLICHE MISSION

Die Geschichte des erfolgreichsten deutschen Terrorfahnders

Scherz

Für Dorothee

www.fischerverlage.de

Erschienen im Scherz Verlag, einem Unternehmen der
S. Fischer Verlag GmbH, Frankfurt am Main 2005
Satz: MedienTeam Berger, Ellwangen
Druck und Bindung: GGP Media GmbH, Pößneck
Printed in Germany

ISBN 3-502-15016-8

Inhalt

Teil I

IM FADENKREUZ PALÄSTINENSISCHER TERRORISTEN

Nikosia, Zypern, 7. Dezember 1989

Als er das kalte Metall an seiner Schläfe spürt, weiß Richard Böttcher, dass es ein Fehler war, so einfach in das Haus zu gehen. Er hätte damit rechnen müssen, dass hinter der Tür ein Leibwächter postiert ist. Aber jetzt ist es zu spät. Böttcher fühlt, wie sein Puls schneller geht. Er wagt nicht, sich zu bewegen.

Es dauert einige Sekunden, bis sich seine Augen an das Licht in dem dunklen Flur gewöhnen. Als sich sein Blick klärt, erkennt er aus den Augenwinkeln, was ihn bedroht. Adrenalin schießt ihm ins Blut. Aus der Dunkelheit ragt der Gewehrlauf eines Sturmgewehrs sowjetischer Bauart, einer Kalaschnikow. Sein Herz rast.

Böttcher nimmt die Person nicht wahr, die ihm die Mündung des Gewehrs ins Fleisch bohrt. Er schielt nur auf die Hand. Der Zeigefinger liegt am Abzug der Kalaschnikow. Böttcher wagt es immer noch nicht, sich zu rühren. Die Sekunden scheinen sich bis zur Unendlichkeit auszudehnen. Er fühlt nichts außer seinem Herzschlag. Der Finger am Abzug krümmt sich mehr und mehr.

Plötzlich hört er Schritte. Böttcher löst seinen Blick, dreht seinen Kopf leicht zur Seite und schaut seinem Gegenüber ins Gesicht. Wie durch ein Vergrößerungsglas erkennt er jede Pore in dem scharf geschnittenen Antlitz eines jungen Arabers, der ihn mit aufgerissenen Augen anstarrt. Böttcher kämpft gegen die Panik an, der Bursche könnte die Nerven verlieren.

Die Schritte kommen näher. Die Augen seines Gegenübers huschen hin und her. Abwechselnd schaut der junge Araber zu Böttcher, dann wieder in Richtung der Schritte, die nun verstummen. Vorsichtig dreht auch Böttcher seinen Kopf. Nur wenige Meter von ihm entfernt steht ein Mann. Böttcher mustert ihn mit geübtem Blick. Der Mann trägt Anzugshose und Hemd. Er sieht aus, als wollte er gerade das Haus verlassen und sich nur noch schnell ein Jackett überziehen. Der Mann hebt seine rechte

Hand. Eine Geste, die dem Araber befiehlt, nicht gleich zu schießen, wie Böttcher erleichtert registriert. Böttcher kennt den Mann, der ihm drei Meter entfernt gegenübersteht. Er ist ein berüchtigter, palästinensischer Terrorist. Sein Name: Abu Walid al Iraki. Seinetwegen ist er hier.

Böttcher ist verblüfft. Abu Walid hat sich kaum verändert, seit sie sich das letzte Mal gesehen haben. Noch immer hängt ihm eine Locke tief in die Stirn seines markanten Gesichts, und das Menjou-Bärtchen sieht immer noch aus wie angeklebt. Lediglich die grau melierten Kopf- und Barthaare verraten, dass seit ihrem letzten Zusammentreffen zehn Jahre vergangen sind.

Die Augen von Abu Walid fixieren Böttcher. Er sagt kein Wort. Böttcher hält dem Blick stand. Aber das Schweigen zerrt an seinen Nerven. Er sieht Abu Walid an, dass er sich zu erinnern versucht, woher sie sich kennen. Böttcher kämpft gegen den Gedanken an, dass Abu Walid falsche Schlüsse ziehen könnte. Wenn Abu Walid seine Hand herunternimmt, wäre dies sein Todesurteil.

Böttcher weiß nur zu gut, dass Abu Walid es gewohnt ist, Todesurteile zu fällen. Nach unbestätigten Geheimdienstberichten saß Abu Walid mit am Tisch, als eine Runde palästinensischer Terroristen im Sommer vergangenen Jahres im libyschen Tripolis beschloss, einen tödlichen Irrtum zu rächen. Der US-Kreuzer »Vincennes« hatte kurz zuvor, im Juli 1988, versehentlich einen iranischen Airbus über dem Persischen Golf abgeschossen. Bei einem Vergeltungsanschlag sollten nun möglichst viele US-Amerikaner ums Leben kommen.

Einen Monat nach dem Treffen explodierte über dem schottischen Lockerbie eine Passagiermaschine der amerikanischen Fluggesellschaft PanAm. Die Boeing stürzte mitten in das schottische Städtchen und hinterließ eine tiefe Schneise der Verwüstung. 270 Menschen starben. Wer wirklich hinter diesem Anschlag steckte, ist unklar. Neben dem libyschen Diktator Muammar al-Gaddafi werden auch iranische Mullahs als mögliche Auftraggeber genannt. Angeblich haben sie den Attentätern zehn Millionen Dollar Belohnung versprochen.

Mittlerweile beschäftigt der Terroranschlag auch deutsche Ermittlungsbehörden. Der Koffer mit der Bombe wurde vermutlich am Frankfurter Flughafen aufgegeben. Jedenfalls startete PanAm-Flug 103 immer in Frankfurt und flog dann über London nach New York. Aber Böttcher ist nicht hierher gekommen, um sich mit Abu Walid über den Anschlag von Lockerbie zu unterhalten.

Im Augenblick hat Böttcher den Eindruck, dass sich Abu Walid mit ihm nicht einmal über das Wetter unterhalten würde. Wortlos starrt ihn der Palästinenser an. Böttcher kennt den Blick von früher. Unter den tief hängende Lidern verengen sich seine Augen zu schmalen Schlitzen. Ganz offensichtlich durchforstet er noch immer sein Gedächtnis, in welchem Zusammenhang sie sich schon einmal begegnet sind. Fieberhaft überlegt Böttcher, wie er die Situation entspannen kann. Er muss Abu Walid irgendwie auf die Sprünge helfen.

»Erinnerst du dich?«, sagt er mit gespielter Herzlichkeit, als würde er einen verloren geglaubten Freund wiedersehen.

Keine Reaktion.

Böttcher holt tief Luft. Sein Herz rast weiter. Misstrauisch starrt ihn Abu Walid an. Die Spannung im Raum steigert sich ins Unermessliche. Der Lauf der Kalaschnikow drückt ihm noch immer ins Fleisch. Nun kommt es darauf an. Wenn Abu Walid nicht sofort reagiert, ist es vorbei, denkt Böttcher. In diesem Moment heben sich die Mundwinkel von Abu Walid zu einem kaum merklichen Lächeln.

Böttcher atmet auf.

Abu Walid sagt etwas auf Arabisch. Der Leibwächter lässt die Kalaschnikow sinken, ohne jedoch den Finger vom Abzug zu nehmen.

»Was willst du?«, wendet sich Abu Walid auf Englisch an Böttcher. Sein Gesicht hat nun einen leicht amüsierten Ausdruck.

Böttcher zögert einen Moment, bevor er antwortet. »Reden«, sagt er und sieht ihn direkt an.

Mit einem Kopfnicken gibt ihm Abu Walid zu verstehen, dass er hören will, was Böttcher mitzuteilen hat.

Böttcher hat einen ganz trockenen Mund. Schweißperlen rinnen ihm den Rücken hinunter. Er schluckt, bevor er zu seiner eigenen Überraschung mit fester Stimme sagt: »Da draußen im Auto sitzt ein Freund von mir, der sich gerne mit dir einmal unterhalten will.«

Ein kurzes Schweigen tritt ein. »Worüber?«, entgegnet Abu Walid, ohne den Blick von Böttcher abzuwenden.

Böttcher ist nun etwas ruhiger. Sein Puls verlangsamt sich allmählich. Als er antwortet, spricht Böttcher ruhig und nachdrücklich. »Ich nehme mal an, es geht darum, einen inoffiziellen Kontakt zur *PLO*-Führung aufzubauen, sozusagen einen direkten Draht zu Arafat. Und da sie wissen, dass wir beide uns kennen, baten sie mich, den Kontakt herzustellen.«

Abu Walid lässt sich einen Moment Zeit, als würde er das Für und Wider abwägen. Böttcher weiß, dass dieses Zögern nur Theater ist. Ein solches Angebot kann Abu Walid nicht eigenmächtig ausschlagen. Zumindest muss er Rücksprache halten. Vielleicht sogar mit *PLO*-Führer Jassir Arafat persönlich.

»Okay«, sagt Abu Walid. »Wir melden uns.« Böttcher nickt. Vorerst gibt es nichts mehr zu bereden.

Der Leibwächter weicht keinen Millimeter zurück, als Böttcher an ihm vorbei zum Ausgang geht. Beim Hinausgehen spürt Böttcher die feindseligen Blicke des Leibwächters, der den rechten Zeigefinger noch immer nicht vom Abzug gelöst hat. Sein Puls nimmt wieder Fahrt auf.

Als Böttcher aus dem dunklen Flur ins Freie tritt, ist er für einen Moment geblendet. Anders als im nasskalten Deutschland scheint auf Zypern auch im Dezember die Sonne. Sie taucht die Insel in ein mattgoldenes Licht. Noch nie hat Böttcher ein vergleichbares Naturschauspiel erlebt. Dabei ist er weiß Gott viel in der Welt herumgekommen. Das bringt sein Job so mit sich. Seit zehn Jahren arbeitet er als Terroristenfahnder beim Bundeskriminalamt. Er lebt mehr oder weniger aus dem Koffer. Wobei Böttcher sich angewöhnt hat, nur mit Handgepäck zu reisen, unabhängig davon, wohin ihn sein Auftrag führt.

Manchmal wacht er morgens auf und weiß nicht, in welcher Stadt oder in welchem Land er sich gerade befindet. Nur eines weiß Böttcher immer, egal wie viel er am Abend zuvor getrunken hat: wie sein Tarnname lautet und mit welcher Legende er unterwegs ist. Er hat gelernt, innerhalb von Sekunden in eine andere Identität zu schlüpfen.

Aber diese Fähigkeit hätte ihm vor ein paar Minuten auch nichts genützt. Wenn der Leibwächter abgedrückt hätte, wäre von ihm nicht mehr viel übrig geblieben. Böttcher hat keine große Ahnung von Waffen. Außer auf dem Schießstand hat er noch nie von seiner Dienstwaffe Gebrauch gemacht. Aber es gehört nicht viel Phantasie dazu, sich vorzustellen, was ein Schnellfeuergewehr anrichtet, wenn es aus so kurzer Entfernung abgefeuert wird. Von seinem Kopf wäre nicht viel übrig geblieben. Im BKA hätten sie Schwierigkeiten gehabt, seinen Leichnam zu identifizieren. Falls es überhaupt eine Leiche gegeben hätte. Die Palästinenser hätten sie vermutlich verschwinden lassen, im Mittelmeer oder in einem Betonpfeiler auf einer der vielen Baustellen auf der Insel.

Böttcher spürt, wie die Anspannung sein Herz noch immer schnell schlagen lässt. Er kneift die Augen zusammen, um besser sehen zu können. Im gleißenden Licht zeichnet sich die Silhouette eines Mannes ab, der mit schnellen Schritten auf ihn zukommt. Der Mann hat dichtes graues Haar, ist Anfang fünfzig, bewegt sich aber erstaunlich geschmeidig für sein Alter. Nach einem kurzen Moment kann er sein Gesicht erkennen. Es ist Egon Schmitt, sein Freund und Partner. Er ist erleichtert, ihn zu sehen.

Böttcher ahnt, dass Schmitt gerade nachsehen wollte, was los ist. Nachdem er ihn nicht wie vereinbart hinzuholte, muss Schmitt angenommen haben, dass etwas nicht ganz nach Plan läuft. Auf seinen Partner ist auch in brenzligen Situationen Verlass. Schmitt hätte versucht, ihn herauszuboxen, auch wenn es gefährlich hätte werden können. Böttcher ist froh, dass es so weit nicht gekommen ist. Wäre Schmitt auch noch in das Haus geplatzt, hätte es ein Massaker gegeben.

Jetzt gilt es, schnell das Weite zu suchen. Böttcher gibt seinem Partner ein Zeichen, dass er zurückgehen und im Auto auf ihn warten soll. Mit einem kurzen Kopfnicken signalisiert Schmitt, dass er verstanden hat. Er macht auf dem Absatz kehrt und geht zum Wagen zurück. Böttcher geht ebenfalls in Richtung Auto. Es sind nur zwei- oder dreihundert Meter. Aber er muss sich zwingen, nicht zu rennen. Die Blicke des Leibwächters brennen sich in seinen Rücken.

Beim Auto angekommen, reißt Böttcher die Beifahrertür auf und steigt ein. Schmitt gibt Gas. Böttcher brüllt: »Verdammte Scheiße, das wäre fast schief gegangen.« Schmitt sagt nichts und versichert sich mit einem Blick in den Rückspiegel, dass ihnen niemand folgt. Böttcher schreit ihm weiter ins Ohr: »Wegen der Unfähigkeit deines Ladens wäre ich fast draufgegangen.« Als sie um die Ecke biegen, schaut Schmitt nochmals in den Rückspiegel. Jetzt erst ist er sich völlig sicher, dass sie nicht verfolgt werden. Beiläufig fragt er Böttcher: »Was ist eigentlich passiert?«

»Der Typ war nicht allein. Ein Leibwächter hat mit seiner Kalaschnikow herumgefuchtelt. Das ist passiert.«

Schmitt schaut Böttcher kurz fragend an, sagt aber kein Wort. Böttcher verliert wieder die Beherrschung: »Ihr habt ihn doch angeblich observieren lassen. Und dann wisst ihr nicht, dass da noch ein Leibwächter herumhängt? Was seid ihr bloß für Stümper. Typisch BND.«

»Jetzt beruhige dich erst mal. Es ist ja nichts passiert«, versucht Schmitt Böttcher zu besänftigen. Aber in Gedanken ist er ganz woanders. Die Operation ist noch nicht zu Ende. Sie hat erst angefangen.

Egon Schmitt ist siebzehn Jahre älter als Böttcher. Bevor er zum Bundesnachrichtendienst kam, hatte er zweiundzwanzig Jahre lang bei der Bundeswehr gedient, zuletzt als Oberstleutnant. Tausende von Rekruten hat er ausgebildet. 1979 hatte er genug von der Bundeswehr und heuerte wie so viele Berufssoldaten beim BND an. Zunächst arbeitete er in der Abteilung »Auswertung«. Aber bereits nach kurzer Zeit ließ er sich in eine andere Abteilung versetzen. Schmitt hatte festgestellt, dass er nicht fürs Büroleben geschaffen ist. Er wechselte in die Abteilung »Operative Aufklärung« und kam dort in das Referat »Internationaler Terrorismus«. Nach der Spionage gegen Mitgliedstaaten des Warschauer Paktes rangiert in der Prioritätenliste des deutschen Auslandsnachrichtendienstes »Internationaler Terrorismus« an zweiter Stelle: »Hohes Interesse. Vorrangiger Ansatz von Kapazität und Mitteln«, heißt es dazu in einem Papier des BND. Schmitt hat alle Freiheiten. Er ist ständig unterwegs. Meist zusammen mit Böttcher. »Wir haben die Lizenz zum Reisen«, bezeichnet Schmitt scherzhaft ihre Undercover-Einsätze.

Seit sieben Jahren sind sie Partner. Es war nicht gerade Liebe auf den ersten Blick. Dafür waren sie zu verschieden. Schmitt ist im Tiefsten seines Herzens Soldat. Er hasst Unpünktlichkeit. Wegen Böttchers ungezwungenem Umgang mit der Zeit anderer kam es anfangs häufiger zu Auseinandersetzungen. Böttcher wiederum konnte es nicht leiden, wenn Schmitt mit ihm redete wie mit einem Rekruten. Aber es half nichts, sie mussten miteinander zurechtkommen. Sie wurden Partner und irgendwann später sogar Freunde.

Es blieb aber immer eine ungewöhnliche Partnerschaft. Als BDN-Agent hat Schmitt andere Aufgaben als Böttcher, dessen Dienstherr das BKA ist. Aber mit solchen Förmlichkeiten hielten sich die beiden nicht lange auf. Von palästinensischen Terroristen ging seit geraumer Zeit eine Gefahr aus, auch für die Bundesrepublik. Und diese Gefahr galt es abzuwenden, indem sie möglichst weit im Vorfeld aktiv wurden, möglichst bevor überhaupt etwas passierte. So einfach war das. So sahen sie ihren Job.

Über die Jahre hatten Schmitt und Böttcher ein enges Netz von Informanten aufgebaut. Es war ihnen gelungen, V-Leute aus den unterschiedlichsten Terrororganisationen zu gewinnen, die sie mit großem Zeit- und auch Geldaufwand führten und »abschöpften«, wie in ihrer Branche die Informationsbeschaffung genannt wird.

Sie hatten Spitzel sowohl bei der *Hisbollah* als auch der *Amal*, einer libanesischen schiitischen Miliz. Ihr größter Coup war jedoch ihr geheimer Zugang zu palästinensischen Terrororganisation wie der *Al Fatah*, der ältesten und größten Gruppen innerhalb der *PLO*.

Direkt im Herzen der *Al Fatah* hatten sie eine Quelle sitzen, die zuverlässig sprudelte und über persönliche Verbindungen auch noch Zugang zu islamistischen Gruppen wie die *Hisbollah* oder *Islamischer Dschihad* hatte. Einmal erfuhren sie von ihrem Top-Informanten, dass eine islamistische Splittergruppe einen Anschlag auf eine US-amerikanische Schule in Kuwait plante. Der Tipp war sein Geld wert. Die Kinder konnten gerade noch rechtzeitig in Sicherheit gebracht werden, bevor eine Bombe explodierte und den vorderen Trakt des Gebäudes komplett zerstörte.

Aber die Informationsbeschaffung war nur ein Teil ihrer Aufgabe. Über ihre Kontakte war es Schmitt gelungen, einen direkten Draht zur Führungsspitze der *PLO* aufzubauen, die seit dem Einmarsch der israelischen Armee im Libanon im Jahre 1982 ihr Hauptquartier in Tunis hatte. Sein Ansprechpartner war keiner geringerer als Abu Dschihad, der Stellvertreter von Arafat und der Befehlshaber des militärischen Armes der *PLO*. Khalil al-Wazir, wie Abu Dschihad mit richtigem Namen hieß, war ein Mann der ersten Stunde im Befreiungskampf der Palästinenser. Er hatte 1959 zusammen mit Arafat die *Al Fatah* gegründet.

Wie die meisten westlichen Regierungen unterhielt die Bundesrepublik damals keine offiziellen, diplomatischen Beziehungen zur *PLO*. Umso wichtiger waren Geheimkontakte, wie sie Schmitt zu Abu Dschihad hatte. Auf diese Weise war es möglich, »politisches Wollen einfließen zu lassen«, wie es Schmitt ausdrückte.

Im Nahost-Konflikt war einiges in Bewegung geraten. 1988 hatte Arafat »dem Terrorismus in allen Formen« abgeschworen sowie die UN-Resolutionen 242 und 338 akzeptiert und damit das Existenzrecht Israels anerkannt. Dies brachte Arafat bei Teilen seiner eigenen Leute stark in Kritik, sodass der Friedensprozess stockte, kaum dass er begonnen hatte. Zudem tobte in den besetzten Gebieten die Intifada. Jugendliche Steinewerfer lieferten sich Scharmützel mit israelischen Soldaten. Abu Dschihad wusste dies propagandistisch für die *PLO* zu nutzen. Die Intifada symbolisierte den Kampf David gegen Goliath. Die Welt interessierte sich wieder für den Nahost-Konflikt.

Aber um noch mehr Aufmerksamkeit zu erlangen, plante Abu Dschihad ein Attentat auf den US-Außenminister George Schultz während dessen Israelbesuch im März 1988. Die Autobombe wurde entdeckt und in letzter Sekunde entschärft. Für Abu Dschihad jedoch blieb das gescheiterte Attentat nicht folgenlos. Der Arafat-Stellvertreter saß im Pyjama vor dem Fernseher und schaute sich einen Videomitschnitt von Nachrichten über die Intifada an, als in der Nacht zum 16. April 1988 ein Mordkommando des Mossad in seine Villa in Tunis stürmte und ihn erschoss. Für die Aktion übernahm niemand offiziell die Verantwortung. Dies war auch nicht nötig. Die Handschrift der Mörder war unverwechselbar.

Für Schmitt war die Ermordung von Abu Dschihad ein herber Schlag. Er verlor nicht nur seinen exklusiven Zugang zur Führungsspitze der *PLO* und der *Al Fatah*. Er hatte zu dem Palästinenser auch persönlich Draht. Sie waren beide Soldaten gewesen und ihr Verhältnis war allein deshalb von gegenseitiger Wertschätzung und Respekt geprägt. Zudem konnte sich Schmitt nicht vorstellen, dass sich in den besetzten Gebieten nach der Liquidierung des Arafat-Vertrauten die Lage auch nur annähernd beruhigte.

Schmitt sollte Recht behalten. Die Lage spitzte sich weiter zu. Die Intifada hatte sich der *PLO* untergeordnet und Arafat zu ihrem Helden auserkoren. Junge Aktivisten sangen seinen Namen und sprühten das Bild von »Mr. Palästina« an die von Kugeln durchlöcherten Wände ihrer Häuser. Arafats Einfluss in den besetzten Gebieten war so stark wie seit Jahren nicht mehr. Aber Arafat dachte nicht daran, dies zu nutzen, um die stockenden Friedensgespräche wieder in Gang zu bringen. Die Nahostverhandlungen traten auf der Stelle.

In den Augen von Schmitt machte es die Situation dringend erforderlich, nach dem Tod von Abu Dschihad schleunigst einen neuen Geheimkontakt zu der *PLO*-Führung aufzubauen. Vielleicht war es sogar möglich, eine tragfähige Basis für weitere Friedensgespräche herzustellen. Allerdings hielt er es für das Beste, einen befreundeten Nachrichtendienst ins Boot zu holen.

Schmitt erörterte sein Vorhaben mit dem in Deutschland stationierten Residenten des britischen Geheimdienstes (MI6). Seine britischen Kollegen zeigten großes Interesse an einem Geheimkontakt zur *PLO*. In der Zentrale in London hatte man sogar schon einen möglichen Kontaktmann im Auge, der auf Zypern residiert und im Ruf steht, ein Vertrauter Arafats zu sein: Abu Walid al Iraki.

Schmitt war dieser Name durchaus geläufig. Abu Walid hatte in Beirut das Büro 34 geleitet, die wichtigste Fälscherwerkstatt der *PLO*. Dort waren Ausweispapiere für die Mitglieder der Geheimdienste der *Al Fatah* und diverser Terrorkommandos hergestellt worden. Aber nach der Invasion der israelischen Armee im Libanon im Jahr 1982 hatte auch er Beirut verlassen müssen.

Während ein Großteil der *PLO*-Führung um Arafat nach Tunis gegangen war, hatte sich Abu Walid mitsamt seiner Fälscherwerkstatt nach Nikosia abgesetzt. Von Zypern aus war es für Abu Walid auch leichter, Reisebewegungen der Terrorkommandos aus dem Nahen Osten nach Europa zu koordinieren. Trotz des Bürgerkrieges verkehrte eine Fähre zwischen Zypern und dem Libanon.

Schmitt hielt Abu Walid ebenfalls für den geeigneten Ansprechpartner. Immerhin hatte er direkten Zugang zu Arafat. Zudem hatte Abu Walid auch einen Bezug zu Deutschland. Er hatte dort einmal im Gefängnis gesessen. Allerdings nur für ein paar Monate, dann war er auf Druck der *PLO* in den Nahen Osten abgeschoben worden. Das BKA hatte sich damals um die Abwicklung des Falles gekümmert. Die Geschichte hatte aus verschiedenen Gründen für großes Aufsehen gesorgt.

Die Briten erklärten sich bereit, die Operation vorzubereiten. Schließlich hatten sie einen Militärstützpunkt auf Zypern, was es dem MI6 erleichterte, Abu Walid zu observieren. Der britische Geheimdienst wollte den geeigneten Zeitpunkt auskundschaften, den Palästinenser zu kontaktieren. Der BND wiederum sollte das Anbahnungsgespräch führen. Dies war der weitaus gefährlichere Part der Operation. Schließlich hatte Abu Walid in der *PLO* nicht nur Karriere gemacht, weil er meisterhaft Ausweispapiere zu fälschen versteht. Vielmehr war er schon in jungen Jahren in die Führungsriege aufgestiegen, weil er sich bei diversen Terroroperationen ausgezeichnet hatte.

Schmitt ging davon aus, dass Abu Walid strengstens bewacht wurde. Seit dem Mordanschlag auf Abu Dschihad waren die Palästinenser besonders nervös. Sie fackelten nicht lange und gingen bei unliebsamen Besuchern auf Nummer Sicher. Also müsste Abu Walid jemand ansprechen, den er kennt und dem er auch vertraut, ein bisschen zumindest.

Schmitt besprach sich mit seinem Partner vom BKA, mit Richard Böttcher. Schließlich war das BKA damals mit der Abschiebung von Abu Walid betraut gewesen. Vielleicht hatte Böttcher eine Idee. Zu Schmitts Überraschung war seinem Partner der Fall noch sehr präsent. »An den Typ kann ich mich noch sehr gut erinnern«, beantwortete Böttcher Schmitts Anfrage.

Es war wie eine Zeitreise in die Vergangenheit. Mit dem Namen des Palästinensers verband Böttcher den Beginn seiner Laufbahn beim BKA. Abu Walid war sein erster großer Fall gewesen.

Bundeskriminalamt, Wiesbaden, 1. März 1979

Als Böttcher im Bundeskriminalamt seinen Dienst antritt, weiß er nicht, was ihn erwartet. Zusammen mit fünfunddreißig anderen Absolventen seines Ausbildungsjahrganges sitzt er in einem schmucklosen Zimmer im Neubau A des BKA-Hauptgebäudes in Wiesbaden. Allen ist die Anspannung ins Gesicht geschrieben. Böttcher bildet da keine Ausnahme. Er ist vierundzwanzig Jahre alt und hat soeben seine dreijährige Ausbildung hinter sich gebracht. Böttcher ist nun Kriminalkommissar zur Anstellung. Es ist früher Vormittag des 1. März 1979. Ein Donnerstag.

Ungeduldig wartet Böttcher, einem der insgesamt 12 Referate in der Abteilung TE »Terrorismusbekämpfung« zugeteilt zu werden. Die meisten im Raum hoffen auf eine Stelle im Referat TE 11 »Eigene Verfahren«. Es ist das Herzstück der Abteilung. Das Referat TE 11 ist zuständig für die *Rote Armee Fraktion* (*RAF*), die seit fast zehn Jahren das Amt mit Anschlägen in Atem hält. Ein Job bei TE 11 verspricht jede Menge Abwechslung und auch ein bisschen Abenteuer.

Die *RAF* hat nicht nur die Republik, sondern auch das Bundeskriminalamt verändert. Vor vier Jahren wurde eigens zur Bekämpfung der Terrororganisation die Abteilung TE gegründet, anfangs mit 233 Mitarbeitern. In den Folgejahren hat BKA-Präsident Horst Herold die Terrorismusabteilung wie auch das gesamte BKA ausgebaut. Mit einem Millionenaufwand hat er die Behörde auf Computer umgestellt und für die Fahndung nach *RAF*-Terroristen die Rasterfahndung eingeführt. In den Medien wird er deshalb angegriffen und als »Kommissar Computer« verspottet, der einen »totalen Überwachungsstaat« erstellen will.

Herold scheinen die Medienattacken bislang nicht sehr zu schaden. Er hat 182 neue Stellen bewilligt bekommen, wovon er plant, hundertfünfzig in der Abteilung Terrorismus einzusetzen. Schließlich steht die Abteilung noch vor großen Herausforderungen. Davon ist Herold überzeugt. Wie kein anderer hat er sich mit dem Phänomen Terrorismus auseinander gesetzt. Intensiv hat er die Schriften der *RAF* studiert und Öffentlichkeit und Politik gleichermaßen verwirrt mit Äußerungen über die Terroristen wie dieser: »Der Clinch, den ich mit dem Terrorismus habe, verbindet mich und die Terroristen in einem Nachdenken übereinander intensiver miteinander, als die oder ich mit den übrigen Teilen der Gesellschaft derzeit verbunden sind.« In anderen Äußerungen Herolds glauben seine Kritiker gar Sympathie für die *RAF* erkennen wollen: »Terrorismus hätte es auch gegeben, wenn es Baader und Meinhof nicht gegeben hätte«, sagte Herold einmal bei einer anderen Gelegenheit. »Wenn hoch begabte junge Menschen so frontal gegen die bestehenden Verhältnisse anrennen, hat dies auch mit den bestehenden Verhältnissen selbst etwas zu tun.«

Böttcher ist von dem BKA-Präsidenten fasziniert. Herold galt zu Anfang seiner Amtszeit als »Wunderwaffe«, weil ihm bereits im Juni 1972 gelungen war, die gesamte Führungsspitze der *Baader-Meinhof-Gruppe* festzunehmen. Mittlerweile ist sein Stern im Sinken. Die Pannen während der Entführung des Arbeitgeberpräsidenten Hanns-Martin Schleyer werden ihm angelastet. Die aufwändige Rasterfahndung habe versagt, heißt es, und die Ermordung des Arbeitgeberpräsidenten nicht verhindert.

Böttcher findet den Vorwurf ungerecht. Gestützt auf Kriterien der Rasterfahndung hatte er während seiner Ausbildung die »Spurenakte« im Fall Schleyer nachbearbeitet. Herold hatte über Jahre eine klare Vorstellung vom Zuschnitt konspirativer Wohnungen der *RAF* entwickelt, wonach mittels Rasterfahndung gesucht wurde. Ein entscheidender Hinweis über das Versteck der Terroristen lag damals, im »Deutschen Herbst« 1977, tatsächlich auch vor, ging aber auf dem Amtsweg verloren und konnte deshalb nicht in den Computer eingespeist werden. Also hatte nicht das System versagt, sondern der Mensch – was letztlich einer der entscheidenden Gründe war, weshalb Schleyer nicht gerettet werden konnte.

Die Aufarbeitung des Falles hat Böttcher jedenfalls so sehr fasziniert, dass er in seinen Bewerbungsunterlagen das Referat TE 11 als einen Favoriten angegeben hat, was aber nicht bedeutet, dass er dort auch eine Stelle bekommt. Als weiteren Wunsch hat er darum TE 12 »Fremde Verfahren und Ausland« angegeben. Laut Dienststellenbeschreibung soll das Referat den Landeskriminalämtern bei deren Ermittlungen gegen nationalen und internationalen Terrorismus helfen. Böttcher hat keine genaue Vorstellung, wie das in der Praxis aussieht. Aber es klingt jedenfalls nicht nach einem Schreibtischjob. Böttcher hasst unnötigen Papierkram. Es gibt für ihn nichts Schlimmeres, als den ganzen Tag lang Stellungnahmen schreiben zu müssen für Ministerien oder zu Parlamentarischen Anfragen. Er hofft deshalb, nicht in der »Papierfabrik« zu landen, wie sie hinter vorgehaltener Hand die Referate TE 22 »Personenbezogene Informationssammlung« oder TE 13 »Auswertung und Dokumentation« von terroristischem Schriftgut nennen. Der Job dort besteht vorwiegend aus Schreibtischarbeit.

Ein älterer BKA-Beamter betritt das Zimmer. Er hat einen Zettel in der Hand. Nach einer knappen Begrüßung fängt er an, die Namen der Anwärter aufzurufen. Dabei geht er alphabetisch vor. »Böttcher, Richard«, sagt er, um nach einer kurzen Pause hinzuzufügen, »TE 12«. Böttcher ist zufrieden. Sein zweiter Wunsch wurde wenigstens berücksichtigt. Er ahnt nicht, dass sein neuer Job der Beginn einer beispielslosen Karriere ist, voller Abwechslung und Abenteuer. Manchmal mehr, als ihm lieb sein wird.

Als Böttcher am nächsten Tag beim Referat TE 12 antritt, herrscht dort wie in der gesamten Abteilung helle Aufregung. Der Anlass ist ein Auto-Bombenanschlag in Beirut, der aber schon sieben Wochen zurückliegt. Bei dem Attentat gab es acht

Todesopfer, vier davon waren Mitglieder der *PLO*, darunter ein namhafter Funktionär. In den Dienstbesprechungen fallen Namen wie »Roter Prinz« oder »Ali Hassan Salameh«. Sein Referatsleiter deutet an, dass die Attentäter womöglich den Verdacht auf das BKA oder andere deutsche Behörden lenken wollen. Böttcher kann es sich nicht vorstellen. Das klingt einfach zu absurd. Überhaupt kann er nicht so recht verstehen, warum sich seine Vorgesetzten für einen Bombenanschlag in Beirut interessieren, obwohl dabei keine Deutschen ums Leben kamen. Das BKA hat für sein Dafürhalten gar keine Zuständigkeit. Zudem sind Bombenanschläge in Beirut an der Tagesordnung. Schließlich tobt im Libanon seit vier Jahren ein erbitterter Bürgerkrieg. Und Beirut ist weit weg von Wiesbaden, findet Böttcher. Aber das ist ein Irrtum.

Der israelische Geheimdienst führt einen mörderischen Untergrundkrieg gegen die Führer des *Schwarzen September*, ein geheimes Terrorkommando der *PLO*. Der *Schwarze September* wiederum bleibt dem Mossad nichts schuldig.

Dieser erbarmungslose Kampf gegenseitiger Attentate spielt sich längst nicht nur in den Straßen von Beirut ab, sondern auch in Europa. Und nachdem der Mossad den Chefstrategen des *Schwarzen September*, Hassan Salameh, auch der »Rote Prinz« genannt, in Beirut liquidierte, fürchtet nun der BKA-Präsident Herold, auch die Bundesrepublik könnte zur Bühne für diesen blutigen Krieg werden.

DER ROTE PRINZ

Ganz oben auf der Abschussliste des Mossad stand Ali Hassan Salameh, der Chefstratege des *Schwarzen September* und federführend verantwortlich für das Massaker bei den Olympischen Spielen 1972 in München. Die israelische Ministerpräsidentin Golda Meir erteilte gleich im Anschluss an das Attentat dem Mossad grünes Licht für den Einsatz von

Hit-Teams, wie im Geheimdienstjargon im Ausland operierende Hinrichtungskommandos genannt werden. Die Ministerpräsidentin war angesichts der toten Sportler zu der Überzeugung gelangt, dass Gewalt nur mit Gegengewalt wirksam zu begegnen ist. Die Operation bekam den Codenamen »Die Rache Gottes«. Alle Beteiligten sowie die Drahtzieher des Attentates sollten zur Verantwortung gezogen werden, indem sie dafür mit ihrem Leben bezahlen.

Ali Hassan Salamehs Akte beim Mossad trug den Codenamen »Roter Prinz«. Das »Rot« bezog sich auf das viele Blut, das an seinen Händen klebte, und »Prinz«, weil er der Kronprinz von Arafat war, der Salameh als seinen möglichen Nachfolger ins Gespräch gebracht hatte.

Salameh war kein gewöhnlicher Terrorist. Durch seine Herkunft war er ein Symbol des seit Jahrzehnten dauernden Befreiungskampfes der Palästinenser. Bereits sein Vater, Scheich Hassan Salameh, war ein berüchtigter Freiheitskämpfer und überfiel mit seinen palästinensischen Banden jüdische Siedlungen. Doch es gab bald eine jüdische Untergrundarmee, die sich zu wehren wusste. Im Juni 1948 gelang es ihr, eine Bombe im Haus des Scheichs zu verstecken. Sie explodierte, als sich der Scheich mit Kampfgefährten zur Lagebesprechung traf. Er war sofort tot und wurde posthum zum Volkshelden der Palästinenser, zum Symbol für ihren Hass gegen Israel.

Nach dem verlorenen Sechstagekrieg 1967 wurde Arafat auf den Sohn des berühmten Salameh aufmerksam, der damals an der Amerikanischen Universität in Beirut studierte und dort als Frauenheld, aber auch als politischer Studentenführer Aufmerksamkeit erregte.

Damals gab es zehn sich streitende und rivalisierende palästinensische Guerilla-Gruppen, die Arafat alle unter dem Dach der *PLO* vereinen wollte. Arafat selbst hatte als Gründer und Chef der *Al Fatah* die größte Guerilla-Gruppe hinter sich. Allerdings drohte der Einfluss der *Al Fatah* vor allem unter den jungen Palästinensern zu schwinden. Radikalere Gruppen wie die *Volksfront für die Befreiung Palästinas* (*PFLP*) stellten Arafats *Al Fatah* in den Schatten. Die *PFLP* war nicht nur marxistisch, sondern bei ihren Aktionen auch weit radikaler als die *PLO*. Ihre spektakulären Flugzeugentführungen und Gewalttaten sorgten weltweit für

Schlagzeilen, die wie ein Magnet auf junge Palästinenser wirkten. Sie betrachteten die Terroristen der *PFLP* als ihre neuen Helden. Arafat geriet in Zugzwang. Als kluger politischer Stratege wusste Arafat, dass er dem eine eigene Terrorgruppe entgegenstellen musste, um somit seinen Einfluss in der *PLO* zu sichern. Es entstand der *Schwarze September.*

Planungschef wurde Abdul Hassan Salameh, den Arafat zur Ausbildung nach Ägypten geschickt hatte. Dort lernte Abu Hassan, wie sein Kampfname nun lautete, das Handwerkszeug des Terroristen. Salameh stellte binnen kurzer Zeit für die Israelis eine ebenso große Gefahr dar wie sein Vater fünfundzwanzig Jahre zuvor. Allerdings gelangten Salameh und die Strategen des *Schwarzen September* schnell zu der Überzeugung, dass es werbewirksamer war, einen Juden in Europa umzubringen, als Hunderte von ihnen in Israel zu töten. Salamehs Haupteinsatzgebiet wurde Europa, und er hatte bei der Planung und Durchführung seiner Anschläge völlig freie Hand. Es durfte nur kein Zusammenhang zur *PLO* und Arafat hergestellt werden können, da sich Arafat um die internationale Anerkennung der *PLO* mühte. Wenn Arafat auf mögliche Verbindungen zum *Schwarzen September* angesprochen wurde, war seine Antwort: »Wir wissen nichts über diese Organisation, und wir sind nicht an ihr beteiligt, aber wir können die Einstellung dieser jungen Leute verstehen, die bereits sind, für die Existenz Palästinas zu sterben.«

In schneller Reihenfolge kam es zu Bombenanschlägen und Attentaten in Europa, auch in Deutschland. Salameh hatte dort leichtes Spiel. In Europa konnten die Abwehrkommandos des Mossad nicht so ungehindert agieren wie in der Westbank. Selten wagte es eine westeuropäische Regierung, einen Gefangenen aus den Reihen des *Schwarzen September* über längere Zeit festzuhalten. Ausnahmslos wurden diese Männer freigelassen, entweder weil niemand einen Vergeltungsschlag riskieren wollte, oder aufgrund einer Erpressungsaktion des *Schwarzen September.*

Am 5. September 1972 stürmte ein Kommando des *Schwarzen September* ins Olympische Dorf in München. Schwer bewaffnet und maskiert drangen sie in das Haus der israelischen Sportler ein und nahmen sie als Geiseln. Vor den Augen der Weltöffentlichkeit begann ein

Drama, an dessen Ende elf israelische Sportler und ein Amerikaner starben.

Ermächtigt durch den Beschluss von Golda Meir schlug der israelische Geheimdienst umgehend zurück. Zuerst ermordete ein Killerkommando des Mossad den Leiter des *Schwarzen September*, Mohammed Yussuf Najjar. Er lag gerade nackt in den Armen seiner Frau, die ebenfalls erschossen wurde. In derselben Nacht bombardierten israelische Hubschrauber noch das Hauptquartier der *PFLP* und zwei Waffenlager der *Al Fatah* am Rande von Beirut. Am nächsten Tag zog Golda Meir in der Knesset, dem israelischen Parlament, Bilanz: »Es war wunderbar, wir haben die Mörder getötet, die schon neue Attentate planten.«

Danach ging es Zug um Zug. Mitglieder des *Schwarzen September* waren nirgendwo mehr sicher. Der Mossad stöberte sie auch in Paris und Rom auf und liquidierte sie. Der Rachefeldzug der Israelis blieb jedoch nicht folgenlos. Der *Schwarze September* schlug brutal zurück, ermordete nun israelische Geschäftsleute auf Zypern. Der Mossad ließ sich davon nicht abschrecken, schlug kurz hintereinander ebenfalls in Zypern zu wie auch in Beirut. Die Spirale von Terror und Gegenterror schraubte sich immer schneller nach oben.

Die Israelis konnten einen Namen nach dem anderen auf ihrer Todesliste abhaken. Innerhalb eines Jahres hatten ihre Killerkommandos zwölf Palästinenser erledigt, entweder mit Schüssen aus einer Beretta Kaliber 22 mit Schalldämpfer, der Standardwaffe des Mossad, oder einer Autobombe. Nur die Nummer eins auf der Todesliste entkam ihnen immer wieder: Ali Hassan Salameh, der »Rote Prinz«.

Ihn zu töten, das Symbol des palästinensischen Terrorismus schlechthin, wurde für die Verantwortlichen im Mossad zur Besessenheit. Sie wurden unvorsichtig. Als ihre Agenten herausfanden, dass Salameh sich nach Zwischenstationen in Deutschland und Frankreich nach Norwegen abgesetzt hatte, schickten sie ein Hit-Team aus dem zweiten Glied nach Lillehammer. Es erwischte den Falschen. Die Killer des Mossad erschossen einen marokkanischer Kellner, den sie irrtümlich für Salameh hielten.

Aber aus der Sicht der Mossad-Oberen war noch viel schlimmer, dass ihr Hit-Team erwischt wurde. Gleich sechs Agenten des Mossad wurden wegen Mordes von der norwegischen Polizei verhaftet. Die Israelis und ihr Geheimdienst standen weltweit am Pranger. Dies war am 21. Juli 1973, ein schwarzer Tag in der Geschichte des legendenumwobenen Mossad. Überall in Westeuropa erhoben sich Stimmen gegen den »israelischen Terrorismus«. Reihenweise wurden Israels Diplomaten in den europäischen Hauptstädten einbestellt. Bonn machte da keine Ausnahme. Die Israelis mussten sich verpflichten, auf dem bundesrepublikanischen Boden keine eigenmächtigen Aktionen durchzuführen.

Währenddessen änderte *PLO*-Chef Jassir Arafat seine Strategie im Kampf um einen palästinensischen Staat. Er buhlte nun vehement um eine internationale Anerkennung der *PLO* und fand zumindest in den Ländern der Dritten Welt dafür Unterstützer. Aber um auch im Westen erfolgreich zu sein, musste er weg vom Image des Terror-Paten. Schließlich wusste jeder, dass der *Schwarze September* nicht so unabhängig war, wie ihn Arafat immer darstellte. Also verschwand der *Schwarze September* erst einmal von der Bildfläche. Nicht jedoch Ali Hassan Salameh, für den Arafat neue Aufgaben hatte. Er machte ihn zum Sicherheitsexperten der *PLO* und zum Chef des Geheimdienstes der Befreiungsorganisation.

Der »Rote Prinz« schaffte den Rollenwechsel vom Terroristen zum *PLO*-Funktionär spielend. Als hätte er nie etwas anderes gemacht, bewegte er sich nun gekonnt auf dem politischen Parkett. Als Arafat am 13. November 1974 seine erste Rede vor der UNO hielt, war auch sein Ziehsohn in New York und schüttelte abends beim Empfang der *PLO* die Hände unzähliger Diplomaten aus aller Welt. Zu Hause in Beirut machte der »Rote Prinz« mit seinem Privatleben Schlagzeilen. Als Zweitfrau hatte er sich die frühere Miss Universum genommen, was ihm die Aufmerksamkeit des Boulevards sicherte. Arafat störte das nicht. Er sprach nun öffentlich davon, dass Salameh einmal seine Nachfolge antreten wird.

Für den Mossad war dies ein Grund mehr, den »Roten Prinzen« endlich zu beseitigen. Obwohl Golda Meir im Dezember 1978 verstorben war, fühlte sich der israelische Geheimdienst an ihren Todesbefehl gebunden. Die »Rache Gottes« sollte endlich auch Salameh treffen. Ein weiblicher Racheengel wurde auf den »Roten Prinzen« angesetzt. Dem israelischen Geheimdienst war nicht verborgen geblieben, dass Salameh trotz seiner Ehe mit der früheren Miss Universum, die ihm mittlerweile den lang ersehnten Sohn geschenkt hatte, amourösen Abenteuern nicht abgeneigt war.

Der Racheengel des Mossad hieß Erika Chambers, war britische Staatsbürgerin, kam aus wohlhabendem Elternhaus und war bereits vor Jahren im Alter von 25 Jahren vom israelischen Geheimdienst rekrutiert worden. Die junge Frau war »Spottern«, den Talentsuchern des Mossad, aufgefallen, weil sie auf der einen Seite unscheinbar genug war, um nicht aufzufallen, was in diesem Gewerbe eine Voraussetzung ist. Andererseits konnte Chambers aber auch eine burschikose und zügellose Art an den Tag legen und sich etwa für Motorsport begeistern, sodass man davon ausging, dass sich auch Männer wie der »Rote Prinz« für sie interessieren könnten.

Erika Chambers reiste jedenfalls nach ihrer langen Ausbildung und Vorbereitung regelmäßig nach Beirut, spendete dort für Waisenhäuser, traf Vertreter vom Roten Halbmond und zeigte großes Verständnis für die palästinensische Sache. Sie nannte sich Penelope und sagte, sie käme aus Deutschland. Nach mehreren Besuchen in Beirut bewegte sie sich wie selbstverständlich in Kreisen der *PLO*. Und nach einer Weile passierte das Unvermeidliche, sie begegnet dort dem »Roten Prinzen«.

Der mittlerweile 37-jährige Salameh, berüchtigt für seine vielen Affären, hatte gleich in mehreren Beiruter Hotels Dauerreservierungen. Mit Erika Chambers traf er sich im »Coral Beach«, einem Vier-Sterne-Hotel in Beirut. Salameh wusste, dass der Mossad ihm nach dem Leben trachtete und umgab sich mit Leibwächtern, die auch das Zimmer im »Coral Beach« sicherten, während sich der Schürzenjäger nichts ahnend mit seiner Mörderin vergnügte.

Erika Chambers bekam keine Gelegenheit, den »Roten Prinzen« zu ermorden. Sie musste sich etwas anderes einfallen lassen. Im Spätherbst 1978 mietete sich Chambers eine Wohnung in der Beiruter Innenstadt in der Labanstraße, unweit der Rue Madame Curie. Den Mietvertrag ließ sie auf die Kinderhilfsorganisation A.S.E.D. ausstellen. Das Appartement befand sich im achten Stock, direkt gegenüber dem Haus von Salameh. Von ihrem Fenster aus konnte Chambers in Ruhe beobachten, wann Salameh das Haus verließ. Wochenlang spähte sie ihren Geliebten aus und kannte bald seine Gewohnheiten, wusste, zu welchen Zeiten er das Haus verließ, welches Auto er benutzte und wer seine Leibwächter waren.

Am 22. Januar 1979 war es so weit. An diesem Tag sollte Salameh endlich sterben. Zur Unterstützung von Erika Chambers waren zwei weitere Mossad-Agenten angereist, einer von ihnen war Sprengstoffexperte. Er präparierte einen schwarzen Golf mit Sprengstoff. Den Wagen parkten sie vor Salamehs Haus. Um 15 Uhr 35 kam Salameh aus dem Haus und bestieg mit seinen Leibwächtern seinen amerikanischen Straßenkreuzer. Erika Chambers beobachtete alles von ihrer Wohnung aus. Als der Straßenkreuzer den schwarzen Golf passierte, betätigte sie die Fernzündung.

Die Detonation der Autobombe erschütterte die Straße. Menschenleiber und Autoteile flogen durch die Luft. Überall war Blut und Rauch. Der »Rote Prinz« und seine Leibwächter starben. Vier Passanten ebenfalls, achtzehn wurden verletzt. Erika Chambers und ihre Helfer konnten in dem Chaos problemlos entkommen.

Der Geheimdienst der *PLO* fand schnell heraus, dass die Autobombe, die ihren Chef getötet hatte, per Fernmechanismus gezündet worden war. Sie durchsuchten auch die gegenüberliegenden Wohnungen und stießen auf verräterische Utensilien in einem Appartement, dessen Mieterin ihnen bestens bekannt war: Erika Chambers, eine der Gespielinnen ihres toten Chefs.

Im fernen Bonn protestierte daraufhin der Palästinenser Abdallah Frangi bei der Bundesregierung. Frangi war Mitglied des Bonner Büros der Arabischen Liga und besaß einen algerischen Diplomatenpass. In Wirklichkeit war er jedoch nichts anderes als der inoffizielle Vertreter der *PLO* in der Bundesrepublik, die wie alle westlichen Regierungen mit der Palästinensischen Befreiungsorganisation keine diplomatischen Beziehungen unterhielt. Frangi beschuldigte das BKA und die bundesdeutschen Geheimdienste, etwas mit dem Anschlag auf Salameh zu tun zu haben.

Der Verdacht war aus der Sicht der *PLO* nicht einmal so ganz abwegig.

Geschickt hatte Erika Chambers eine Spur nach Deutschland gelegt. Bei jeder sich bietenden Gelegenheit hatte sie in Kreisen der *PLO* in Beirut ihre Visitenkarten verteilt mit Wohn- und Postfachadressen in Köln und Wiesbaden. In Köln residiert das Bundesamt für Verfassungsschutz (BfV) und in Wiesbaden das BKA. In der Wahrnehmung der *PLO* steckten damit die bundesdeutschen Behörden hinter dem Anschlag oder hatten zumindest die Finger im Spiel.

In Bonner Regierungskreisen hingegen herrschte schnell Einigkeit darüber, dass nur der Mossad diese falsche Spur nach Deutschland gelegt haben konnte. Nach Gründen dieser Scharade musste man nicht lange suchen. Schließlich waren es deutsche Politiker gewesen, die in den letzten Monaten zum Missmut der Israelis die *PLO* und Arafat hofiert hatten. Im Juli 1978 hatten sich der SPD-Vorsitzende und Altkanzler Willy Brandt und der österreichische Regierungschef Bruno Kreisky in Wien mit Arafat getroffen. Es war um das Recht der Palästinenser auf einen eigenen Staat gegangen.

Das Treffen hatte weltweit Beachtung gefunden. Erstmals hatte sich ein westlicher Regierungschef mit Arafat in dessen Eigenschaft als *PLO*-Chef getroffen. Für Arafat war dies einer seiner ganz großen Siege auf internationalem Parkett gewesen. Seit Jahren hatte er versucht, westliche Staaten dazu zu bewegen, die *PLO* als Vertreter des palästinensischen Volkes anzuerkennen. Nun war ihm dies de jure gelungen. Für die *PLO* war das Wiener Treffen ein Meilenstein.

Nur Monate später, Ende 1978, hatte Arafat über den libyschen Staatschef Muammar al-Gaddafi mit dem deutschen Innenminister Gerhart Baum eine Art Waffenstillstand ausgehandelt. Die palästinensische Befreiungsorganisation hatte in den vergangenen Jahren in der Bundesrepublik etliche Anschläge verübt. *PLO*-Chef Arafat hatte nun Baum wissen lassen, dass seine Organisation künftig auf deutschem Boden nicht mehr operieren werde und auch keine Aktionen mehr gegen deutsche Botschaften im Ausland oder gegen Lufthansa-Maschinen unternehmen werde. Zudem hatten Arafat und Gaddafi dem deutschen Innenminister einhellig versichert, dass deutsche Terroristen von ihnen keine Hilfe erwarten können.

Die Geheimverhandlungen des deutschen Innenministers mit Arafat waren den Israelis nicht verborgen geblieben. Sie mussten etwas dagegen tun. Sie fürchteten wohl, dass sich daraus noch mehr entwickelte. Eine Anerkennung der *PLO* durch die Bundesrepublik könnte international einen Dammbruch bedeuten.

Also galt es für den Mossad, nicht nur Arafats Ziehsohn endlich aus dem Weg zu räumen, sondern den Mord auch noch den Deutschen in die Schuhe zu schieben und somit Vergeltungsanschläge der *PLO* zu provozieren. Danach würde sich wohl kein bundesdeutscher Politiker mehr mit Arafat an einen Tisch setzen.

Dem israelischen Geheimdienst war so ein Vorgehen durchaus zuzutrauen. Anders als die Nachrichtendienste der Bundesrepublik unterlag der Mossad keiner parlamentarischen Kontrolle. Offiziell gab es den Mossad gar nicht, der in Langschrift »Institut für Nachrichten und Spezialoperationen« heißt. Der Name des Mossad-Chefs war ein Staatsgeheimnis, die Finanzen des Dienstes tauchten in keinem Haushalt auf und selbst der Regierungschef erfuhr oft erst im Nachhinein von Aktionen seines Geheimdienstes. Der Mossad war ein Staat im Staat, der sich selbstherrlich über Recht und Ordnung hinwegsetzte und nicht selten seine eigene Außenpolitik betrieb.

Die Deutschen saßen in der Zwickmühle. Sie hatten nichts gegen die Israelis in der Hand und konnten deshalb nicht protestieren. Andererseits konnten sie die Sache nicht auf sich beruhen lassen, weil sie sonst Vergeltungsanschläge der *PLO* fürchten mussten. BKA-Präsident Horst Herold entschloss sich zu einem außergewöhnlichen Schritt. Er schickte Günther Scheicher, Leiter der Abteilung Terrorismus, nach Beirut, um der *PLO* bei den Ermittlungen in dem Mordanschlag die Hilfe des BKA anzubieten.

Scheicher traf am 21. März 1979 in Beirut ein und versuchte die *PLO* davon zu überzeugen, dass deutsche Behörden nicht am Mordanschlag auf den »Roten Prinzen« beteiligt waren. Gleichzeitig ließ BKA-Präsident Herold bei der Kölner Staatsanwaltschaft unter dem Aktenzeichen 121 Js 32/79 ein Ermittlungsverfahren gegen Erika Chambers einleiten, wegen »Verdachts der Beteiligung an einem Sprengstoffverbrechen«. Die Beamten gingen wohl nicht davon aus, dass sich Chambers in der Bundesrepublik aufhielt. Allerdings gingen ihnen die Augen über, als sie feststellten, mit welchem Aufwand Chambers an ihrer »deutschen Legende« gestrickt hatte. Bereits 1975, vier Jahr bevor sie den »Roten Prinzen« liquidierte, war sie in die Bundesrepublik gekommen und hatte zunächst in Wiesbaden in unmittelbarer Nähe zum BKA gewohnt, dann in Köln, in der Nähe des BfV. Ihre Kölner Wohnung kündigte sie erst nach der erfolgreichen Ausführung ihres Mordauftrages und verschwand spurlos. Demnach war es kein Wunder, dass die Palästinenser zunächst glaubten, die Deutschen hätten etwas mit dem Attentat auf den »Roten Prinzen« zu tun.

Bundeskriminalamt, Wiesbaden, Anfang April 1979

Seit fünf Wochen ist Böttcher erst im Dienst. Aber sein Job bereitet ihm bereits erhebliches Kopfzerbrechen. Stapelweise liegen Warnmeldungen auf seinem Schreibtisch. Die Deckblätter sind mit dem roten Stempel »VS – Vertraulich« oder gar »Geheim« versehen. Die Meldungen kommen vom BND oder vom Bundesamt für Verfassungsschutz (BfV), manchmal mit Bezug auf israelische Nachrichtendienste. Aber die Lektüre ist für Böttcher wenig aufschlussreich. Es geht um palästinensische Organisationen. Einmal ist von der *PLO* die Rede, dann wieder vom *Schwarzen September* oder *Al Fatah*. Böttcher versteht kein Wort. Zudem verwirren ihn die Personennamen. Er kann sie nicht auseinander halten. Alle klingen irgendwie gleich. Es ist ihm zudem ein Rätsel, wie es zu bewerten ist, wenn ein »Abu Soundso« beabsichtigt, über Ostberlin nach Westberlin einzureisen.

Böttcher fehlt jegliches Hintergrundwissen über palästinensische Organisationen. Er hat allerdings nicht den Eindruck, dass es nur ihm so geht. Im Referat hat kaum einer Ahnung von Struktur, Aufbau und Verflechtungen der Terrorgruppierungen im Nahen Osten. Niemand kann die Gruppen auseinander halten. Alle werden über einen Kamm geschoren. Die *PLO*, Arafats *Al Fatah*, die *Volksfront für die Befreiung Palästinas – Generalkommando (PFLP-GC)* von Ahmed Jibril und die *Volksfront* von Habasch sind in der Wahrnehmung der meisten BKA-Beamten alle eins. Böttcher ist der Verzweiflung nahe. Es gibt kaum jemanden in Wiesbaden, den er fragen kann, wie die Gruppen miteinander zusammenhängen.

Böttchers Dilemma hat damit zu tun, dass die Terrorismusabteilung vor einer Zerreißprobe steht. Ursprünglich hatte die Abteilung ihren Standort in Bad Godesberg bei Bonn. Dort waren die Aufgabenbereiche Staatsschutz, Sicherungsgruppe und Terrorismus angesiedelt. Aber nach den Erfahrungen des »Deutschen Herbstes« wollte Herold die Kräfte in Wiesbaden bündeln und ließ den Hauptsitz in Wiesbaden für einen dreistelligen Millionenbetrag ausbauen. Er war zu der Überzeugung gelangt, dass die Terrorismusabteilung besser an einem Ort mit der Abteilung »Kriminaltechnik« angesiedelt sein muss. In Bad Godesberg verbleiben die Abteilungen »Staatsschutz« (ST) und »Schutz- und Begleitdienste« (SG). Weil die Abteilungen dort in Gebäuden in verschiedenen Stadtteilen untergebracht sind, sollen sie nach der Fertigstellung der neuen BKA-Außenstelle im nahen Meckenheim zusammengelegt werden.

Herold hat jedoch in seinen logistischen Überlegungen den menschlichen Aspekt außer Acht gelassen. Die Polizeibeamten der Terrorismusabteilung haben sich in Bad Godesberg mit ihren Familien eingerichtet und gehen nur widerwillig nach Wiesbaden. Die neu geschaffenen Stellen der Terrorismusabteilung werden mit Nachwuchskräften wie Böttcher besetzt, und ein Großteil der »alten Hasen« geht nach der Einarbeitung der Neuen zurück nach Bad Godesberg.

Böttcher stöhnt. Durch die offene Bürotür dringen Telefonklingeln, laute Stimmen und das Klappern von Schreibmaschinen. Die Flut der Warnmeldungen will nicht verebben. Täglich werden es mehr. Geheime Dokumente lernt Böttcher, erfordern vor allem einen riesigen Verwaltungsaufwand. Die Geheimhaltungsvorschriften verlangen, dass er jedes Blatt einzeln stempeln und eintragen muss. Oft ist er erst am Nachmittag mit dem Prozedere fertig. Aber dann kommen schon die nächsten Meldungen auf seinen Tisch. Dabei ist er noch nicht einmal dazu gekommen, die Meldungen vom Vormittag zu lesen. Böttcher bleibt nicht anderes übrig, als Überstunden zu machen. Er hat oft eine Sieben-Tage-Woche. Morgens um acht Uhr geht er ins Büro, häufig verlässt er es abends erst gegen 21 Uhr.

Mitte April ertrinkt Böttcher in Warnmeldungen. Obwohl ihm noch immer die Namen der Organisationen und Personen ein Rätsel sind, versteht Böttcher, dass sich die Situation dramatisch zuspitzt. Die Meldungen der Nachrichtendienste sind nun konkreter. Palästinensische Terrorkommandos sollen auf dem Weg in die Bundesrepublik sein. Böttcher fragt sich verwundert, woher dies die Dienste wissen. Ist es ihnen gelungen, die Terrororganisation zu infiltrieren? Anders kann er es sich nicht erklären, wie man sonst an so detaillierte Informationen kommt.

In Berlin wird bereits eine Gruppe von Arabern rund um die Uhr observiert. Sie sollen einen Anschlag planen. Die Polizeibeamten des Landeskriminalamtes warten nur noch auf grünes Licht vom Verfassungsschutz, um zuzuschlagen. Sie wollen die Terroristen in flagranti erwischen, sozusagen mit dem Sprengstoff in der Tasche auf dem Weg zum Anschlagsziel. Die Lage ist auf jeden Fall äußerst angespannt.

Am Mittag des 24. April 1979 erhält Böttcher die Mitteilung, dass die Berliner Polizei vor wenigen Stunden zugeschlagen hat. In der Liegnitzer Straße in Berlin-Kreuzberg haben sie zwei Libanesen festgenommen. Beide waren auf dem Weg nach Steglitz, wo sich Tanklager befinden. Vermutlich wollten sie mögliche Anschlagsziele auskundschaften. Jedenfalls war die Verhaftung ein Volltreffer. Bei den beiden Libanesen wurden zwölf elektrische Sprengzünder sichergestellt. Böttcher kann der Meldung auch entnehmen, dass die Operation längst nicht abgeschlossen ist. Auf einen Tipp eines ausländischen Geheimdienstes hin observieren die Berliner Polizei und der Verfassungsschutz eine weitere Gruppe von Arabern. Sie sollen im Besitz von Sprengstoff sein.

Am Donnerstag dem 26. April 1979 überschlagen sich die Ereignisse. In der Rostocker Straße in Berlin stoppt am frühen Vormittag ein Einsatzkommando der Polizei einen roten Mercedes 200D. Ohne dass ein Schuss fällt, werden die drei Insassen überwältigt und festgenommen. Es handelt sich dabei um den arabischen Erzieher Hassan El Harti und zwei Palästinenser. Das Trio wird seit Tagen überwacht. Nun war die Gelegenheit günstig.

Bei einem der Festgenommenen findet die Polizei einen Schlüssel für ein Schließfach am Bahnhof Zoo. Sofort macht sich ein Polizeikommando auf den Weg zum Bahnhof. In dem Fach finden die Beamten einen Koffer mit zwölf Kilogramm Sprengstoff, getarnt als türkischer Honig und mit Pistazienkernen garniert. Zudem liegen in dem Koffer noch fünf Armbanduhren mit angelöteten Kontaktdrähten. Die Experten finden schnell heraus, dass das Equipment perfekt zu den Zündern passt, die man zwei Tage zuvor bei den verhafteten Libanesen gefunden hatte. Wenn man die Bestandteile zusammensetzt, hat man eine perfekte Bombe mit Zeitzünder.

Fast zur gleichen Zeit machen ein paar hundert Kilometer weiter südlich, bayerische Zöllner am deutsch-österreichischen Grenzübergang bei Passau-Achleiten ebenfalls eine explosive Entdeckung. Sie haben gegen elf Uhr einen VW-Derby herausgewunken. Eine Routinekontrolle, die sich als Volltreffer erweist. Im Kofferraum des Mietwagens von »Inter Rent Austria« stoßen die Beamten des Bundesgrenzschutzes auf Zünder, präparierte Uhren und vierzig Kilogramm Plastiksprengstoff. Zudem vier gefälschte internationale Führerscheine und jede Menge Devisen: 12 500 US-Dollar, 5000 französische Franc und 25 000 italienische Lire. Die Fahrzeuginsassen werden festgenommen. Laut den gefundenen Ausweispapieren handelt es sich um einen Mohammed Hamade und einen Salem Sejaan. Aber niemand glaubt daran, dass dies ihre wahren Identitäten sind. In einem Kofferradio versteckt, finden die Grenzbeamten neun Pässe, sechs mauretanische und je ein argentinischer, libanesischer und zypriotischer. Den Passbildern nach sind die Papiere für andere bestimmt. Vermutlich handelt es sich um Komplizen der Festgenommenen.

Böttcher sitzt in seinem Büro, das sich am Ende des Flurs im sechsten Stock des BKA-Hauptgebäudes befindet. Als ihm die Nachrichten über die Festnahmen in Berlin und Passau auf den

Tisch flattern, weiß er sofort, dass die Kollegen nicht alle Mitglieder der Terrorkommandos erwischt haben. In den Warnmeldungen der Nachrichtendienste ist von mehr als fünf Terroristen die Rede. Also dürfte das Gros des Terrorkommandos noch auf freiem Fuß sein. Die Gefahr eines Anschlages scheint also noch nicht gebannt zu sein.

Böttcher fühlt sich hilflos. Er kann nichts unternehmen. Dieser Fall ist Ländersache. Das BKA darf keine eigenen Ermittlungen anstellen, wenn es dazu nicht von der Generalbundesanwaltschaft in Karlsruhe beauftragt wird. Aber die Karlsruher Behörde, eigentlich zuständig für Terrorismus, hat wiederum in diesem speziellen Fall keine juristische Handhabe, um gegen palästinensische Terroristen vorgehen zu können. Laut Paragraph 129a des Strafgesetzbuches ist die Mitgliedschaft in einer terroristischen Vereinigung strafbar. Aber das Gesetz bezieht sich einzig und allein auf Mitgliedschaft in einer deutschen Terrorvereinigung wie die *RAF* oder *Revolutionären Zellen (RZ).* Nach gültiger Rechtssprechung kann Mitgliedern von ausländischen Terrororganisationen in der Bundesrepublik nicht der Prozess gemacht werden, solange sie hier keinen Anschlag verüben oder sich einer anderen Straftat schuldig machen.

Böttcher wird erstmals deutlich vor Augen geführt, dass sein Job nicht nur etwas mit Polizeiarbeit, sondern auch viel mit Politik zu tun hat. Die Gesetzeslücke ist entstanden, weil sich die Abgeordneten im Bundestag nicht darüber verständigen können, ob Angehörige von Gruppierungen wie die *PLO* oder auch die baskische *ETA* nun Freiheitskämpfer sind, so wie sie sich selbst sehen, oder doch einfach nur Terroristen. Mit der ungelösten Frage müssen Terror-Fahnder wie Böttcher nun leben. Obwohl es sich für sein Rechtsempfinden bei den Festgenommenen eindeutig um Terroristen handelt, können sie als solche nicht angeklagt werden.

Die Palästinenser können nur wegen Besitzes von Sprengstoff, Passfälschung und illegaler Einreise belangt werden. Das sind nach deutschem Recht Vergehen, die mit bis zu fünf Jahren Gefängnis geahndet werden, während Mitgliedschaft in einer terroristischen Vereinigung mit bis zu zehn Jahren bestraft werden kann. Böttcher schüttelt nur ungläubig den Kopf, als er sich die Gesetzeslage vor Augen führt. Dem Bundeskriminalamt sind die Hände gebunden. Delikte wie illegale Einreise, Urkundenfälschung und Sprengstoffbesitz fallen in die Zuständigkeit der Länderpolizei.

Die Kollegen vom Landeskriminalamt in München kümmern sich deshalb um den Passauer Fall. Sie schreiben die Personen, deren Pässe bei der Festnahme der beiden Terroristen im Kofferradio gefunden wurden, zur Fahndung aus. Sonderlich viel versprechen sich die Beamten nicht davon. Falls sich die Terroristen nicht längst schon in der Bundesrepublik aufhalten, ist davon auszugehen, dass sie versuchen werden, mit anderen Identitäten einzureisen. Vorsichtshalber werden jedoch an allen Flughäfen und Grenzübergängen den Zollbeamten Listen mit den vorliegenden Personalien der Terroristen ausgehändigt.

Während die Fahndung nach weiteren Komplizen des Passauer Terroristen-Duos läuft, werden die beiden vernommen. Zur Überraschung der Vernehmungsbeamten ist zumindest einer der beiden gesprächig. Laut Reisepass handelt es sich dabei um Mohammed Hamade. Er soll vierunddreißig Jahre alt sein und aus Haifa stammen. Hamade jedenfalls beharrt darauf, dass dies seine echten Personalien sind, was ihm die Beamten aber nicht abnehmen. Viel interessanter als seine Angaben zur Person sind aber seine anderen Aussagen. Hamade bezeichnet sich als Oberstleutnant der *PLO*. Er beteuert, sie hätten keinen Anschlag in Deutschland geplant.

»Das deutsche Volk ist unser Verbündeter«, sagt er und spielt damit wohl auf die Kontakte deutscher Politiker zur Führung der *PLO* an. Er behauptet, sein Komplize und er seien nur auf der Durchreise gewesen. In Hamburg hätten sie mit dem Sprengstoff an Bord eines israelischen Schiffes gehen wollen und nur deshalb den großen Aufwand und Umweg auf sich genommen, um die strengen Sicherheitskontrollen in Israel zu umgehen. Es sei zu riskant, über den Landweg Sprengstoff nach Israel zu schmuggeln.

Die Vernehmungsbeamten lassen die Angaben überprüfen. Tatsächlich wird in drei Tagen in Hamburg ein israelischer Tanker namens »Palmah II« erwartet. Sie sind geneigt, Hamade ein Stück weit zu glauben. Allerdings gehen sie davon aus, dass die beiden Palästineser das 6000-Tonnen-Schiff nicht als Transportmittel für ihren Sprengstoff nach Israel benutzen wollten. Vielmehr glauben sie, dass die beiden einen Anschlag auf den israelischen Tanker planten.

Der andere Terrorist macht keinerlei Angaben. Laut seinem Pass heißt er Salem Sejaan, ist einunddreißig Jahre alt und wurde in Dbaye, einem Ortsteil von Beirut, geboren. Auf Fragen der Vernehmungsbeamten nach seiner Herkunft oder der Zugehörigkeit zu einer palästinensischen Gruppe reagiert er mit Schweigen. Er sagt auch nichts zu dem Sprengstoff, der in ihrem Auto entdeckt wurde. Nur einmal, für einen kurzen Moment, bricht er sein Schweigen. Selbstsicher lässt er die Vernehmungsbeamten wissen, dass er nicht davon ausgeht, lange in Haft bleiben zu müssen. Seine Begründung treibt den Beamten Sorgenfalten auf die Stirn. Unmissverständlich macht dieser Salem Sejaan deutlich, dass bald mit Aktionen seitens der Palästinenser zu rechnen sei, um ihn freizupressen. Dann schweigt er wieder. Arrogant lächelnd verweigert er jede weitere Aussage.

Zwei Tage nach der Festnahme der beiden wird an dem deutsch-niederländischen Grenzübergang Elten ein roter Citroën Dyane 4 angehalten. Die zwei Insassen kommen dem Zöllner verdächtig vor. Es sind Araber. Laut ihren Ausweispapieren irakische Staatsbürger. Der Zollbeamte schaut in den Fahndungslisten nach: Volltreffer. Nach einem der beiden wird gefahndet. Er wird verdächtig, zu dem Passauer Terroristen-Duo zu gehören. Die beiden Iraker werden festgenommen und nach Bayern überstellt.

Die Ermittlungsbeamten dort sind sich sicher, dass man mit den zwei mutmaßlichen Irakern weitere Mitglieder des palästinensischen Terrorkommandos erwischt hat. Mit ihrem Verdacht liegen sie richtig. Bei den Vernehmungen gibt sich einer der beiden ebenfalls als Mitglied der *PLO* zu erkennen und behauptet, sein Name sei Mohammed Yousef. Der Palästinenser sagt dann noch etwas, dessen Tragweite den Ermittlern erst sechs Monate später so richtig bewusst wird. Mit seiner Festnahme sei »die Mission ein Misserfolg« sagt Yousef. Er fürchte nun »die Rache der *PLO*«.

Die Verhaftungen in Passau und an der deutsch-holländischen Grenze schlagen Wellen. Details gelangen über die Presse an die Öffentlichkeit. Die *PLO* steht am Pranger. Im BKA glaubt man nicht daran, dass Arafats Organisation etwas damit zu tun hat. Schließlich ermitteln das BKA und die *PLO* gemeinsam gegen Erika Chambers, die Mörderin des »Roten Prinzen«, Arafats Ziehsohn.

»Wir können uns kaum vorstellen, dass die *PLO* dahinter steckt«, sagt BKA-Vizepräsident Günter Ermisch in einem Zeitungsinterview am 3. Mai 1979. Ohne auf die Einzelheiten der Kooperation mit der *PLO* in Sachen Chambers einzugehen, deutet der BKA-Vizepräsident an, dass sein Amt über enge Kontakte zur *PLO* verfüge: »Sie hat uns gegenüber aus berufenem Munde erklärt, sie werde sich nicht mehr an Terroranschlägen in der Bundesrepublik beteiligen. Wir vermuten eher, dass die Festgenommenen zu unkontrollierten palästinensischen Splittergruppen gehören, auf die auch die *PLO* kaum Einfluss hat.«

Dem BND-Präsidenten Klaus Kinkel sind die Geheimkontakte des BKA zur *PLO* von jeher ein Dorn im Auge. Nach seiner Auffassung wildert damit das BKA im Revier des bundesdeutschen Auslandsnachrichtendienstes. Als nun durch die Berichterstattung die geheimen Drähte des BKA zur Palästinenserorganisation öffentlich werden, nimmt dies der BND-Präsident zum Anlass, sich in Bonn über das BKA und vor allem über dessen Präsidenten Horst Herold zu beschweren: Die Kontakte des BKA zur *PLO* gefährden die langjährige einträgliche Zusammenarbeit zwischen dem BND und dem Mossad, klagt Kinkel.

Seit drei Monaten macht Böttcher nun seinen Job. Jetzt hofft er, bald einmal den Schreibtisch verlassen und vor Ort ermitteln zu können. Er ist deshalb ganz froh, als er die Anweisung erhält, wegen den Verhaftungen einmal in München direkt mit dem LKA in Kontakt zu treten. Schließlich ist das Referat TE 12 laut Dienststellenbeschreibung angehalten, die Landeskriminalämter bei deren Ermittlungen gegen nationalen und internationalen Terrorismus zu unterstützen.

Allerdings wird er in München nicht gerade mit offenen Armen empfangen. Die Kollegen vom LKA haben keine Lust, sich vom BKA die Butter vom Brot nehmen zu lassen. Böttcher bekommt das deutlich zu spüren. Ein bisschen hat er sogar für die ablehnende Haltung der Kollegen Verständnis. Er ist fünfundzwanzig Jahre alt und seit drei Monaten gerade einmal Kommissar zur Anstellung, also noch in der Probezeit. Bei den Münchner Kollegen handelt es sich hingegen um erfahrene Ermittler. Böttcher beschließt, sich diskret zurückzuhalten.

Die Münchner Kollegen lassen ihn zumindest ein Stück weit an ihren Ermittlungsergebnissen teilhaben. Böttcher ist von ihren Recherchen beeindruckt. Die LKA-Beamten haben binnen kürzester Zeit ganze Arbeit geleistet und einiges zutage gefördert. Zwei Tage vor seiner Verhaftung in Passau war das Terroristen-Duo nach beschwerlicher Bahnreise von Syrien über die Türkei und Italien in der österreichischen Hauptstadt angekommen. In Wien stiegen sie im Hilton ab und hatten von ihrem Zimmer aus gleich eine ganze Reihe von Telefonaten mit dem Hotel Colombia in Mailand geführt.

Die beiden Iraker, die drei Tage nach dem Passauer Terroristen-Duo an der holländischen Grenze verhaftet wurden, hatten von ihrem Amsterdamer Hotel aus ebenfalls mit dem Colombia telefoniert. Anschließend gab es einen direkten Kontakt zwischen den Kommandomitgliedern in Amsterdam und Wien. Danach machte sich das Passauer Terroristen-Duo mit dem Sprengstoff auf den Weg nach Deutschland. Böttcher weiß, was das bedeutet. Sie haben mitnichten alle Mitglieder des Kommandos erwischt. Die Strippenzieher, die offensichtlich von Mailand aus dic Operation koordinierten, sind noch auf freiem Fuß.

Aber das ist noch nicht alles, was Böttcher Kopfzerbrechen bereitet. Die bayerischen Kollegen haben ihn auf eine Zeugenaussage aus Österreich aufmerksam gemacht. Danach wollen Hotelgäste beobachtet haben, wie das Terroristen-Duo »acht bis neun Koffer« in den Mietwagen geladen hätte. Aber als die beiden am Grenzübergang Passau festgenommen wurden, waren in dem VW-Derby nur vier Koffer. Falls sich die Zeugen nicht irren, müssen irgendwo zwischen Wien und Passau vier bis fünf Koffer, vermutlich ebenfalls randvoll gefüllt mit Plastiksprengstoff, die Besitzer gewechselt haben. Böttcher braucht nicht lange, um zu kapieren, was dies bedeuten kann: Irgendwo da draußen sind noch weitere Mitglieder des Terrorkommandos mit Koffern voller Sprengstoff unterwegs. Er kann nur hoffen, dass diese Terroristen damit nicht bereits in die Bundesrepublik eingereist sind. Die bayerischen Kollegen haben jedenfalls veranlasst, dass an den Grenzübergängen und auf Flughäfen verdächtige Personen streng kontrolliert werden.

Böttcher ist nun regelmäßig in München. Mittlerweile hat er ein so gutes Verhältnis zu den Kollegen dort aufgebaut, dass sie ihn in alle Akten schauen lassen. Aufmerksam liest er die Unterlagen, vor allem die Aussageprotokolle der Verhafteten. Besonders die Äußerung von Salem Sejaan sticht ihm ins Auge. Unverhohlen hatte der Palästinenser ja damit gedroht, bald mit Anschlägen freigepresst zu werden. Böttcher kann nur hoffen, dass der Kerl blufft. Andererseits passt diese Aussage zu seiner Schlussfolgerung, dass sie längst nicht alle Mitglieder des Terrorkommandos erwischt haben. Böttcher kommt jedenfalls immer mehr zu der Überzeugung, nicht mehr ausschließen zu dürfen, dass der fehlende Sprengstoff für eine Befreiungsaktion eingesetzt wird.

Er beginnt, sich immer mehr für diesen Sejaan zu interessieren. Es ist augenfällig, dass es sich bei ihm um ein anderes Kaliber handelt, als bei den drei anderen Verhafteten. Im Gegensatz zu seinen Komplizen machte Sejaan außer seiner Drohung keinerlei Aussagen. Offensichtlich hält er es nicht für nötig, sich den deutschen Behörden gegenüber kooperativ zu zeigen. Vielmehr scheint sich Sejaan ja sicher zu sein, irgendwie herausgeboxt zu werden. Böttcher kann sich des Eindruckes nicht erwehren, dass es sich bei diesem Kerl um den Anführer des Terrorkommandos handeln könnte. Anders kann er sich dessen Selbstsicherheit nicht erklären.

Als er in den Akten die Übersetzung eines Briefes von Sejaan an dessen Ehefrau im Libanon findet, fühlt sich Böttcher in seiner Einschätzung bestätigt. Darin äußert er sich über seine Unterbringung im Hochsicherheitstrakt in der Justizvollzugsanstalt Straubing. Seine Gefängniszelle, schreibt er, würde ihn an das kleine Hotel erinnern, in dem sie ihre Flitterwochen verbracht hätten. Sejaan möchte damit wohl die deutschen Behörden verhöhnen, denkt sich Böttcher. Er muss schließlich davon ausgehen, dass die Gefangenenpost kontrolliert wird. Aber Böttchers Ärger über diese Arroganz ist schnell verflogen. Dem Palästinenser, der es bislang abgelehnt hat, Angaben zu seiner Identität zu machen, ist ein Fehler unterlaufen ist. Den Brief an seine Ehefrau hat er nicht mit Sejaan unterschrieben, sondern mit Abu Walid al Iraki. Böttcher ist sich sicher, dass dies sein wirklicher Name ist.

Böttcher unternimmt alles, um weiterhin an dem Fall dranbleiben zu können. Nach allem, was er bislang über die Verhafteten in Erfahrung bringen konnte, möchte er sie endlich auch einmal zu Gesicht bekommen, um sich vor allem von Abu Walid ein eigenes Bild machen zu können. Als er erfährt, dass gegen Abu Walid und seine drei Komplizen bereits am 17. Juni 1979 verhandelt werden soll, lässt er sich schleunigst als Prozessbeobachter einteilen.

Es ist das erste Mal, dass in der Bundesrepublik palästinensische Terroristen auf der Anklagebank sitzen. Im Vorfeld der Verhandlung wird deshalb in den Medien immer nur vom »Palästinenser-Prozess« gesprochen. Obwohl die Angelegenheit vor der Strafkammer des Landgerichts Passau verhandelt wird, findet der Prozess aus Sicherheitsgründen in Straubing statt. Die Haftanstalt, in der Abu Walid untergebracht ist, befindet sich gleich nebenan. Ihn an jedem Verhandlungstag nach Passau und anschließend wieder zurückzukutschieren, würde ein zu großes Risiko bedeuten.

Im Gerichtssaal setzt sich Böttcher auf eine der Zuschauerbänke. Es gibt keinen Grund, sich als Polizeibeamter erkennen zu geben. Als die vier Angeklagten in den Sitzungssaal geführt werden, bleibt der Blick von Böttcher instinktiv an Abu Walid hängen. Allein durch sein Äußeres hebt er sich von den anderen Angeklagten ab. Abu Walid hat volles kräftiges Haar, wobei ihm eine Locke tief in die Stirn hängt. Zudem trägt er ein Menjou-Bärtchen, das wie angeklebt aussieht. Unweigerlich muss Böttcher an Clarke Gable denken. Aber während der amerikanische Schauspieler mit seinem Charme Frauenherzen zum Schmelzen brachte, hat Abu Walid die Ausstrahlung eines Eisschrankes. Böttcher ist sich nun auch sicher, dass seine Einschätzung richtig ist: Abu Walid ist der Boss des Terrorquartetts.

Während die anderen beim Verlesen der Anklageschrift unsicher um sich schauen, scheinen Abu Walid die Vorwürfe nicht zu interessieren. Er macht den Eindruck, als ginge ihn das alles nichts an. Die Angeklagten scheinen die rechtlichen Möglichkeiten in Deutschland gut zu kennen. Die beiden an der holländischen Grenze verhafteten Araber beteuern wortgewaltig ihre Unschuld. Die vielen gefälschten Pässe, die man bei ihnen fand, erklärt einer der Angeklagten damit, dass er eben »eine gespaltene Persönlichkeit« habe. »Mal fühlte ich mich als Präsident, und dann wieder ganz klein.«

Hamade wiederum, der mit Abu Walid zusammen verhaftet wurde, hatte sich während der Polizeivernehmung als *PLO*-Offizier »mit zwei Sternen« bezeichnet und zu Protokoll gegeben: »Wir sind eine Gruppe, und wir waren auf dem Weg nach Israel.« Im Prozess nimmt er nun alles auf sich. Schützend stellt er sich vor Abu Walid und behauptet, ihn zufällig im Zug kennen gelernt zu haben. Und weil Abu Walid ebenfalls Araber sei, habe er ihm angeboten, ihn in seinem Leihwagen mit nach Deutschland zu nehmen.

Für Böttcher ist dies ein weiteres Indiz, dass Abu Walid der Chef des Kommandos ist. Mittlerweile will er auch nicht mehr ausschließen, dass Abu Walid auch innerhalb der *PLO* eine wichtige Rolle einnimmt. Anders kann er es sich nicht erklären, dass die anderen Angeklagten alles auf sich nehmen, um Abu Walid zu schützen. Bemerkenswert findet Böttcher, dass von Abu Walid selbst nichts zu hören ist. Er schweigt. Er redet nur, wenn er direkt vom Richter angesprochen wird. Seine Antworten sind einsilbig und verlogen. Obwohl bei ihm Devisen im Wert von mehr als 30 000 Mark gefunden wurden, bezeichnet er sich als vermögenslosen Kaufmann mit einem monatlichen Reingewinn von 250 Dollar. Von den gefälschten Papieren und dem Sprengstoff im Auto will er nichts gewusst haben. Dass darauf seine Fingerabdrücke gefunden wurden, kommentiert er nicht. Er bleibt auch dabei, dass sein Name Salem Sejaan lautet und verweist auf den Pass, den er bei der Einreise vorlegte. Der Richter fixiert ihn über den Rand seiner Lesebrille hinweg und macht Abu Walid darauf aufmerksam, dass der Pass auf einen Mann mit einer Körpergröße von 1,70 Meter ausgestellt ist. Abu Walid misst

1,78 Meter. Aber damit lässt er sich nicht aus der Reserve locken. Abu Walid schweigt einfach und lächelt. Böttcher kann sich nicht des Eindruckes erwehren, dass Abu Walid das Gericht verhöhnt.

Am vierten Verhandlungstag, dem 20. Juli 1979, kommt der Richter bereits zum Ende. Weil die beiden Iraker, die man an der holländischen Grenze erwischte, im Gegensatz zu Abu Walid keinen Sprengstoff, sondern nur gefälschte Pässe bei sich hatten, kann der Richter sie lediglich wegen Passvergehens und dem Versuch der illegalen Einreise verurteilen. Sie kommen mit einer viermonatigen Gefängnisstrafe davon. Böttcher schüttelt resignierend den Kopf.

Für ihn ist erwiesen, dass die beiden zu einem Terrorkommando gehören, das einen Sprengstoffanschlag verüben wollte, bei dem vermutlich unzählige Menschen ums Leben gekommen wären. Die juristische Situation hat sich wohl seit den Morden der *RAF* extrem verändert, dennoch fehlt der deutschen Justiz nach wie vor das Handwerkszeug, um gegen Terroristen vom Schlage eines Abu Walid vorgehen zu können. Es ist eine Farce. Nach der bundesdeutschen Rechtsprechung haben ausländische Terroristen weit weniger zu befürchten als ein Junkie, bei dem ein paar Gramm Stoff gefunden werden. Die beiden Iraker werden schon nach zwei Monaten wieder frei sein, weil ihnen die zwei Monate in der Untersuchungshaft auf ihre Gefängnisstrafe angerechnet werden.

Zur Verwunderung von Böttcher findet selbst einer der beiden Iraker die Strafe als zu gering. Es handelt sich um Mohammed Yousef, der bereits bei den Vernehmungen mit der Aussage auffiel, dass er wegen des Misserfolges der Operation die Rache der *PLO* fürchtet. Yousef hat nun Angst, durch das milde Urteil von seinen Kampfgefährten als Verräter und Kollaborateur der Israelis verdächtigt zu werden, erklärt er dem Richter.

Böttcher rätselt noch über die Aussage von Yousef, als der Richter bereits das Urteil gegen die beiden anderen Angeklagten verliest. Schnell schaut er hinüber zu Abu Walid. Wegen Sprengstoffbesitzes verurteilt sie der Richter zu zweieinhalb Jahren Gefängnis. Regungslos nimmt Abu Walid die Strafe hin, während Hamade wortreich anfängt, sich beim Richter für den fairen Prozess zu bedanken. Der Richter wiederum lobt Hamade für sein freizügiges Geständnis, dass er im Auftrag der *PLO* mit dem Sprengstoff einen Anschlag in Israel habe begehen wollen. Das Strafmaß soll aber deutlich machen, sagt der Richter, dass die Bundesrepublik kein Reiseland für Sprengstoffattentäter ist.

Als die vier in Handschellen aus dem Gerichtssaal geführt werden, schaut Böttcher noch einmal zu Abu Walid hinüber. Seinem Gesicht ist nicht einmal ein Anflug von Niedergeschlagenheit zu entnehmen. Böttcher hat den Eindruck, dass Abu Walid felsenfest davon überzeugt ist, die zweieinhalb Jahre nicht absitzen müssen.

Nikosia, Zypern, 9. Dezember 1989

Böttcher kann sich immer noch nicht beruhigen. Es ist erst 24 Stunden her, dass er erstmals in seinem Leben Todesangst hatte. Er ist müde. Die Nachwirkungen des vielen Adrenalins, das durch seinen Körper schoss, haben seine Sinne betäubt. Er sitzt mit Schmitt zusammen in dessen Hotelzimmer im Cyprus Hilton, dem besten Hotel von Nikosia.

»Wie konnten die Briten behaupten, dass die Luft rein ist, wenn da noch Leibwächter im Haus sind?«, fragt er Schmitt.

Schmitt zuckt mit den Achseln.

Angeblich hatte der britische Auslandsgeheimdienst lange genug das Haus von Abu Walid observiert. Dabei will das Observierungsteam des MI6 festgestellt haben, dass Abu Walid wochentags am frühen Morgen für eine Weile allein zu Hause ist. Die Leibwächter bringen dann die Kinder zur Schule, seine Frau ist zum Einkaufen auf dem Markt.

Wie mit dem MI6 besprochen, hatten sich Schmitt und Böttcher morgens gegen acht Uhr bereitgehalten. Sie hatten ein paar hundert Meter entfernt geparkt und im Auto darauf gewartet, dass ihnen die Briten über Funk grünes Licht geben. Gegen neun Uhr kam der Funkspruch. Böttcher machte sich sofort auf den Weg.

»Wenn es geknallt hätte, hättest du den Bericht schreiben dürfen«, sagt er zu Schmitt. Böttcher schüttelt den Kopf, als wolle er die Vorstellung davon vertreiben. Er muss an Nicole denken, seine Tochter. Sie ist sechs. Sie braucht ihn. Böttcher spürt, wie es ihm bei dem Gedanken daran die Kehle zuschnürt.

Im nächsten Moment fühlt er die Wut, die von ihm Besitz ergreift. Er ärgert sich über seinen Leichtsinn. Beim besten Willen kann er es sich nicht erklären, was ihn geritten hat, sich bei dieser Operation einfach auf Informationen anderer zu verlassen. Der MI6 hat keinen schlechten Ruf in der Branche. Allerdings sind die Briten im Bereich Terrorismus nicht ganz so gut wie die französischen Nachrichtendienste, aber auch nicht so schlecht wie die Amerikaner. Die Jungs von der CIA haben immer ein großspuriges Auftreten, meinen alles zu können. Trotzdem hätten sich er und Schmitt die Zeit nehmen müssen, das Haus von Abu Walid selbst zu observieren. Schließlich wussten sie, dass die Palästinenser momentan besonders nervös sind.

Sie haben auch allen Grund dazu, denkt sich Böttcher. Immerhin hatte der Mossad in letzter Zeit eine Reihe von hochrangigen *PLO*-Funktionären umgelegt. Nicht nur Abu Dschihad, Arafats Stellvertreter und Schmitts früherer Kontaktmann, den sie in Tunesien erwischten. Auch auf Zypern hatten sie zugeschlagen. In Limassol, einem Touristenstädtchen an der Südspitze der Insel, wurden drei *PLO*-Funktionäre Opfer einer Autobombe. Eine Spezialität des Mossad. Andere Palästinenserführer hatten sie zu Hause überfallen und vor den Augen ihrer Frauen und Kinder erschossen.

So gesehen ist es nicht verwunderlich, dass Typen vom Kaliber eines Abu Walid rund um die Uhr von schwer bewaffneten Leibwächtern behütet werden. Böttcher ist nur froh, dass er geklingelt hatte, bevor er durch die offene Tür in das Haus gegangen war. Es hatte den Leibwächter davon abgehalten, gleich zu schießen. Schließlich ist nicht davon auszugehen, dass ein Mordkommando des Mossad noch klingelt, bevor es zuschlägt. Obwohl ihm nicht danach zumute ist, muss Böttcher lachen. Es ist grotesk. Aber es sind die Kleinigkeiten, die in seinem Job den Unterschied zwischen Leben und Tod ausmachen.

Schmitt ist ebenfalls ganz in Gedanken versunken. Fieberhaft überlegt er, wie sie die Operation zu einem erfolgreichen und vor allem geräuschlosen Ende bringen können. Denn jetzt ist genau das passiert, was er verhindern wollte. Die Palästinenser haben die deutsche Botschaft eingeschaltet. Erfahrungsgemäß macht dies die Dinge nur unnötig kompliziert.

Als Schmitt davon erfuhr, hatte er umgehend den BND-Residenten in der deutschen Botschaft angerufen und ihm dringend geraten, die ganze Sache dem Botschafter gegenüber herunterzuspielen. Schmitt kann sich nichts Schlimmeres vorstellen, als dass der Botschafter darüber das Auswärtige Amt in Bonn informiert. Das wäre vermutlich das Ende der Operation. Irgendein Ministerialbeamter käme bestimmt auf die Idee, durch diese Geheimoperation die deutsch-israelischen Beziehungen gefährdet zu sehen.

Schmitt kann allerdings nicht mehr ausschließen, dass der Mossad zwischenzeitlich Wind von der Sache bekommen hat. Vielleicht wollten dies die Palästinenser auch mit ihrem Anruf bei der deutschen Botschaft erreichen. Jedenfalls mussten sie davon ausgehen, dass die Telefonate auf Zypern abgehört werden. Die Insel gilt als Hinterhof des Mossad.

Schmitt ahnt, dass ihn die Palästinenser mit dem Anruf bei der deutschen Botschaft unter Zugzwang bringen wollen. Sie möchten, dass die Deutschen ganz offiziell mit ihnen in Kontakt treten. Aber das kommt überhaupt nicht in Frage. Schmitt muss ihnen dies unmissverständlich klarmachen. Obwohl er die Vorgehensweise der *PLO* nachvollziehen kann. Offizielle Gespräche mit den Deutschen würde sie international weiter aufwerten. Aber dafür ist es noch zu früh. Schmitt bleibt nichts anderes übrig, als ebenfalls zum Telefon zu greifen und dies dem *PLO*-Statthalter auf Zypern unmissverständlich deutlich zu machen. Auch auf die Gefahr hin, dass sie abgehört werden.

Als Schmitt zum Telefonhörer greift, will Böttcher ihm gerade wieder Vorhaltungen machen. Aber Schmitt gibt ihm mit einem Kopfschütteln zu verstehen, dass dafür nicht der richtige Zeitpunkt ist. Böttcher verstummt sofort. Er kennt seinen Partner lange genug, um zu wissen, wann es besser ist, zu schweigen.

Es gehört nicht viel dazu, zu erraten, mit wem Schmitt telefoniert. »Nein«, sagt Schmitt energisch, »ein Treffen in der deutschen Botschaft ist ausgeschlossen.«

Böttcher ahnt, dass die Palästinenser Schwierigkeiten machen. Er ist gespannt, wie Schmitt verfährt.

»Dann reisen wir ab«, hört er Schmitt sagen. Böttcher lächelt. Das ist eine der Seiten an Schmitt, die er von jeher bewundert. Selbst mit dem Rücken zur Wand ist Schmitt noch in der Lage zu bluffen.

»Wir treffen uns an einem neutralen Ort oder gar nicht«, beharrt Schmitt.

Böttcher hört aufmerksam zu.

»Wo immer sie wollen, aber nicht in der deutschen Botschaft.«

Böttcher glaubt seinen Ohren nicht zu trauen. Was ist bloß in Schmitt gefahren. Normalerweise kennt er ihn als einen Mann, der keine Risiken eingeht, der seine Schritte genau abwägt und bei dem kaum mit Fehlern zu rechnen ist.

»Okay«, hört er seinen Partner sagen. »Wir warten dort. In zwei Stunden. Punkt zwölf Uhr. Sie holen uns also ab.« Schmitt legt auf.

Böttcher verdreht die Augen. Er hat eigentlich keine Lust, sich an einem unbekannten Ort mit bis an die Zähne bewaffneten Palästinensern zu treffen.

»Jetzt mach dir nicht gleich ins Hemd. Nachdem sie schon bei der Botschaft angerufen haben, können sie uns nun schlecht umlegen«, sagt Schmitt.

Böttcher weiß, dass Schmitt Recht hat. Trotzdem ist ihm nicht wohl dabei. Missmutig verlässt er das Hotelzimmer. »Bis nachher.«

Das Cyprus Hilton befindet sich in der Erzbischof Makários III Avenue, im griechischen Teil von Nikosia. Bis in die Altstadt sind es dreißig Minuten zu Fuß. Durch die Altstadt verlaufen labyrinthartig schmale Gassen mit Tavernen, Restaurants, Bars und Cafés, traditionellen Handwerksbetrieben, Kirchen und Moscheen. Wochentags pulsiert dort das Leben. Dann wird in den kleinen, offenen Werkstätten gearbeitet. Viele Schneider bieten im 24-Stunden-Service Maßhemden an und bei den Schustern türmt sich altes Schuhwerk.

Böttcher jedoch hat keine Lust, allein durch Nikosia zu laufen. Vermutlich würde sich jemand an seine Fersen heften. Entweder die Palästinenser oder die Briten. Vielleicht auch die Israelis, falls sich Schmitts Befürchtungen bewahrheitet haben und auch der Mossad mittlerweile über ihre Operation Bescheid weiß.

Er will zudem nicht riskieren, sich im Labyrinth der Gassen und Straßen zu verlaufen. Spaziergänge durch die engen mit Kieselsteinen gepflasterten Straßen enden nicht selten in einer Sackgasse. Blau-weiß gestrichene Absperrungen sowie Stacheldraht und mit Erde gefüllte Öltonnen oder Sandsäcke verhindern ein Weiterkommen. Seit fünfzehn Jahren ist die Stadt wie auch das gesamte Land infolge eines Putsches von Offizieren der zypriotischen Nationalgarde geteilt. Die türkische Armee besetzt den Nordteil, griechische Zyprioten den Südteil des Landes. Mitten durch Nikosia verläuft die »grüne Linie«, wie die Demarkationslinie heißt. Sie wird von UN-Truppen bewacht.

Zwischenzeitlich haben die zypriotischen Volksgruppen die Trennung so weit verinnerlicht, dass sie nicht einmal mehr einen gemeinsamen Namen für die Hauptstadt der Mittelmeerinsel haben. Die Griechen nennen sie Levkosia, bei den Türken heißt sie Lefkosa, international hat sich der Name Nikosia eingebürgert.

Die »Grüne Linie« ist unpassierbar. Blaue Blechtonnen, Sandsäcke und Stacheldraht bilden auf beiden Seiten der Grenze unüberwindbare Hindernisse, lediglich unterbrochen von Beobachtungsposten der Armee. Dazwischen die nur wenige Meter breite UNO-Pufferzone, zu der nur Blauhelme Zutritt haben.

Verfallene Häuser kennzeichnen dieses schmale Niemandsland inmitten von Nikosia. Ein bizarres Bild. Meterhoch wächst das Gras auf der Hermes-Straße in der Innenstadt, ausgebrannte Autowracks säumen den Weg.

Der einzige Grenzübergang auf der ganzen Insel befindet sich in der Hauptstadt, in dem ehemaligen Luxushotel Ledra Palace, westlich der Stadtmauer. Das Hotel wurde nach der Teilung 1974 der UNO-Schutzzone zugeschlagen. Es dient seitdem als Kaserne für die Blauhelme und als Checkpoint Ledra Palace.

Nikosia ist mittlerweile die letzte Hauptstadt der Welt, die geteilt ist. Auf den Tag genau vor einem Monat war die Maueröffnung in Berlin. Wie Millionen andere hatte Böttcher das Ereignis im Fernsehen verfolgt. Irgendwie ist es schon verrückt, denkt Böttcher. Ost- und Westdeutschland feiert die Maueröffnung, und er sitzt ausgerechnet in einem geteilten Land fest.

Böttcher weiß gar nicht mehr, wie oft er in den letzten Jahren auf Zypern war. Die Mittelmeerinsel war von jeher sein bevorzugter Treffpunkt mit den palästinensischen V-Leuten. In den griechischen Teil von Zypern können die Spitzel problemlos fahren. Im Gegensatz zu Deutschland oder anderen westeuropäischen Ländern benötigen sie für die Einreise keine Visa. Zudem ist die Insel von Beirut aus leicht zu erreichen. Die Fähre zwischen Beirut und Larnaka, einer Hafenstadt im Südteil Zyperns, verkehrt regelmäßig.

Larnaka wiederum ist nur vierundvierzig Kilometer von der geteilten Hauptstadt Nikosia entfernt und verfügt über einen Internationalen Flughafen, der sich fünf Kilometer westlich der Stadt befindet. Von Frankfurt aus gibt es Nonstop-Flüge. Böttcher ist in dreieinhalb bis vier Stunden in Larnaka.

In der zypriotischen Hafenstadt hatten Böttcher und Schmitt vor sieben Jahren auch ihren ersten gemeinsamen Geheimauftrag durchzuführen. Sie sollten ein Treffen palästinensischer Terroristenführer überwachen und fotografieren. Eigentlich war es eine Operation des BND. Aber weil der Tipp von einer palästinensischen Quelle des BKA kam, war auch Böttcher mit von der Partie.

Die Operation begann für den damals blutjungen Böttcher mit einer Schrecksekunde. Als er in Larnaka in seinem Hotel eincheckte, stockte ihm der Atem. Neben ihm an der Rezeption standen ihre Zielpersonen, die palästinensischen Terroristenführer. Aufgeregt rief er Schmitt an, der den Regeln der Konspiration entsprechend in einem anderen Hotel abgestiegen war.

Niemals wird er Schmitts Reaktion vergessen. »Na und?«, sagte er und schlug vor, dass sie sich am nächsten Morgen zum Joggen treffen. »Dabei kannst du mir dann die Einzelheiten erzählen, wenn es überhaupt welche gibt.«

Von ihrem Einsatzleiter war ihnen eingeschärft worden, sich unter allen Umständen »legendengerecht« zu verhalten. Auf Zypern wimmelte es nur so von Agenten. Jeder Barkeeper war ein potenzieller Spitzel. Um sich nicht verdächtig zu machen, mussten sie sich für Außenstehende erst einmal »kennen lernen«. Also gingen sie nach Lehrbuch vor. Beim Joggen am Strand sollten sie sich zufällig über den Weg laufen, hatte Schmitt vorgeschlagen. Böttcher hielt das insgeheim für eine Schnapsidee. Er hasste Frühsport. Aber er wollte nicht gleich den ersten gemeinsamen Einsatz mit einer Auseinandersetzung beginnen. Also ging er frühmorgens zum Joggen.

Im Lauf der Jahre wurde Larnaka so etwas wie ihre zweite Heimat. Mehrmals im Jahr sind sie in der Stadt. Es ist kein unangenehmes Leben. Die Hafenstadt hat einen schönen Liegeplatz für Yachten. Wenn Böttcher den langen Steg dort entlangschlendert, kann er den Skippern beim Klarmachen ihrer Boote zuschauen. In der Marina ankerte so manche Luxusyacht. Im Süden des Yachthafens beginnt die Palmen gesäumte Strandpromenade, die sich über einen Kilometer erstreckt. Der Strand ist breit und feinsandig. Obwohl die Uferstraße längst zur verkehrsberuhigten Zone umgewandelt wurde, geht es hier im Sommer zu wie auf dem Jahrmarkt. Die Bars, Restaurants, Automatenspielclubs und Cafés sind dann zum Bersten voll.

Die touristischen Attraktionen der Mittelmeerinsel lassen Böttcher momentan aber kalt. Er entschließt sich, die Wartezeit bis zum Treffen mit den Palästinensern im Hotel-Restaurant zu verbringen. Es befindet sich im Erdgeschoss und ist ein lang gezogener, schlauchartiger Saal. An den freiliegenden Deckenbalken hängen Körbe und umflochtene Weingefäße. In der Mitte des Restaurants ist eine lange Tafel. Böttcher setzt sich an einen der kleineren Tische. Er winkt einen der Kellner herbei, die hier in zypriotischer Tracht gekleidet sind, und bestellt sich ein eiskaltes Bier.

Eigentlich ist es zu früh dafür. Aber er fühlt sich leer und müde. Ein Bier kann bei seinem Gemütszustand nicht schaden. Er erinnert sich an eine weitere frühere Episode mit Schmitt auf Zypern. Sie hatten damals beide noch nicht sonderlich viel Erfahrung mit verdeckten Operationen. Zudem kannten beide die Insel noch nicht. Also machten sie mit einem Mietwagen eine kleine Erkundungstour auf der Insel. Auf der Autobahn fuhren sie Richtung Nikosia. Schmitt saß am Steuer. Plötzlich hatte er das Gefühl, dass sie verfolgt werden. Um die Verfolger abzuschütteln, riskierte Schmitt mitten auf der Schnellstraße ein waghalsiges Wendemanöver. Der Wagen kam ins Schleudern, schlitterte über die Fahrbahnbegrenzung hinweg und rasierte dabei zwei Verkehrsschilder. Sie kamen auf der Gegenfahrbahn zum Stehen und Böttcher griff bereits nach dem Türöffner, um aus dem Auto zu springen, weil ein LKW laut hupend direkt auf sie zuraste. Aber in diesem Moment gab Schmitt Gas und mit quietschenden Reifen rasten sie haarscharf an dem LKW vorbei zur nächsten Abfahrt.

Wenn sie sich heute an den Hotelbars die alten Geschichten erzählen, müssen sie sich darüber ausschütten vor Lachen. Mittlerweile sind sie sich sicher, dass sich Schmitt die Verfolgung nur einbildete. Aber trotz der Anlaufschwierigkeiten bei ihren ersten gemeinsamen Einsätzen schafften sie es immer, ihre Aufträge auf Zypern zu erledigen.

Es ist kein Zufall, dass sich palästinensische Terroristen vorzugsweise auf Zypern aufhalten. Dort lebt es sich angenehmer und vor allem sicherer als im Libanon. Tausende von Libanesen und staatenlose Palästinenser leben in diesen Tagen auf Zypern. Abends fahren sie an die Küste und besuchen die Nachtclubs und Diskotheken. Durch die vielen Exilanten können sich die palästinensischen Terroristen frei bewegen, ohne groß aufzufallen. Zudem ist Zypern die ideale Operationsbasis, um Aktionen in Westeuropa vorzubereiten und zu koordinieren. Umgekehrt ist man auch schnell im Libanon, falls dort mal wieder eine westliche Botschaft in die Luft gejagt oder ein Diplomat liquidiert werden soll. Von der Mittelmeerinsel bis nach Beirut sind es nicht einmal hundert Kilometer. Die Fähre benötigt dafür drei bis vier Stunden. Mit einem Schnellboot geht es noch kürzer.

Nach fünfzehn Jahren zeichnet sich in Beirut nun ein Ende des Bürgerkrieges ab. Allerdings scheint dort augenblicklich noch blutiger, brutaler und vor allem sinnloser gemordet zu werden, als je zuvor. Kein Stein soll offensichtlich mehr auf dem anderen bleiben.

Böttcher ist es strengstens untersagt, nach Beirut zu reisen. Falls seine V-Leute nicht herauskommen können, wird vorsichtshalber auf ihre Informationen verzichtet. Sie in Beirut aufzusuchen und dort abzuschöpfen, kommt jedenfalls nicht in Frage. Die libanesische Hauptstadt ist für regelmäßige Undercover-Einsätze einfach ein zu heißes Pflaster.

BEIRUT

Anfang der achtziger Jahre versank Beirut im Chaos. Es gab mindestens siebzehn religiöse Strömungen. Und alle erhoben Anspruch auf die Macht. Meist handelte es sich um Sekten, wie etwa die Drusen, die jahrzehntelang im Geheimen ihr Dasein fristeten.

In Westbeirut hatten sich die palästinensische Einheiten und ihre verbündete Milizen verschanzt, die christlichen Milizen und libanesische Armeeeinheiten im Osten. An die vierzig Milizen kämpften in Beirut um die Vorherrschaft. Der Straßenkrieg wurde von Jahr zu Jahr immer unerbittlicher. Aber eigentlich war es gleichgültig, wer wo lebte und kämpfte. Das Geknatter der Maschinengewehre und das Böllern der Mörser waren überall zu hören. Der Stadtkern war längst zerstört. Das »Paris des Nahen Ostens«, wie Beirut einmal genannt wurde, gab es schon lange nicht mehr.

Nachdem die *PLO* vom Libanon aus immer vehementer gegen Israel vorgegangen war, kam es 1982 zur direkten Intervention der Israelis, die sich bislang damit begnügt hatten, pro-christliche Truppen, die *Südlibanesische Armee*, zu installieren. 60 000 israelische Soldaten marschierten in den Libanon ein, mit dem Ziel, die *PLO* endgültig zu zerschlagen. Die Empörung der Weltöffentlichkeit war groß und der UN-Sicherheitsrat verurteilte den Einmarsch aufs Schärfste. Die Israelis scherte dies wenig. Sie drangen weiter vor, belagerten schließlich Westbeirut. Denn dort befand sich die Kommandozentrale der *PLO*.

Auf Vermittlung der USA durften die *PLO*-Truppen abziehen. Die Führungsriege der *PLO* setzte sich nach Tunis oder Larnaka ab, die gemäßigte schiitische *Amal*-Bewegung zerbrach. Zurück blieb die palästinensische Bevölkerung, die in Flüchtlingscamps hauste, die eine Autostunde vor Beirut wie Pilze aus dem Boden schossen.

In den Flüchtlingslagern Sabra und Schatila kam es 1982 durch libanesische Streitkräfte zu Massakern an Palästinensern. Aber verantwortlich waren wohl andere: Die Israelis hatten die *Falangisten* in die Lager geschickt, angeblich um dort nach versteckten Waffen und *PLO*-Sympathisanten zu suchen. Stattdessen schlachteten sie tausend Flüchtlinge bestialisch ab.

Damals verfolgte sowohl die amerikanische als auch israelische Regierung die Politik, religiöse Gruppen finanziell zu unterstützen. Das Ziel war es, marxistisch orientierten Terrororganisationen wie etwa der *PFLP-SC* die Unterstützung der Bevölkerung zu nehmen. Man hoffte, dass religiöse Gruppen weniger anfällig waren für die Doktrin des Terrorismus. Schließlich bot der Islam an sich keine politische Alternative, wie etwa der Sozialismus. Dies war ein tödlicher Irrtum, wie sich bald herausstellen sollte.

1984 raste ein mit Sprengstoff beladener Lastwagen in das vierstöckige Gebäude der US-Botschaft in Ostbeirut, nachdem eineinhalb Jahre zuvor die alte US-Botschaft, ein siebenstöckiges Gebäude direkt am Meer, bei einem Bombenanschlag völlig zerstört worden war. Das Zeitalter der islamistischen Selbstmordattentäter war angebrochen.

Bei den vielen Selbstmordanschlägen auf Gebäude westlicher Einrichtungen gab es Hunderte von Toten. Am schlimmsten erwischte es das Hauptquartier der US-Marines im Süden Beiruts. Die Terroristen waren auf Nummer Sicher gegangen. Der Selbstmörder am Steuer des gelben LKW, der in das Gebäude gerast war, hatte fünfeinhalb Tonnen chemisch angereichertes TNT geladen. Es war die »gewaltigste nichtnukleare Explosion seit dem Zweiten Weltkrieg«, hieß es anschließend in einem Gutachten der amerikanischen Bundespolizei FBI, die zur Untersuchung des Anschlages ihre Experten nach Beirut geschickt hatte.

Die USA schickten die Marines, eine Elitetruppe, um für Ordnung zu sorgen. Doch die Amerikaner waren in dieser komplizierten Situation hoffnungslos überfordert. Die Supermacht kapitulierte vor der neuen Form des Terrorismus. Die USA und Frankreich zogen ihre Truppen ab, und die Israelis zogen sich in den Süden Libanons zurück.

Die schiitische Splittergruppe *Hisbollah*, »die Partei Gottes«, betrat Mitte der achtziger Jahre die Bühne des Terrors und bekannte sich rückwirkend zu den Anschlägen auf die US-Botschaften. Die *Hisbollah*, finanziert von den Mullahs im Iran, begann einen heiligen Krieg gegen die Ausländer. Sie fingen an, wahllos Menschen zu entführen.

Im März 1984 wurde der US-Amerikaner William Buckley entführt. William Buckley war Stationschef des US-Geheimdienstes in Beirut. Im Hauptquartier der CIA in Langley, im US-Bundesstaat Virginia, hatte man keine Ahnung, wer hinter der Entführung steckte. Sieben Monate lang tappte der US-Geheimdienst völlig im Dunkeln. Es gab keinerlei Hinweise über den Verbleib von Buckley oder ob er überhaupt noch am Leben war. Die CIA wendete sich an jede nur erdenkliche Regierung. Obwohl noch »Kalter Krieg« zwischen der Sowjetunion und den USA herrschte, baten die Amerikaner in ihrer Verzweiflung sogar ihren Erzfeind um Hilfe bei der Aufklärung des Schicksals von Buckley. Aber auch die Sowjets konnten oder wollten nichts bewirken. Jedenfalls starb Buckley schließlich in Gefangenschaft, angeblich war er vorher gefoltert worden.

Initiator der Entführung von Buckley wie auch der Selbstmordattentate auf die US-Botschaften war Imad Mughniyeh. Er hatte einst Arafat gedient und war in dessen Elitetruppe Force 17 zum Sprengstoffexperten ausgebildet worden, bevor er sich als Terrorist emanzipierte und Operationschef der *Hisbollah* wurde.

Der CIA-Mann Buckley war nicht der erste US-Amerikaner, der seit der israelischen Invasion im Libanon im Jahr 1982 von Imad Mughniyeh gekidnappt worden war. Der frühere Arafat-Zögling machte mit Hilfe islamistischer Splittergruppen das Kidnapping von westlichen Geiseln zu einem florierenden Geschäft. Zwischen 1980 und 1986 wurden Hunderte Diplomaten und Geschäftsleute entführt. Die Nationalität war gleichgültig. Hauptsache ihre Regierungen zahlten für ihre Freilassung.

Imad Mughniyeh nutzte die gesamte Klaviatur des Terrorismus in seinem Kampf gegen das verhasste Amerika. Neben Kidnapping, Bombenattentaten ließ er auch Verkehrsflugzeuge entführen. Der Operationschef der *Hisbollah* steckte beispielsweise hinter der Entführung des TWA-Fluges 847, den Hijacker am 14. Juni 1985 von Athen nach Beirut umdirigierten. Ein Fluggast wurde dabei erschossen, ein junger Amerikaner, Taucher bei der Navy. Seine Leiche wurde einfach auf das Rollfeld gekippt. Die anderen Geiseln wurden der *Amal* übergeben, einer libanesischen schiitischen Miliz, die in den südlichen Vororten von Beirut ihre Hochburg hatte.

Am Ende eines fünfzehn Jahre währenden Bürgerkrieges im Libanon sollte die Bilanz niederschmetternd sein: 94 000 Menschen wurden getötet, 115 000 verletzt, über 14 000 Menschen wurden entführt, 20 000 vermisst.

Und von dem einstigen Paris des Nahen Ostens war nichts mehr übrig. Ganze Stadtteile waren vollkommen zerstört.

Das war Beirut Ende 1989.

Lange hatte es Böttcher bedauert, dass es ihm nicht möglich war, in Beirut direkt aktiv zu werden. Aber spätestens seit der Ermordung des gekidnappten CIA-Mannes William Buckley hatte er eingesehen, dass es besser war, um Beirut einen großen Bogen zu machen und stattdessen seine V-Leute nach Zypern zu lotsen. 1987 hatte zudem die *Hisbollah* begonnen, auch Deutsche zu kidnappen, u. a. den Hoechst-Manager Rudolf Cordes und den Siemens-Techniker Alfred Schmitt. Der Anlass für die gezielte Jagd nach deutschen Touristen, Geschäftsleuten und Entwicklungshelfern war die Verhaftung eines Top-Terroristen auf dem Frankfurter Flughafen am 13. Januar 1987. Seine Name: Mohammed Ali Hamadi. Im Auftrag der *Hisbollah* hatte er zwei Jahre zuvor mit zwei Glaubensbrüdern den TWA-Flug 847 entführt. Nun plante er offensichtlich einen Bombenanschlag. Jedenfalls hatte man in Frankfurt mehrere Flaschen von dem Flüssigsprengstoff Methylnitrat in seinem Gepäck gefunden.

Böttcher war nur am Rande mit dem Fall befasst. Er gehörte nicht zur Soko Hamadi. Er sollte lediglich bei Bedarf hinzugezogen werden. Unter Umständen wollte man auf seine Kontakte im Libanon zurückgreifen und seine Quellen und V-Leute anzapfen. Über einen seiner Spitzel hatte Böttcher der Soko ein Foto von Imad Mughniyeh, dem berüchtigten Operationschef der *Hisbollah* besorgt. Da es sich bei der Entführung der Deutschen eindeutig um eine Operation der *Hisbollah* handelte, war allen klar, dass letztlich die Fäden bei Mughniyeh zusammenliefen.

In Ermittlerkreisen galt die Beschaffung des Fotos als Coup. Seit den Bombenanschlägen auf die US-Botschaften in Beirut führte das FBI Imad Mughniyeh auf seiner Fahndungsliste der 22 meist gesuchten Terroristen der Welt. Aber niemand wusste bislang, wie der Kerl aussah.

Böttcher schaute gelegentlich im Lagezentrum der Soko Hamadi vorbei. Wie es so seine Art war, interessierte er sich aus purer Neugierde für die Asservate, die bei der Verhaftung von

Mohammed Hamadi sichergestellt wurden. Dabei fiel ihm sofort das Notizbuch auf, in dem der Terrorist eine Reihe von Nummern notiert hatte. Eine achtstellige Nummer, die mit einer Vier begann, stach ihm sofort ins Auge. Daneben hatte Hamadi »Ali, der Tunesier« gekritzelt. Böttcher wusste nicht warum, jedenfalls hatte er den Eindruck, dass diese Nummer von Bedeutung war.

Es war nur so ein Gefühl. Aber Böttcher ließ der Gedanke nicht mehr los, dass die Nummer der Schlüssel zu etwas Wichtigem sein könnte. Er ging zum Leiter der Soko und fragte ihn: »Macht ihr was mit den Nummern?«

»Ja, das prüfen wir mal in Ruhe«, sagt der Ermittlungsleiter der Soko.

Böttcher hatte das Gefühl, dass die Nummer oder das Notizbuch sofort überprüft werden sollten. »Diese Nummer hier könnte wichtig sein«, insistierte Böttcher und zeigte auf die achtstellige Ziffer. »Die steht da so gesondert und alleine. Dazu der Name ›Ali, der Tunesier‹. Sieht aus wie ein Anlaufstelle.«

»Ja, aber es steht keine Vorwahl dabei, das müssen wir erst mal alles in Ruhe abklären.«

Böttcher verstand, dass er nichts erreichen konnte und ging weg. Aber die Sache wollte ihm einfach nicht mehr aus dem Kopf gehen. Er ging noch einmal zum Leiter der Soko zurück. »Die Nummer könnte aber wichtig sein«, versuchte es Böttcher erneut.

»Nein, das bringt jetzt nix«, sagte der Leiter.

Böttcher merkte, dass er den Bogen überspannte. Der Soko-Leiter war von seiner Penetranz genervt. Er würde sich nicht mehr so schnell dazu bewegen lassen, einen Beamten zu beauftragen, das Notizbuch umgehend unter die Lupe zu nehmen.

Böttcher warf noch einmal einen verstohlenen Blick auf die Nummer. Dies genügte, um sich die Zahlenreihe einzuprägen.

Böttcher war sich sicher, dass es sich bei den acht Ziffern um eine Telefonnummer handelte. Er glaubte sich daran zu erinnern, dass Paris die einzige Stadt in Europa war, deren Telefonnummern acht Stellen hatten. Er schlug nach und stellte zufrieden fest, dass er sich nicht geirrt hatte. Zudem begannen auffällig viele Pariser Telefonnummern mit einer Vier. Bingo, dachte Böttcher.

Böttcher sah wenig Sinn darin, den Ermittlungsleiter der Soko noch einmal aufzusuchen. Bei ihm würde er nichts erreichen. Er überlegte, ob er einen französischen Kollegen anrufen sollte, den er einmal bei einer Ermittlung kennen gelernt hatte. Allerdings würde es mächtig Ärger geben, wenn dies herauskäme. Schließlich gehörte er nicht einmal zur Soko Hamadi und konnte somit deren Erkenntnisse oder Asservate nicht einfach an ausländische Polizeibehörden weitergeben. Eine Rüge oder ein Eintrag in seine Personalakte wäre wohl die Folge. Ich pfeife auf meine Personalakte, sagte sich Böttcher und griff zum Telefonhörer.

Am 21. März 1987 verhaftete die Pariser Polizei den Tunesier Fuad Ali Salah, genannt »Ali, der Tunesier«. In seiner Wohnung wurden Weinflaschen mit Methylnitrat sichergestellt. Er handelte sich um den gleichen Flüssigsprengstoff, der nach Deutschland geschmuggelt werden sollte.

Die Verhaftung von »Ali, dem Tunesier« wurde in Frankreich als großer Erfolg angesehen. Er war ein Chef der Pariser Terrorzelle, die allein im Jahr zuvor zehn Attentate in Frankreich verübt hatte, bei denen zehn Menschen getötet und 270 verletzt worden waren. Neben »Ali, dem Tunesier« verhaftete die französische Polizei zehn weitere Terroristen, die ebenfalls mit Hamadi in Beziehung standen.

In Deutschland konnte sich der Ermittlungsleiter der Soko Hamadi denken, woher die Franzosen den Tipp hatten. Er stellte Böttcher zur Rede. »Du hast den Franzosen die Nummer gegeben.«

»Bist du dir da sicher?«, Böttcher schaute ihn mit ausdrucksloser Miene an.

»Ja, da bin ich mir verdammt sicher.«

»Wir können die Diskussion jetzt fortsetzen, aber ich bin ganz sicher, dass sich in Frankreich einer findet, der mir schriftlich bestätigt, dass es eine Minute vor zwölf war und nur dadurch großer Schaden verhindert werden konnte, weil wir ihnen noch rechtzeitig die Nummer rübergeschoben haben.«

Aber die Auseinandersetzung mit dem Ermittlungsleiter der Soko war nicht der eigentliche Grund, warum sich Böttcher aus dem Fall Hamadi heraushielt. Im Lauf der Jahre hatte er einen untrüglichen Instinkt dafür entwickelt, wann man am besten die Finger von einem Fall lässt, wenn man nicht allzu sehr zwischen die Mühlen von Politik und Nachrichtendiensten geraten will. Und die Hamadi-Sache war ein solcher Fall.

Das Hotel-Restaurant füllt sich. Böttcher hat bereits sein zweites Bier bestellt. Die Erinnerung an frühere Operationen hilft Böttcher die Zeit zu überbrücken. Er ist es von anderen Einsätzen gewohnt, auf Zypern stundenlang in einem Restaurant oder Café zu sitzen. Er weiß gar nicht, wie viele Stunden er so schon bei »Akis« verbracht hat, seiner Stammkneipe in Larnaka, der Hafenstadt im Südosten, um auf die Ankunft der Fähre aus Beirut zu warten.

Wenn das Schiff dann endlich eingelaufen ist, bietet sich Böttcher immer das gleiche Schauspiel. Die Passagiere strömen aus der Bugöffnung der Fähre und gehen hoffungsvoll über den Kai auf eine Gruppe Wartender zu. In diesen Zeiten hat jeder Libanese oder Palästinenser, der mit der Fähre aus Beirut kommt, jemand im zypriotischen Exil, der auf ihn wartet.

Böttcher erinnert sich an Abdul Kanaan. Er war ihr V-Mann und nahm auch immer die Fähre. Abdul war Ende zwanzig und ein hoch gewachsener, schlaksiger Kerl, dunkelhaarig und mit großen Augen. Er war ihre Top-Quelle in der *Al Fatah*. Zudem hatte Abdul über persönliche Verbindungen auch Zugang zu islamistischen Terrororganisationen.

Abdul war der ideale Spitzel. Er war ruhig, sachlich, überhaupt nicht nervös und vor allem nie leichtsinnig.

Seine Motivation für sie zu spitzeln war Geld. Darüber machten sie sich keine Illusionen. Aber ihnen war lieber, sie wussten, woran sie waren. In Beirut tobte der Bürgerkrieg, und einer wie Abdul musste schauen, wo er blieb, zumal er Frau und Kinder zu versorgen hatte. Viele waren käuflich, egal ob sie nun Christen oder Moslems waren. »Nur ein toter Libanese ist keine Quelle«, hatte einmal ein Vorgesetzter von Schmitt gesagt. Viele libanesische V-Leute waren jedoch auch »Märchenerzähler«. Geld gab es nur für Informationen. Und wenn sie keine hatten, erfanden sie welche, um an das Geld zu kommen.

Abdul war anders. Er war präzise und ohne Übertreibungen. Wenn er auf Fragen keine Antwort wusste, hat er das immer gleich zugegeben. Aber das kam selten vor. Abdul hatte meistens etwas zu berichten. Er war es auch gewesen, der ihnen den Tipp von dem geplanten Anschlag auf die US-amerikanische Schule in Kuwait gegeben hatte.

Es war eine Geschäftsbeziehung mit gegenseitiger Sympathie. Einmal hatten sie sich auf einer Fähre in Istanbul getroffen. Zusammen fuhren sie auf eine der Inseln im Marmarameer und kehrten in einem Restaurant ein. Abdul bestellte gekochte Hammelhoden. Grinsend bot er seinen Führungsbeamten davon an. Böttcher und Schmitt wollten gegenüber ihrem V-Mann nicht als Weichlinge dastehen. Sie griffen zu. Allerdings bekamen sie das Zeug nur hinunter, weil sie kräftig mit türkischem Anisschnaps nachspülten.

Auf der Rückfahrt schliefen Schmitt und Böttcher wie zwei Murmeltiere. In ihren Jackentaschen steckten ihre Legendenpapiere und reichlich Bakschisch. Erst als die Fähre anlegte, wachten sie wieder auf. Abdul lachte. »Keine Sorge, ich habe auf euch aufgepasst.« Das stimmte, sie wussten, sie konnten Abdul vertrauen. Zumindest so weit man einem palästinensischen Terroristen vertrauen kann.

Das ging allerdings nicht so weit, dass Abdul ihre richtigen Namen kannte. Er wusste nicht einmal mit letzter Gewissheit, für welche Behörden sie arbeiten. Er hatte wohl eine Telefonnummer, wo er im Notfall auf dem Anrufbeantworter eine Nachricht für sie hinterlassen konnte. Allerdings stand der Anrufbeantworter vorsichtshalber nicht in Deutschland, sondern in Paris, bei einer Bekannten von Schmitt. Er hörte ihn regelmäßig ab. Aber Abdul rief nie an. Er war Profi. Umgekehrt riefen sie ihn auch nie an. Die Gefahr war einfach zu groß, dass das Telefonat trotz aller Vorsichtmaßnahmen abgehört wurde. Informationen wurden nur im direkten und persönlichen Gespräch weitergegeben. Ebenso gingen sie bei der Vereinbarung von Terminen und Treffpunkten vor. Tauchte eine Partei zu der vereinbarten Uhrzeit nicht auf, galt die Regel, dass man sich vierundzwanzig Stunden später am selben Ort wieder einzufinden hatte. Diese Vereinbarung machte Sinn, weil Abdul meist mit der Fähre aus Beirut kam, die sich nicht selten verspätete. Die Fähre verkehrte wohl jede Nacht zwischen Larnaka und Jounieh, einem Fischerhafen in der Nähe des christlichen Teils Beiruts. Manchmal konnte sie aber den Hafen in Beirut nicht verlassen, weil die Syrer oder ihre libanesischen Alliierten sie als Zielscheibe für Schießübungen benutzten. Es blieb nicht anderes übrig als zu warten. Die Fähre kam dann meistens am nächsten Tag oder am übernächsten.

Eines Tages kam die Fähre pünktlich, aber Abdul war nicht an Bord. Er kam auch nicht mit der nächsten Fähre, noch mit der übernächsten. Er kam gar nicht mehr. Böttcher und Schmitt zogen Erkundigungen ein, so weit dies aus der Ferne möglich war. Schließlich erhielten sie die Nachricht, Abdul sei tot, ermordet. Zunächst war es ein Gerücht, dann war es mehr. Schließlich war es ein Fakt.

Für Trauer ist in diesem Geschäft kein Platz. Vielmehr mussten Böttcher und Schmitt schleunigst herausbekommen, warum Abdul ermordet wurde. War er aufgeflogen? Hatten sie einen Fehler gemacht? Waren andere V-Leute auch gefährdet? Aber selbst hartnäckige Nachforschungen brachten kein Ergebnis. Böttcher und Schmitt hatten keine Erklärung, warum ihr V-Mann sterben musste.

Mord und Totschlag waren in Beirut an der Tagesordnung. Oft war das Sterben wahllos. Nichts ergab dort noch einen Sinn. Weder Schuld noch Unschuld hatten etwas zu bedeuten. Sie wussten aus Abduls Erzählungen, dass viele längst aufgehört hatten, das tägliche Grauen wahrzunehmen. Für die Explosion einer Bombe hatte man nur noch ein Achselzucken übrig. Die meisten Menschen hatten sich scheinbar rationale Erklärungen dafür zurechtgelegt, warum manche sterben und andere nicht. »Er hatte Kontakte zur *PLO*«, war mitunter eine Erklärung. Oder es hieß lapidar: »Er wohnte auf der falschen Straßenseite.« Tatsache war, dass sich die äußeren Umstände oft der eigenen Kontrolle entzogen.

»Er hatte etwas, was andere wollten«, lautete irgendwann die Begründung für den Mord an Abdul. In seinem Fall war es wohl ein Auto, das ein anderer begehrte. Deshalb musste Abdul sterben. Böttcher und Schmitt waren erleichtert. Abdul war also nicht aufgeflogen. Die *Al Fatah* hatte keine Ahnung, dass seit Jahren Informationen aus ihrem innersten Zirkel verraten wurden.

Böttcher schaut auf seine Uhr. Es ist höchste Zeit zu gehen. Sein Partner wartet vermutlich schon ungeduldig. Er trinkt den letzten Schluck, legt ein paar Münzen hin und macht sich auf den Weg zu Schmitts Hotelzimmer. Ein paar Blocks vom Hotel entfernt sollen sie auf die Palästinenser warten.

Böttcher hält es nach wie vor für keine gute Idee, den Palästinensern zu trauen. Sie haben schließlich keine Ahnung, wohin sie sie bringen werden. Böttcher weiß gar nicht so richtig, warum er sich das alles antut. Es ist einzig und allein Schmitts Operation. Lediglich der BND profitiert davon, wenn über Abu Walid ein Geheimkontakt zu Arafat zustande kommt. Das BKA hat nichts davon. Warum also lässt er sich auf dieses Spiel ein?

Böttcher kann es sich selbst nicht erklären. Einerseits tut er es aus Loyalität zu Schmitt. Andererseits schwingt bei dieser Operation auch eine Portion Nostalgie und Neugier mit.

Der Fall Abu Walid war damals ein großes Ding. Und Böttcher weiß bis heute nicht so recht, was sich im Hintergrund alles zugetragen hatte. Jedenfalls hatte der Kerl nicht nur das BKA, den BND und das LKA München beschäftigt. Vielmehr waren das Bundesinnenministerium und auch das Kanzleramt involviert. Abu Walid war ein Politikum. Das ist nun zehn Jahre her. Aber Böttcher kommt es vor, als wenn es vorgestern gewesen wäre.

Bundeskriminalamt, Wiesbaden, August 1979

Böttcher ist mit der Nachbereitung der Causa Abu Walid beschäftigt. An dem Fall gibt es so einiges, das ihm eineinhalb Monate nach Ende des Prozesses immer noch Kopfzerbrechen bereitet. Nach wie vor sind viele Fragen ungeklärt. Niemand weiß, ob alle Mitglieder des Terrorkommandos festgenommen wurden. Böttcher hält es nicht für ausgeschlossen, dass Komplizen von Abu Walid bereits einen Anschlag vorbereiten, um ihren Chef freizupressen. Seit Böttcher Abu Walid im Gerichtssaal erlebt hat, bestehen jedenfalls für ihn keine Zweifel mehr, dass der Palästinenser mit dem Menjou-Bärtchen der Kopf des Kommandos ist.

Aber Böttcher scheint nicht der Einzige zu sein, der sich nach den verhältnismäßig milden Urteilen im ersten »Palästinenser-Prozess« in der Geschichte der Bundesrepublik noch eingehend mit dem Fall Abu Walid beschäftigt. Die Amtsleitung interessiert sich ebenfalls brennend für den Fall. Böttcher muss ständig »nach oben« berichten.

Das starke Interesse der Amtsleitung über den Fortgang der Ermittlungen in Sachen Abu Walid zeigt Böttcher, dass der Fall neben der polizeilichen Komponente auch noch eine politische Dimension haben muss. Vermutlich muss die Amtsleitung wiederum nach Bonn an die Ministerien berichten. Böttcher beginnt zu ahnen, dass hinter den Kulissen längst ein Spiel läuft, dessen Regeln er noch nicht durchschaut. Vielleicht fürchtet man in Bonn ebenfalls Befreiungsaktionen. Oder liegen dem Innenministerium bereits Bombendrohungen vor? Böttcher hat noch Abu Walid vor Augen, mit welcher Arroganz der Palästinenser nach der Urteilsverkündung den Gerichtssaal verließ.

Mitten in diese Überlegungen platzt Gerhard Schwab, sein direkter Vorgesetzter, herein und erteilt Böttcher die Anweisung, Abu Walid tausend Mark in das Gefängnis in Straubing zu überweisen. Zunächst hält es Böttcher für einen schlechten Witz. Aber der Referatsleiter macht nicht den Anschein, als wäre ihm nach Scherzen zumute.

Schwab ist anders als die meisten Kriminalbeamten im BKA. Er ist ein Paradiesvogel, legt großen Wert auf geschliffene Umgangsformen, ist stets gut gekleidet und spricht mehrere Sprachen fließend. Seine Karriere begann er nicht bei der Polizei, sondern beim Landesamt für Verfassungsschutz (LfV) in Baden-Württemberg, wo er in der Terrorabwehr arbeitete. Schwab hat Böttcher unter seine Fittiche genommen und ihm den ein oder anderen Trick aus dem Geheimdienstmilieu beigebracht, der nicht im Lehrbuch steht. Böttcher ist deshalb von Schwab beeindruckt und hört ihm gespannt zu, als er ihm die Sache mit der Geldüberweisung erklärt.

Bei ihrer Festnahme hatte man Abu Walid und seinem Komplizen ihr ganzes Geld abgenommen. Sie hatten italienische Lire, österreichische Schillinge, aber vor allem US-Dollars bei sich. Nun haben sie ihr Geld wieder zurückbekommen. Aber mit der ausländischen Währung können sie im Gefängnis von Straubing nichts kaufen, keinen Kaffee, keine Zigaretten, nichts. Der *PLO*-Vertreter in Bonn hat sich deswegen bei der Amtsleitung des BKA beschwert. BKA-Präsident Herold persönlich hat daraufhin entschieden, dass man den Terroristen etwas Geld zukommen lassen soll.

Böttcher bekommt die entsprechenden Papiere auf den Tisch gelegt. Er ist fassungslos. Bei der Vorstellung, dass inhaftierte Terroristen nun auch noch vom BKA alimentiert werden, wird ihm fast übel. Aber er kann nichts dagegen machen. Es ist eine Anweisung »von oben«.

Mit den Papieren in der Hand geht er zur Spesenkasse des BKA und lässt sich tausend Mark auszahlen. Er fährt damit zur Postbank in Wiesbaden. Beim Ausfüllen des Überweisungsscheines schießt Böttcher plötzlich durch den Kopf, dass er für diese Sache nicht mit seiner Privatadresse gerade stehen möchte. In seinen Augen ist das eine Schweinerei, Terroristen Geld in den Rachen zu werfen. Als Absender gibt er lediglich an: »Böttcher, Wiesbaden.« Das ist wohl kindisch, sagt sich Böttcher. Aber eine andere Form des stillen Protestes fällt ihm nicht ein. Böttcher hat keine Vorstellung davon, was er damit auslöst.

Drei Tage später kommt Gerhard Schwab wieder in Böttchers Zimmer und knallt ihm Papiere auf den Tisch. »Soll ich wieder Geld an Terroristen überweisen?«, fragt Böttcher. Schwab schüttelt energisch den Kopf. Erst jetzt sieht Böttcher, dass es sich bei den Papieren um ein Ermittlungsersuchen des LKA München handelt.

Es soll ein »Böttcher in Wiesbaden« ermittelt werden, heißt es in dem Telex. Weil eine Person namens »Böttcher« Geld an den inhaftierten Abu Walid überwiesen habe, schreibt das LKA München, müsse man davon ausgehen, dass es sich dabei um einen bislang nicht identifizierten Komplizen des palästinensischen Terroristen handelt. Das LKA weist noch auf den Umstand hin, dass es sich vermutlich nicht um den richtigen Namen des Komplizen handelt. »Böttcher« sei schließlich kein arabischer Name. Allerdings sei das Geld bei der Postbank in Wiesbaden eingezahlt worden, weshalb die Münchener Kollegen daraus schließen, dass sich der Komplize tatsächlich in der hessischen Landeshauptstadt aufhalten könnte.

»Ich habe das Ding gerade noch abgebogen«, sagt Schwab.

Böttcher kann sich ein Grinsen kaum verkneifen. Er ist sich sicher, so schnell kein Geld mehr an inhaftierte Terroristen überweisen zu müssen.

Am Morgen des 17. August 1979 explodiert um 9 Uhr eine Bombe vor der deutschen Botschaft in Beirut. Es entsteht nur Sachschaden. Niemand wird verletzt. Vermutlich war das auch gar nicht die Absicht der Attentäter. Ansonsten hätten sie mehr Sprengstoff verwendet. Zu den Anschlägen bekennt sich eine bislang unbekannte *Organisation der sich rächenden palästinensischen*

Jugend. Sie fordert die Freilassung der Gesinnungsgenossen in Deutschland.

Drei Tage später werden jene zwei Mitglieder von Abu Walids Terrorkommando entlassen, die nur eine viermonatige Gefängnisstrafe bekommen hatten. Sie wären in zwei oder drei Wochen sowieso freigekommen. Ihre vorzeitige Entlassung fällt also kaum ins Gewicht und niemand, so das Kalkül der Verantwortlichen, kann den Eindruck gewinnen, die Bundesrepublik habe sich erpressen lassen. Die beiden Palästinenser werden ohne großes Aufsehen nach Beirut abgeschoben.

Obwohl bei dem Anschlag auf die deutsche Botschaft kein großer Schaden entstand, nimmt man im Präsidium des BKA die Angelegenheit nicht auf die leichte Schulter. Im März hatte Herold bereits Günther Scheicher, den Leiter der Terrorismusabteilung, als Emissär nach Beirut geschickt, um der *PLO* zu versichern, dass deutsche Behörden nichts mit der Ermordung des Arafat-Zöglings Ali Hassan Salameh, dem »Roten Prinzen«, zu tun haben.

Nach dem jüngsten Vorfall kommt die Amtsleitung des BKA zu dem Entschluss, erneut den direkten Kontakt zur *PLO* suchen zu müssen. Neben Abteilungsleiter Scheicher soll diesmal auch BKA-Vizepräsident Günter Ermisch an den Gesprächen teilnehmen.

Am 22. August 1979 fliegen die beiden BKA-Beamten nach Beirut. Besonders für den BKA-Vizepräsidenten ist dies keine alltägliche Reise. Seit vier Jahren tobt der Bürgerkrieg im Libanon. Die Lage in Beirut ist unübersichtlich. Die Stadt ist geteilt. Im Osten herrschen die christlichen Milizen. Im muslimischen Westteil hat sich die *PLO* verschanzt.

Unter strengen Sicherheitsvorkehrungen treffen sie im Hauptquartier der *PLO* mit Hayil Al-Hamid zusammen, der in der Welt des internationalen Terrorismus unter seinem Kampfnamen Abu el-Hol bekannt ist. Er ist seit zwei Jahren der Sicherheitschef der *Al Fatah.* Abu el-Hol genießt das Vertrauen von

Arafat, der den beiden BKA-Beamten ausrichten lässt, dass er persönlich für ihre Sicherheit in Beirut bürge.

Die beiden BKA-Beamten haben eine schwierige Mission zu bewältigen. Nach der Festnahme der Terrorkommandos in der Bundesrepublik erklärte Ermisch noch öffentlich, er gehe nicht davon aus, dass die *PLO* dahinter stecke. Mittlerweile ist sich die Amtsleitung des BKA nicht mehr ganz so sicher. Zumindest wird es nicht mehr ausgeschlossen, dass die Terrorkommandos mit Wissen der *PLO* in die Bundesrepublik unterwegs waren, um mit Vergeltungsaktionen den Mord an dem »Roten Prinzen« zu rächen. Glaubt die *PLO* also noch immer, dass deutsche Behörden bei der Ermordung des »Roten Prinzen« die Finger im Spiel hatten?

Zur Überraschung der beiden BKA-Beamten verläuft das Gespräch mit Abu el-Hol in einer entspannten Atmosphäre. Abu el-Hol hat seit seiner Studienzeit in Frankfurt ein Faible für die Deutschen. 1964 ist er in den Nahen Osten zurückgekehrt und hat sich der *Al Fatah* angeschlossen, deren Sicherheitschef er vor zwei Jahren wurde.

Er bedauert den Anschlag auf die deutsche Botschaft vor zwei Tagen und bietet Ermisch und Scheicher an, dass seine Leute das Gebäude bewachen könnten. Überhaupt scheint der *Fatah*-Mann in Geberlaune zu sein. Er versichert den BKA-Beamten, dass die *PLO* auf dem Gebiet der Bundesrepublik keine Anschläge begehen wird. Ebenfalls schließt es Abu el-Hol aus, dass seine Organisation die *RAF* oder andere deutsche Terrororganisationen unterstützt. Die BKA-Beamten gehen auch davon aus, dass die *PLO* ihren Einfluss auf die radikalen palästinensischen Splittergruppen geltend macht, Mitglieder der *RAF* nicht länger in ihren Trainingscamps im Nahen Osten zu verstecken oder gar auszubilden. Abu el-Hol hat keine Probleme, auch dies zu versprechen. Ermisch und Scheicher sind überrascht, zumal sich der Arafat-Vertraute bereit erklärt, dies auch noch in einer Art Geheimabkommen in einem »memorandum of understanding«

schriftlich zu fixieren. Mit dem Gefühl, mehr erreicht zu haben, als man zu hoffen wagte, reisen die BKA-Beamten zurück nach Wiesbaden.

Zwei Tage nach ihrem Besuch bei Abu el-Hol explodiert vor der deutschen Botschaft in Beirut erneut eine Bombe. Nur 24 Stunden danach, am 25. August 1979, detoniert ein Sprengkörper vor dem Beiruter Büro der Lufthansa. Zu den Anschlägen bekennt sich wiederum die unbekannte *Organisation der sich rächenden palästinensischen Jugend* und fordert die Freilassung der restlichen in Deutschland inhaftierten Gesinnungsgenossen. Nun geht es offensichtlich um Abu Walid und Hamade, die noch mehr als zwei Jahre abzusitzen haben.

Nachdem die Verantwortlichen in der Bundesrepublik keine Anstalten machen, weder Abu Walid noch seinen Komplizen freizulassen, verleiht die *Organisation der sich rächenden palästinensischen Jugend* am 4. September 1979 mit einem erneuten Anschlag auf das Lufthansa-Büro ihren Forderungen Nachdruck.

Im BKA keimt der Verdacht, dass Ermisch und Scheicher von dem Sicherheitschef der *Al Fatah* hinters Licht geführt wurden. Beamte vor Ort können sich jedenfalls nicht des Eindrucks erwehren, dass die *Fatah*-Leute, die laut Abu el-Hol die deutsche Botschaft bewachen sollen, auch hinter den Anschlägen stecken.

In Berlin steht der Prozess gegen die Mitglieder des zweiten Terrorkommandos bevor. Im BKA wird spekuliert, ob die Palästinenser mit den Anschlägen in Beirut auch das Gerichtsverfahren in Berlin beeinflussen wollen. Immerhin werden dort fünf Palästinenser vor Gericht stehen, die im gleichen Zeitraum wie das Kommando um Abu Walid verhaftet wurden. Mittlerweile wird nicht mehr ausgeschlossen, dass damals gar eine konzertierte Aktion geplant war.

Der Berliner »Palästinenser-Prozess« beginnt am 8. Oktober 1979 mit einem Paukenschlag. Fünf Araber sind angeklagt. Aber im Sitzungssaal 700 des Berliner Kriminalgerichts in Moabit sitzen nur vier auf der Anklagebank. Hassan el-Harti fehlt. Dabei ist er der Kronzeuge der Anklage.

El-Harti hat bald nach seiner Verhaftung ausgepackt. Er hat ein umfangreiches Geständnis abgelegt und die vier anderen schwer belastet. Angeblich wollten sie im Auftrag der *PLO* Ende April 1979 zuschlagen. Auf dem Frankfurter Flughafen sollten sie eine El-Al-Maschine in die Luft jagen sowie in Berlin einen Sprengstoffanschlag auf ein Tanklager in Berlin-Lankwitz verüben. Zudem wollten sie den Vorsitzenden der Jüdischen Gemeinde in Berlin, Heinz Galinski, ermorden, der bereits vier Attentaten entkommen war.

Für seine Aussage hatte El-Harti Haftverschonung bekommen. Eigentlich sollte er sich wöchentlich melden. Aber entgegen jeglicher Justizpraxis hatte man El-Harti seinen Pass ausgehändigt. Das ist nicht die einzige Merkwürdigkeit. Ausgerechnet die vier Blätter über den Vorgang seiner Haftverschonung und der damit einhergehenden Herausgabe des Passes fehlen in der Ermittlungsakte.

Aber das Verschwinden des Belastungszeugen stört weder die Staatsanwaltschaft noch den Richter. Es kommen nun Gerüchte auf, dass es sich bei der ganzen Angelegenheit um ein abgekartetes Spiel des israelischen Geheimdienstes handelt. Die Verteidiger der restlichen vier Angeklagten mutmaßen, dass es sich bei El-Harti in Wirklichkeit um einen eingeschleusten V-Mann des Mossad handelt, der als Agent provocateur die Palästinenser zu den Terrorplänen anstiftete, um sie dann kurz vorher hochgehen zu lassen. Nahrung bekommt die Gerüchteküche noch dadurch, dass die Verteidiger in den Prozessunterlagen einen Hinweis über El-Harti finden, wonach er schon einmal in Beirut vor Gericht stand, wegen Spionage für Israel. In seinen Aussagen hatte er zudem vor seinem Abtauchen noch angegeben, dass seine Mutter und sein Bruder israelische Staatsbürger sind.

Böttcher verfolgt die Ereignisse in Berlin nur aus der Ferne. Er hat andere Sorgen. Justizvollzugsbeamte in Straubing haben einen Kassiber von Abu Walid abgefangen. Darin fordert er Gefolgsleute auf, ihn entweder gewaltsam aus dem Gefängnis herauszuholen oder ihn mit Bombenanschlägen im Bundesgebiet freizupressen.

Er fragt sich, wie oft Abu Walid es bereits gelungen ist, solche Botschaften nach draußen zu schmuggeln. Böttcher geht jedenfalls nicht davon aus, dass Abu Walid nur einen Kassiber geschrieben hat. Vermutlich sind die Anschläge in Beirut gegen die deutsche Botschaft und das Büro der Lufthansa auf seine Aufforderung hin erfolgt. Besorgt erstattet er Bericht.

Als BKA-Präsident Herold davon Kenntnis erhält, zögert er nicht lange. Herold nimmt Kontakt auf zu Abu el-Hol, der vor nicht einmal drei Wochen schriftlich dem BKA versicherte, die *PLO* werde künftig keine Aktionen mehr auf dem Gebiet der Bundesrepublik durchführen. Herold hat vor, Abu el-Hol an sein Wort zu erinnern und lädt ihn nach Wiesbaden ein. Der BKA-Präsident geht davon aus, dass Abu el-Hol die Einladung nicht ausschlagen wird.

Am 17. Oktober 1979 kommt Abu el-Hol nach Wiesbaden. Der *PLO*-Vertreter ist wohl inkognito in der hessischen Landeshauptstadt, aber das BKA behandelt ihn wie einen Staatsgast. Abu el-Hol und seine Begleiter werden im »Schwarzen Bock« einquartiert. Es ist die älteste und exklusivste Adresse in Wiesbaden. Das Hotel befindet sich im Stadtzentrum, direkt am Kranzplatz, und speist sein Schwimmbad mit dem heißen Wasser aus den nahen Thermalquellen.

Herold bittet den *PLO*-Funktionär, auf Abu Walid einzuwirken, nicht länger von seiner Zelle in Straubing aus zu Anschlägen aufzurufen. Der *PLO*-Funktionär erklärt sich bereit, mit Abu Walid zu reden. Am nächsten Tag wird er zum Treffen mit dem Terroristen in die Justizvollzugsanstalt gefahren, begleitet von einem BKA-Beamten und einem vereidigten Dolmetscher.

Abu Walid freut sich, den Kampfgefährten zu sehen. Er erkundigt sich nach seiner Familie und Freunden. Abu Walid beschwert sich jedoch bitterlich darüber, dass die *PLO* in seinen Augen bislang nichts unternommen hat, um ihn herauszuholen. Abu el-Hol versucht ihn zu beruhigen. Abu Walid solle nicht glauben, dass man ihn vergessen habe. Er redet im Beisein des BKA-Beamten eindringlich auf ihn ein, nicht weiter von gewaltsamen Befreiungsaktionen in Briefen und Kassibern zu schreiben. Dadurch gefährde er nur die Verhandlungen. Es gebe Gespräche, versichert Abu el-Hol, über eine vorzeitige Abschiebung.

Abu Walid scheint erleichtert. Immerhin ein Lichtblick. Als Abu el-Hol nach vierzig Minuten Anstalten macht, das Gespräch zu beenden, raunt ihm Abu Walid schnell noch etwas zu. Ein Mann vom israelischen Geheimdienst habe ihn in seiner Zelle aufgesucht, sagt Abu Walid. Der Israeli habe ihm wohl einen deutschen Pass gezeigt, aber den Namen mit der Hand verdeckt. Er sei sich jedoch sicher, dass es sich um einen Israeli handelte. »Er rauchte israelische Zigaretten«, sagt Abu Walid.

Als der Dolmetscher dies übersetzt, bricht der BKA-Beamte erschrocken das Gespräch ab. Die Besuchszeit sei abgelaufen, sagt er. Zudem gehören die letzten Äußerungen von Abu Walid nicht in den vereinbarten Rahmen der Unterhaltung, argumentiert der BKA-Beamte hilflos. Aber zu spät. Abu el-Hol verlässt die Justizanstalt mit dem Eindruck, dass deutsche Behörden Mossad-Agenten Zutritt zu ihren Gefängnissen gewähren, damit sie dort palästinensische Gefangene vernehmen können.

Als Herold davon erfährt, kann er es erst nicht glauben. Er hofft nur, dass an der Geschichte nichts dran ist. Die Palästinenser sind offensichtlich noch immer nicht davon überzeugt, dass deutsche Behörden nichts mit der Ermordung des »Roten Prinzen« durch den Mossad zu tun haben. Wenn sich jetzt noch herausstellen sollte, dass deutsche Behörden ausgerechnet Mossad-Agenten Zugang zu inhaftierten palästinensischen Terroristen verschafften, sind Vergeltungsaktionen so sicher wie das Amen in der Kirche. Herold informiert Bundesinnenminister Gerhart Baum. Es ist Freitag, der 19. Oktober 1979.

Baum findet die Agentenstory zunächst wenig glaubwürdig. Trotzdem ordnet er Nachforschungen an. Die ersten Ergebnisse sind niederschmetternd: Kriminalbeamte des bayerischen Landeskriminalamtes hätten kurz nach der Verhaftung der *PLO*-Terroristen einen israelischen Agenten in die Zellen der Haftanstalt Straubing geschleust. Die Behördenleitung und sogar die bayerische Regierung sollen davon gewusst haben.

Baum unterrichtet das Kanzleramt. Im kleinen Kreis beratschlagen die Regierungsmitglieder, wie sie weiter verfahren sollen. Falls sich der Vorwurf bewahrheitet, wäre dies eine Katastrophe. Die außen- und innenpolitischen Folgen wären verheerend. Außenminister Hans-Dietrich Genscher fürchtet um seine mühsam geknüpften freundschaftlichen Beziehungen zu den Arabern, Baum sieht gar den vor einem Jahr ausgehandelten »Waffenstillstand« mit der *PLO* gefährdet. Racheakte palästinensischer Terrorkommandos wären die logische Folge.

Baum will die Sache schleunigst geklärt haben. Er ordnet eine hausinterne Untersuchung an. Er will vor allem wissen, ob das BKA oder das Bundesamt für Verfassungsschutz (BfV), die in seine Zuständigkeit fallen, in diese Affäre verstrickt sind.

Das Untersuchungsergebnis ergibt, dass die beiden Behörden nichts damit zu tun haben. Aber dafür sind die neuen Einzelheiten, die nun ans Tageslicht kommen, umso schockierender: Denn neben dem LKA München ist der BND in die Sache verstrickt. Auf Anfrage des LKA München hatte sich der BND bereit erklärt, für die Vernehmung der gefangenen Palästinenser mit Dolmetschern auszuhelfen. Und weil dem deutschen Auslandsnachrichtendienst angeblich keine ausreichend arabisch sprechenden Agenten zur Verfügung standen, hatte der BND beim israelischen Geheimdienst angefragt, der bereitwillig Dolmetscher schickte.

Sowohl in Bonn als auch bei der Amtsleitung des BKA in Wiesbaden glaubt niemand daran, dass die Israelis nur als »Dolmetscher« fungierten. Vielmehr werden die Agenten des Mossad die Gelegenheit genutzt haben, ohne Genehmigung eines deutschen Richters, den Inhaftierten auf den Zahn zu fühlen. Vielleicht haben sie sogar versucht, die Palästinenser »umzudrehen«. Schließlich ist der Mossad für seine rigiden Verhörmethoden berüchtigt.

BND-Präsident Klaus Kinkel rückt nun ins Zentrum des sich anbahnenden Skandals. Dem Zögling von Außenminister Genscher bleibt nichts anderes übrig, als ein Teilgeständnis abzulegen: Sein Dienst sei als Vermittler tätig gewesen, er selbst habe von der »Amtshilfe« aber nichts gewusst. Kinkel will dafür sorgen, dass solche Praktiken sich nicht wiederholen. Allen Beteiligten ist klar, dass die *PLO* auf die Dolmetscher-Affäre reagieren wird. Erste Zeitungsmeldungen lassen vermuten, dass die Palästinenser bereits Informationen der deutschen Presse zugespielt haben.

Hinter vorgehaltener Hand wird gemutmaßt, ob die ganze Geschichte vom Mossad inszeniert wurde, um einen Keil zwischen die Deutschen und Palästinenser zu treiben. Das Verhältnis der Palästinenser zu den Deutschen ist jedenfalls mehr als gestört. Es ist sogar mit dem Schlimmsten zu rechnen. »Es ist eine schändliche Tat, die Gefangenen einfach dem israelischen Geheimdienst zu überlassen. Niemand darf sich wundern, wenn eine schlimme Reaktion kommt«, sagt der inoffizielle *PLO*-Vertreter Abdallah Frangi in einem Zeitungsinterview. »Wenn die Israelis in der Bundesrepublik agieren, haben auch wir das Recht, deutschen Boden für unsere Aktionen zu nutzen.« Deutlicher kann man nicht drohen.

Aber dies ist nur der Anfang, wie Herold am späten Nachmittag des Samstag, 20. Oktober 1979 feststellen muss. Der BKA-Präsident verabschiedet gerade seinen palästinensischen Gast Abu el-Hol, als die nächste Hiobsbotschaft eintrifft. Das Auswärtige Amt in Bonn hatte eine dringende Tickermeldung von der deutschen Botschaft in Beirut erhalten. Darin heißt es: Die *PLO* teile mit, ihr »Freiheitskämpfer« Mohammed Yousef, der vier Monate lange in Bayern in Haft war, sei dort von israelischen Geheimdienstlern »gefoltert« und zu einem Mordanschlag auf den *PLO*-Geheimdienstchef Abu Ijad erpresst worden. Statt den Mordauftrag auszuführen, habe es Yousef vorgezogen, sich selbst das Leben zu nehmen. Für den Freitod ihres »Freiheitskämpfers« habe die *PLO* nun geschworen, an den deutschen Sicherheitsbehörden Rache zu nehmen.

Böttcher weiß von all dem noch nichts, als er in die Stadt fährt, um im »Schwarzen Bock« in Wiesbadens Innenstadt die Rechnung für die Palästinenser zu begleichen. Die Delegation um Abu el-Hol hat es sich auf Kosten des BKA gut gehen lassen. Besonders die hohe Telefonrechnung fällt Böttcher auf. Sie beläuft sich auf 137 Mark. Er findet das ausgesprochen viel und schreibt deswegen einen kurzen Vermerk für seine Vorgesetzten.

Als er am nächsten Morgen ins Büro kommt, liegt eine Nachricht in seinem Körbchen. Es handelt sich um eine Anmerkung zu seinem Bericht vom Vortag: »Wir müssen die Telefonrechnungen überprüfen. Herold«, steht dort mit roter Tinte geschrieben.

Im ersten Moment ist er ganz perplex. Es ist das erste Mal, dass sich der Präsident direkt an ihn wendet. Er wusste gar nicht, dass Herold seinen Namen kennt. Schließlich ist er erst seit acht Monaten beim BKA. Es macht ihm nur wieder einmal deutlich, welche Bedeutung der Fall Abu Walid hat. Ansonsten würde sich der Präsident nicht einschalten. Andererseits gibt es ihm auch zu denken, dass der Präsident persönlich Telefonrechnungen kontrolliert. Aber er wird schon seine Gründe dafür haben, denkt sich Böttcher. Er fährt noch einmal zum Hotel und besorgt sich Einzelverbindungsnachweise der Telefongespräche der Palästinenser.

Böttcher fällt auf, dass am 19. Oktober auffällig lang telefoniert wurde. Es war zudem ein Auslandsgespräch. Nach der Vorwahl zu schließen, telefonierte der Anrufer mit jemand im Nahen Osten. Vermutlich hat einer der Palästinenser auf Kosten des BKA seine Frau oder Geliebte angerufen, mutmaßt Böttcher. Laut Aufzeichnungen des Hotels war das Telefonat jedenfalls am späten Abend.

Böttcher schreibt wieder einen kurzen Vermerk, in dem er auf das lange Telefonat und das Datum des Gesprächs verweist. Dann steckt er den Vermerk in eine Grünmappe und schickt ihn mit der Hauspost nach oben, zum Präsidenten. Allerdings kann sich Böttcher beim besten Willen nicht vorstellen, welche Schlüsse Herold daraus ziehen will. Das sollte sich schnell ändern.

In den nächsten Tagen bestimmt die Dolmetscher-Affäre die Schlagzeilen. Die meisten Zeitungen beschäftigen sich mit den Auswirkungen auf die Sicherheit der Bundesrepublik. »Nun droht die *PLO* mit ›Aktionen‹ in Deutschland«, heißt es. Aber es geht auch darum, wer für die Affäre die politische Verantwortung trägt. Die ganze Angelegenheit ist mittlerweile so hoch gekocht, dass Regierungsmitglieder und Spitzenbeamte um ihre Ämter fürchten. »Wir sind in eine unmögliche Situation geraten«, wird Bundesinnenminister Baum zitiert. Der Bundestag nimmt sich des Themas an.

Die Schuldzuweisungen gehen an die bayerische Landesregierung, deren Innenminister letztlich das LKA München unterstellt ist. Franz Josef Strauß, der bayerische Ministerpräsident, macht wiederum das Kanzleramt in Bonn für die Affäre verantwortlich. Die bayerischen Kriminalbeamten hätten nicht gewusst, dass es sich bei den »Dolmetschern« um Agenten des Mossad handelte. Sie seien davon ausgegangen, dass es Übersetzer des BND waren. Der BND habe die Affäre zu verantworten und damit das Bundeskanzleramt, das wiederum allein für den BND zuständig ist.

BND-Präsident Klaus Kinkel steht nun am Pranger. Entgegen seinen sonstigen Gepflogenheiten bleibt dem Geheimdienstchef nichts anderes übrig, als öffentlich Stellung zu beziehen. Bei einer Pressekonferenz sagt Kinkel, dass nach der Verhaftung von Abu Walid und dessen Komplizen das LKA München beim BND in Pullach anrief und um Hintergrundinformationen bat. Der BND habe dem LKA dann eine »Fachkraft« eines »befreundeten israelischen Dienstes« vermittelt und gebeten, dies vertraulich zu behandeln.

Für einen Geheimdienstchef gibt sich Kinkel ungewohnt offen. Er verrät sogar, dass Abu Walid und sein Komplize nur auf einen Tipp des Mossad hin festgenommen werden konnten. Damit rechtfertigt Kinkel, dass seine Leute den israelischen Agenten ermöglichten, die inhaftierten Palästinenser zu vernehmen. Obwohl es dafür keine rechtliche Grundlage gibt, sagt Kinkel, dass der israelische Geheimdienst »ein berechtigtes Interesse daran hatte, an den daraus resultierenden Erkenntnissen zu partizipieren«. Allerdings betont Kinkel, dass Mitarbeiter des BND selbst nicht an den Vernehmungen beteiligt waren. Nur einmal habe es einen direkten Kontakt von BND-Mitarbeitern und dem noch immer inhaftierten Abu Walid gegeben, räumt der bundesdeutsche Geheimdienstchef ein. Das Gespräch habe auf ausdrücklichen Wunsch des palästinensischen Terroristen stattgefunden. Abu Walid habe darauf bestanden, dass bei der Unterredung mit dem Agenten des BND keine Israelis zugegen sind.

Böttcher ist überrascht, dass der BND-Präsident die Hintergründe über die Verhaftung von Abu Walid verrät. Dies widerspricht den Regeln des Gewerbes. Damit gefährdet Kinkel das Leben des Undercover-Agenten, den der Mossad in das palästinensische Terrorkommando einschleuste. Schließlich werden nicht allzu viele Personen in Abu Walids Pläne eingeweiht gewesen sein, denkt sich Böttcher. Also ist es für die Palästinenser nicht sonderlich schwer, den Kreis der möglichen Verräter einzugrenzen. Kinkel muss also das Wasser bis zum Hals stehen, wenn er zu seiner Rechtfertigung solche Dinge bei einer Pressekonferenz ausplaudert.

Die Debatte über die Dolmetscher-Affäre in Bayern wird überrollt von den Ereignissen im »Palästinenser-Prozess« in Berlin. Dort berichten nun auch drei der fünf Angeklagten von Besuchern in der U-Haft, die »arabisch mit israelischem Akzent« sprachen.

»Reine Spekulation«, entgegnet die Staatsanwaltschaft. Jedoch können die Ankläger nicht verhindern, dass der Präsident des Berliner Verfassungsschutzes, Franz Natusch, in den Zeugenstand berufen wird. Er steht unter Eid und sagt aus, dass die Angeklagten während der U-Haft Besuch von seinen Leuten hatten, teils mehrmals und einige Stunden lang. In mehreren Fällen waren die Herren »Zeidler« und »Schmidt« dabei. Als »Dolmetscher«, sagt der Berliner Verfassungsschutzchef. »Uns interessierten Dinge, die die Angeklagten über die *PLO* und über deren terroristische Tätigkeit angeben können.«

Der Verfassungsschutzpräsident wird im Zeugenstand von den Verteidigern ins Kreuzverhör genommen. Ob die Herren »Zeidler« und »Schmidt« zu seiner Dienststelle gehören, fragt einer der Verteidiger.

»Nein«, sagt der Verfassungsschutzpräsident.

Ob die Dolmetscher nur übersetzt oder auch selbst Fragen gestellt hätten?

»Keine Angaben.«

Aus welchem Land sie gekommen seien? Auch dazu macht der Verfassungsschutzpräsident keine Angaben.

Für die Verteidiger ist damit der Fall klar. Die Herren »Schmidt« und »Zeidler« sind Mitglieder des israelischen Geheimdienstes, sagen sie der Presse. Dementis von Seiten der Behörden gibt es nicht. Nach dem spurlosen Verschwinden des Kronzeugen und mutmaßlichen Mossad-Agenten kommen nun erneut Spekulationen hoch, wonach diese ganzen Anschlagsvorbereitungen vom israelischen Geheimdienst angezettelt wurden, um die Deutschen und die *PLO* gegeneinander auszuspielen.

Mitten in die Debatte über die Dolmetscher-Affären platzt nun die Nachricht von Mohammed Yousefs Selbstmord. Die *PLO* füttert die deutsche Presse mit Einzelheiten über den angeblichen Freitod ihres »Freiheitskämpfers« und präsentiert später sogar einen angeblichen Abschiedsbrief von Yousef: »Ich gestehe, dass ich der Verantwortung nicht gewachsen bin. Deshalb gebe ich euch allen die Möglichkeit, mich loszuwerden. Wenn ich in euren Augen als Märtyrer gelten sollte, bitte ich euch, meiner Familie zu helfen, falls sie Hilfe braucht. Eine weitere Ursache ist das Gefängnis, in dem ich gewesen bin«, heißt es in dem Brief. »Der Tod ist ein Recht und eine Ehre. Ich habe heute entschieden, dass der Tod viel ehrenhafter ist als das Leben. So werde ich euch in Ruhe lassen und meine eigene Ruhe wieder finden. Hätte ich vorher begriffen, hätte ich euch keine Mühe gemacht. Ich danke euch für alles, was ihr für mich getan habt. Revolution bis zum Sieg. Euer Sohn und Bruder Mohammed Yousef.«

Die Geschichte klingt so unglaublich, dass Böttcher, als er davon liest, zunächst nicht weiß, was es davon halten soll. Der inhaftierte Palästinenser soll im bayerischen Gefängnis gefoltert, mit Drogen voll gepumpt und von den Agenten des Mossad erpresst worden sein. Angeblich hatten sie ihm Bilder seiner Verwandten gezeigt und mit Repressalien gegen seine Familie gedroht, falls er nach seiner Haftentlassung nicht bereit ist, einen *PLO*-Funktionär zu ermorden. Der Mordauftrag war angeblich gegen Abu Ijad gerichtet, der rechten Hand von Arafat.

Abu Ijad, der mit richtigem Namen Salah Khalaf heißt, gehört zu den Gründungsmitgliedern der *Al Fatah*. Mittlerweile ist er der Chef des Sicherheits- und Nachrichtendienstes der *Al Fatah* als auch der *PLO*. Sein Kampfname ist ein Synonym für brutalen Terror. Abu Ijad war verantwortlich für die Planung von Operationen des *Schwarzen September*.

Böttcher erinnert sich an Yousefs Äußerungen nach der Urteilsverkündung. Wegen seiner geringen Gefängnisstrafe von nur vier Monaten hatte der Palästinenser befürchtet, von der *PLO*-

Führung als Kollaborateur verdächtigt zu werden. Böttcher kann sich bildlich vorstellen, was die *PLO* mit Verrätern anstellt. Er fragt sich, ob Yousef tatsächlich Selbstmord begangen hat. Die weiteren Details der Geschichte, die er in den nächsten Tagen der Presse entnehmen kann, nähren seine Zweifel. Yousef soll am 23. Oktober 1979 Abu Ijad in Beirut aufgesucht haben. Angeblich hatte er problemlos Zugang zu dem hochrangigen *PLO*-Funktionär, weil er früher für ihn als Leibwächter gearbeitet hatte.

Yousef allerdings hätte Abu Ijad nicht aufgesucht, um ihn zu ermorden. Vielmehr soll er ihm unter Tränen von dem Mordauftrag des Mossad berichtet haben. Abu Ijad soll dann großes Verständnis für die Notlage seines früheren Leibwächters gehabt haben. Er hätte Yousef vorgeschlagen, zum Schein sein Auto in die Luft zu sprengen. Dem Mossad sollte damit der Eindruck vermittelt werden, Yousef habe zumindest versucht, Abu Ijad auftragsgemäß zu ermorden. Aber Yousef schlug angeblich das Angebot aus. Stattdessen erschoss er sich selbst.

Kopfschüttelnd legt Böttcher die Zeitungsberichte beiseite. Dies alles klingt nach einer wüsten Räuberpistole. Er kann sich beim besten Willen nicht vorstellen, dass in der Justizvollzugsanstalt in Bayern gefoltert und Drogen verabreicht wurden, um Yousef zu einem Mord anzustiften. Er ärgert sich, dass deutsche Zeitungen diese Vorwürfe ungeprüft veröffentlichen. Schließlich liegt es auf der Hand, was *PLO*-Funktionäre wie Abu Ijad damit bezwecken, wenn sie solche Gräuelgeschichten in die Welt setzen. Sie wollen damit die Bundesregierung unter Druck setzen, um ihr irgendwelche politischen Zugeständnisse abringen zu können.

In diesem Augenblick kommt ihm die Erkenntnis. Mit einem Mal versteht Böttcher, warum ihn der BKA-Präsident mit der Überprüfung der Telefonrechnung der Palästinenser beauftragte. Herold glaubt auch nicht an Selbstmord. Er musste schon viel früher von der ganzen Geschichte gewusst haben und einen Zusammenhang zwischen dem Tod von Yousef und dem Gefängnisbesuch bei Abu Walid durch den *PLO*-Funktionär Abu el-Hol vermuten.

Böttcher führt sich noch einmal die Reihenfolge der Ereignisse vor Augen. Abu Walid erzählte dem *PLO*-Funktionär von den Verhören durch die Israelis. Gleich nach seiner Rückkehr nach Wiesbaden telefonierte der *PLO*-Funktionär von seinem Hotelzimmer aus länger mit einem Anschluss im Nahen Osten. Wenig später war Yousef tot, angeblich Selbstmord.

Befahl Abu el-Hol telefonisch die Ermordung von Yousef, weil der nach seiner Freilassung der *PLO* nichts von den Vernehmungen durch die Israelis gesagt hatte?

Der Gedanke, der wie ein Blitz in sein Bewusstsein fährt, elektrisiert ihn. Yousef wurde von seinen eigenen Leuten umgebracht. Aber warum? Vielleicht hatten ihn die Israelis »umgedreht«, überlegt Böttcher, und die Palästinenser bekamen es heraus. Nach dem Hinweis von Abu Walid an Abu el-Hol, dass sie im bayerischen Gefängnis Kontakt mit Israelis hatten, war es für die *PLO* nicht mehr sonderlich schwer, ein Geständnis von Yousef zu erhalten. Vermutlich haben sie ihn einfach gefoltert. Böttcher kann sich in etwa ausmalen, wie sie Yousef in die Mangel genommen hatten, bis er schließlich alles zugab. Aber warum dann das Theater mit dem Selbstmord? Warum wollten die Palästinenser mit dieser tränenreichen Geschichte Yousef zum Märtyrer machen, nachdem sie ihn als Kollaborateur entlarvt hatten? Die ganze Sache ergibt keinen Sinn. Böttcher zermartert sich das Hirn. Aber er findet keine vernünftige Erklärung. Er weiß nur, dass es einen anderen Grund gibt, weshalb Yousef sterben musste.

Böttcher hat mit allem Möglichen gerechnet, aber nicht damit, dass sie Abu Walid und seinen Komplizen Hamade laufen lassen. Die Anweisung ist jedoch eindeutig. Er soll mit einem Referenten zusammen die Abschiebung der Terroristen organisieren. Mit einem Gefühl von Bitterkeit greift er zum Telefonhörer und ruft die zuständige Dienststelle an. Er braucht Pässe für die Terroristen. Ohne die entsprechenden Papiere können die beiden nicht abgeschoben werden.

Die Entscheidung, Abu Walid zwei Jahre vor Ende seiner Haftstrafe laufen zu lassen, rüttelt an seinem Selbstverständnis als Polizist. Er hat diesen Beruf nicht ergriffen, damit Politiker rechtskräftig verurteilten Terroristen, die er und seine Kollegen hinter Gitter gebracht haben, frühzeitig die Freiheit schenken. Der Auftrag geht ihm mehr unter die Haut, als er zunächst wahrhaben will. Warum lässt sich die Bundesregierung von den Palästinensern erpressen? Haben sie Angst vor Anschlägen? Oder handeln sie vielmehr nach dem Grundsatz, Terroristen von heute können schon morgen unsere Freunde oder Verbündeten sein? In der Ausbildung haben sie gelernt, dass die Polizei im Auftrag der Staatsanwaltschaft ermittelt, frei von jeglichem politischen Einfluss. Schließlich ist die Justiz unabhängig. Aber die Realität ist offensichtlich eine andere. Die Strafverfolgungsbehörden sind nur der Spielball der Politik.

Böttcher spürt, dass er die ganze Angelegenheit zu persönlich nimmt. Allein der Gedanke, dass Abu Walid mit seiner großspurigen Ankündigung, er werde nicht lange im Gefängnis bleiben müssen, am Ende Recht behält, macht ihn rasend. Böttcher hatte vielleicht mit einer Befreiungsaktion oder einem Anschlag gerechnet. Aber die Palästinenser haben es noch viel perfider eingefädelt. Sie haben Yousef umgelegt und es als Selbstmord hingestellt, um somit die Bundesregierung moralisch unter Druck zu setzen. Es schaudert ihn bei dem Gedanken, dass die Palästinenser einen ihrer eigenen Leute ermorden, um damit einen anderen, vermeintlich wichtigeren Mann, freipressen zu können. Aber warum ist ihnen Abu Walid so wichtig, dass sie dafür Yousef opferten? Er findet keine Antwort.

Mit Genugtuung nimmt er zur Kenntnis, dass sich die Abschiebung schwieriger gestaltet, als zunächst angenommen. Es gibt Probleme, ein Land zu finden, das bereit ist, die beiden Terroristen aufzunehmen. In den Libanon will man die beiden wegen des Bürgerkrieges nicht ausfliegen. Und Tunesien, wo sich das Hauptquartier der *PLO* befindet, hat abgewunken. Ebenso Libyen, obwohl Gaddafi ansonsten nicht so zimperlich ist und jedem dahergelaufenen Terroristen Unterschlupf gewährt. Im Auswärtigen Amt laufen jedenfalls die Telefondrähte heiß, hat Böttcher erfahren. Er ist gespannt, wie lange die geplante Abschiebung der Terroristen noch geheim gehalten werden kann.

»Es geht nach Syrien«, verkündet Thomas Wieland. Er arbeitet erst seit kurzem im Referat TE 12. Wieland kommt direkt von der Polizeiakademie und tritt nun in den höheren Dienst ein. Als Referent des Leiters von TE 12 soll er die Abschiebung koordinieren. »Sie und ich, Herr Böttcher, wir begleiten die beiden«, sagt Wieland. Böttcher ist auch erst seit acht Monaten beim BKA. Damit hat er kaum mehr Erfahrung als Wieland. Ihm ist unwohl bei dem Gedanken, zwei Terroristen nach Syrien begleiten zu müssen. Schließlich können sie nicht wissen, was sie dort erwartet.

»Sie wissen, dass die schon einen über den Haufen geschossen haben?«, fragt Böttcher vorsichtig.

»Offiziell war es Selbstmord«, sagt Wieland.

Böttcher schweigt.

»Okay, wir nehmen noch einen Dritten mit«, sagt Wieland. »Kümmern Sie sich bitte um die Pässe und Flugverbindung. Und achten Sie darauf, dass die Presse davon nicht Wind bekommt.«

München-Riem/Damaskus, 9. November 1979

Böttcher steht auf dem Rollfeld des Flughafens München-Riem. Er ist müde. Um rechtzeitig in München zu sein, war er mitten in der Nacht in Wiesbaden mit dem Auto losgefahren. Zudem weht ein kühler Wind über das Rollfeld. Es ist kalt. Er wartet auf Abu Walid und dessen Komplizen.

Die Passagiere besteigen bereits die Lufthansa-Maschine. Es handelt sich um einen regulären Linienflug nach Damaskus. Erst im allerletzten Moment haben sie diesen Flug gebucht. Ursprünglich sollten sie 24 Stunden später fliegen. Zudem hat Böttcher dafür gesorgt, dass die Terroristen nicht unter ihren in der Öffentlichkeit bekannten Namen in der Passagierliste auftauchen. Für die Buchung wie auch für die Pässe hat er einfach irgendwelche Phantasienamen benutzt.

Die Lufthansa hat ebenfalls Sicherheitsvorkehrungen getroffen. Die Passagiere werden getrennt von den Terroristen sitzen. Dafür wurde der Innenraum der Maschine eigens umgebaut. Die Küchenzeile dient als künstliche Wand. Normalerweise befindet sie sich im Heck des Flugzeugs. Diesmal hat man die Küche weiter nach vorne geschoben und in dem dahinter entstandenen Raum drei Sitzreihen eingezogen.

Böttcher ist ganz zufrieden mit den Sicherheitsvorkehrungen. Während die Passagiere beim Ein- und Aussteigen ausschließlich die vordere Tür benutzen, werden sie mit den Terroristen die hintere Tür nehmen. Sie müssen also mit den Terroristen nicht an den Passagieren vorbei. Theoretisch könnte sich ja ein Komplize unter den Passagieren befinden und den beiden beim Vorbeigehen etwas zustecken.

Eigentlich rechnet er nicht mit Überraschungen. Aber von vornherein ausschließen kann er sie auch nicht. Immerhin ist durchgesickert, dass die beiden Terroristen abgeschoben werden. »Gerüchte über Abschiebung von *PLO*-Häftlingen verdichten sich«, steht in der heutigen Ausgabe der Tageszeitung »Die Welt«.

Zunächst verdächtigte Böttcher die *PLO*, diese Information der Presse gesteckt zu haben. Für die Palästinenser ist es schließlich eine Erfolgsmeldung, wenn ihre »Freiheitskämpfer« vorzeitig aus der Gefängnishaft entlassen werden. Allerdings entdeckte Böttcher ein Detail in dem Artikel, wonach jemand anderes den Tipp an die Presse gegeben haben muss. Es wird erwähnt, dass der Komplize von Abu Walid vorgestern Nacht aus der Strafanstalt Landsberg nach München-Stadelheim verlegt worden war. Diese Information können die Journalisten eigentlich nur von einem Vollzugsbeamten erhalten haben, der damit sein Gehalt etwas aufbessern wollte.

Böttcher hofft nur, dass die Paparazzi der Münchner Boulevardzeitungen nicht längst mit ihren Teleobjektiven auf der Lauer liegen. Er hat keine Lust, ein Foto in der Zeitung zu sehen, wie er zusammen mit Abu Walid in das Flugzeug steigt. Er schaut hinüber zur Besucherterrasse. Aber er kann nichts erkennen.

Ungeduldig schaut Böttcher auf die Uhr. Mittlerweile haben alle Passagiere die Maschine bestiegen. Er hofft, dass die Münchner Kollegen nun bald vorfahren und ihnen Abu Walid und dessen Komplizen übergeben. Es ist kein Vergnügen, sich auf dem Rollfeld die Beine in den Bauch stehen zu müssen.

Als endlich ein Polizeiauto mit Münchner Kennzeichen vorfährt, schaut er schnell noch einmal hinüber zu der Besucherterrasse. Zufrieden registriert er, dass dort keinerlei Aktivitäten zu beobachten sind. Das Polizeiauto hält direkt vor ihnen. Die hintere Tür geht auf. Ein uniformierter Kollege hilft Abu Walid und seinem Komplizen aus dem Wagen und nimmt ihnen die Handschellen ab. Böttcher beobachtet Abu Walid aufmerksam. Dabei fällt ihm auf, dass der Palästinenser das Abnehmen der Handschellen mit der gleichen ausdruckslosen Miene zur Kenntnis nimmt wie einst die Verkündung des Gerichtsurteils.

Der Blick von Böttcher bleibt für einen Moment an dem

Menjou-Bärtchen von Abu Walid haften. Damit könnte der Palästinenser problemlos in einem dieser zweitklassigen Italo-Western mitspielen, in der Rolle eines mexikanischen Banditen. Aber diese Gedanken werden schnell von anderen überlagert. Böttcher kann es sich noch immer nicht erklären, warum die Palästinenser einen ihrer eigenen Leute umbrachten, um diesen Abu Walid freizubekommen.

Aus den Augenwinkeln sieht Böttcher noch einen dritten Palästinenser aus dem Polizeiauto steigen. Dessen Gesicht kennt er bislang nur aus dem Fernsehen. Es ist Frangi, der inoffizielle *PLO*-Vertreter in Deutschland. Böttcher kann sich ein Lächeln nicht verkneifen. Falls noch Zweifel bestanden haben sollten, dass es sich bei Abu Walid um einen dicken Fisch handelt, wären diese nun endgültig zerstreut. Bei einem x-beliebigen Palästinenser würde Frangi nicht persönlich die Abschiebung überwachen.

Schnell schaut Böttcher noch einmal zur Besucherterrasse hinüber. Wenn Frangi dabei ist, ist meist die Presse nicht weit. Böttcher kann jedoch noch immer nichts Verdächtiges auf der Besucherterrasse erkennen. Trotzdem drängt er zum Einsteigen. Seine Kollegen gehen voraus. Die Palästinenser folgen. Zum Schluss geht Böttcher die Gangway hoch.

Als er das Innere des Flugzeuges betritt, haben die anderen schon Platz genommen. Böttcher setzt sich auf den noch freien Platz neben Frangi. Sie nicken sich freundlich zu. Böttcher mustert Frangi aus den Augenwinkeln. Er ist Böttcher suspekt, kann er sich doch noch gut an dessen Interviews und die darin enthaltenen Drohungen erinnern.

Als würde Frangi seine Gedanken erahnen, dreht er sich plötzlich zu ihm und fängt mit einer belanglosen Unterhaltung an. Frangi lässt ihn jedoch spüren, dass er ihn nicht als gleichwertigen Gesprächspartner sieht. Er mimt den Mann von Welt. Böttcher wundert sich nicht darüber. Obwohl Frangi keinen offiziellen Diplomatenstatus genießt, ist er in Bonn stets Gast bei den

Empfängen und Partys der Politprominenz. Dort trifft er sie alle, von Bundespräsident Walter Scheel über Kanzler Helmut Schmidt bis zu Altkanzler Willy Brandt und Außenminister Hans-Dietrich Genscher.

Böttcher schaut immer wieder zu Abu Walid hinüber. Der Terrorist sitzt auf der anderen Seite des Ganges am Fenster. Zwei, drei Mal treffen sich ihre Blicke. Böttcher sagt dann etwas Belangloses. Er will nicht, dass Abu Walid den Eindruck bekommt, er würde ihn beobachten. Dabei tut er nichts anderes. Immer wieder schaut er hinüber, als könnte er im Gesicht des Terroristen die Antworten auf seine Fragen finden. Ihn beschäftigt der Gedanke, was Abu Walid dem BND erzählte. Dass eine solche Unterhaltung stattgefunden hatte, erzählte BND-Präsident Kinkel zur Überraschung Böttchers einst bei einer Pressekonferenz. Allerdings ist über den Inhalt des Gesprächs nie etwas bekannt geworden. Hat er über seine Hintermänner ausgepackt?

Gerne würde er auf dem Flug mit dem Palästinenser näher ins Gespräch kommen. Aber eine längere Unterhaltung über den Gang und den Kopf seines Kollegen hinweg ist zu anstrengend. Zudem kann sich Böttcher kaum vorstellen, dass Abu Walid in Gegenwart von Frangi etwas Substanzielles zu entlocken ist. Der *PLO*-Vertreter hat vermutlich all seine Beziehungen in Bonn spielen lassen, um als Aufpasser mitfliegen zu dürfen. Böttcher ist nur froh, dass Frangi aufgehört hat, auf ihn einzureden. Offensichtlich ist er müde. Er gähnt ständig. Aber als Aufpasser kann er es sich nicht leisten, einzuschlafen.

Böttcher fragt sich immer wieder, warum die *PLO* alles tut, nur um Abu Walid freizubekommen und dafür sogar einen ihrer eigenen Leute ermordet. Warum ist er so wichtig? Als Böttcher den Gedanken weiterverfolgt, stellt sich plötzlich alles in einem ganz anderen Licht dar. Yousef musste aus einem ganz anderen Grund sterben, als er bisher angenommen hat. Schlagartig erkennt Böttcher die wahren Zusammenhänge: Der Mord war eine Warnung an Abu Walid, zu schweigen.

Die Äußerung des BND-Präsidenten über das Gespräch zwischen Abu Walid und seiner Behörde musste die *PLO* erschreckt haben. Danach hatte das ganze Theater erst begonnen. Böttcher überlegt angestrengt, was für Informationen Abu Walid hat, die aus der Sicht der *PLO* unter keinen Umständen bekannt werden dürfen. Wofür lohnt es sich, einen Menschen nur deshalb umzubringen, um einen anderen daran zu erinnern, Stillschweigen zu bewahren?

Böttcher findet keine Antwort. Er ahnt nicht, dass er dieses Rätsel eines fernen Tages in Ostberlin erst wird lösen können.

Böttcher ist mulmig zumute, als die Maschine in Damaskus landet. Was erwartet sie, wenn die Luke aufgeht? Er schaut zu seinem Referenten hinüber. Wieland scheint seine Gedanken lesen zu können. »Herr Böttcher, ich habe Sie hier mit herunter genommen. Dann gehe ich jetzt voraus«, sagt er. Böttcher lächelt gequält. Im Ernstfall würde dies wenig nützen. Aber es ist eine nette Geste.

Wieland verlässt als Erster die Maschine. Böttcher folgt ihm. Dann kommen die drei Palästinenser. Zum Schluss der dritte BKA-Mann. Dann geht alles sehr schnell.

Kaum dass sie die Gangway herunter sind, umzingelt sie ein Empfangskomitee der *PLO*. Es fallen kaum Worte. Zum Abschied schüttelt ihm Frangi teilnahmslos die Hand und nennt das Hotel, wo Zimmer für sie reserviert sind. Abu Walid wird von zwei Leibwächtern abgeschirmt. Sie gehen respektvoll mit ihm um. Böttcher ist überrascht. Die Szenerie vermittelt nicht den Eindruck, dass sie Abu Walid als Verräter sehen.

Abu Walid wird zu einem bereitstehenden Wagen eskortiert. Sie hatten keine Zeit, sich zu verabschieden. Kurz dreht er noch den Kopf herum. Für einen Moment treffen sich ihre Blicke. Ein kurzes Nicken zum Abschied, dann ist Abu Walid im Wagen verschwunden. Sie wissen nicht, dass es einmal ein Wiedersehen geben wird. Allerdings unter etwas anderen Vorzeichen.

Nikosia, Zypern, 8. Dezember 1989

Böttcher und Schmitt stehen noch nicht lange an dem vereinbarten Treffpunkt, ein paar Blocks vom Hilton entfernt, als drei Autos um die Ecke schießen. Der zweite Wagen bremst unmittelbar vor ihnen. Die Beifahrertür geht auf und ein Araber bedeutet ihnen unmissverständlich, einzusteigen. Als sie auf dem Rücksitz Platz nehmen, erhascht Schmitt noch einen Blick in das Innere des dritten Wagens, der unmittelbar dahinter angehalten hat. Zwei Araber sitzen im Fond des Wagens, der Beifahrer hat eine Kalaschnikow auf den Knien. Aber Schmitt sagt nichts. Er schaut nur kurz Böttcher an, der mit den Achseln zuckt. Nun gibt es kein Zurück mehr.

Kaum dass sie die Tür des Wagens zugeschlagen haben, gibt der Fahrer Gas und fährt dem Wagen vor ihm hinterher. Schmitt dreht sich vorsichtig um und sieht, dass ihnen der dritte Wagen dicht folgt. Mit leicht überhöhter Geschwindigkeit fahren sie im Dreier-Konvoi kreuz und quer durch die Gassen der Altstadt von Nikosia.

Nach wenigen Minuten scheint die Fahrt schon wieder vorbei zu sein. Der Wagen hält vor einem Restaurant. Die Begleitfahrzeuge haben ebenfalls gestoppt. Sie befinden sich in einer der schmalen mit Kieselsteinen gepflasterten Seitengasse des Altstadtviertels Laiki Gitonia, ganz in der Nähe der gleichnamigen Flaniermeile. Die Häuser hier sind Neubauten, der traditionell zypriotischen Kleinstadtarchitektur nachempfunden. Fast alle Gebäude haben sandsteingerahmte Türen und Fenster, malerische Innenhöfe mit sattgrünen Palmen und Olivenbäumen. Wortlos wird Schmitt und Böttcher bedeutet, sie sollen aussteigen und in das Restaurant gehen. Als sie den Wagen verlassen, sieht Schmitt, dass auch die beiden Insassen des Wagens vor ihnen bis an die Zähne bewaffnet sind.

Schmitt ist nervös. In den nächsten Minuten wird sich entscheiden, ob die Operation ein Erfolg wird. Böttcher hat seine Zweifel, nach dem Vorfall gestern im Haus von Abu Walid. Aber ein Versuch ist es wert. Er ist hochkonzentriert. Alle anderen Gefühle und Gedanken sind ausgeschaltet.

Als sie das Restaurant betreten, werden sie bereits erwartet. An der Bar stehen drei Männer, einer davon ist Abu Walid. Bei den anderen beiden geht Böttcher davon aus, dass es sich um die offiziellen Vertreter der *PLO* auf Zypern handelt. Ansonsten ist das Restaurant menschenleer. Dabei ist es zwölf Uhr mittags. Normalerweise sind um diese Uhrzeit die Restaurants in der Altstadt von Nikosia zum Bersten gefüllt.

Böttcher und Schmitt umkurven die leeren Tische und gehen auf die Drei zu. Als sie gerade die Hälfte des Gastraumes durchquert haben, schlägt einer der drei Araber seine Jacke zurück und legt seine Hand demonstrativ auf den Griff seines Revolvers, den er in einem Holster stecken hat. Nun erst bemerken Schmitt und Böttcher, dass ihnen die Araber aus den Begleitfahrzeugen ins Restaurant gefolgt sind. Sie zeigen ebenfalls demonstrativ ihre Waffen und verteilen sich im Raum. Böttcher und Schmitt stehen mitten im Restaurant, umringt von schwer bewaffneten Palästinensern.

Sie selbst sind unbewaffnet. Sowohl beim BKA als auch BND gilt der eherne Grundsatz, bei Auslandseinsätzen auf Waffen zu verzichten. Böttcher trägt auch bei Inlandseinsätzen selten seine Dienstwaffe. Er ist der Überzeugung, dass der Anblick einer Waffe die ohnehin nervösen Menschen in der Spionagebranche nur noch nervöser macht, und je nervöser sie sind, desto wahrscheinlicher ist es, dass irgendwer am Ende irgendwen über den Haufen schießt, was für jede Operation ein unbefriedigender Abschluss ist. Bei Schmitt verhält es sich anders. Als Soldat ist er sozusagen mit Waffen groß geworden. Trotzdem hält er sich an die Spielregeln und verzichtet auf den Gebrauch von Waffen. Die Sekunden verrinnen in Zeitlupe.

Schließlich ergreift Abu Walid das Wort. »Die Herren sind vom deutschen Bundesnachrichtendienst«, sagt er. Der Palästinenser scheint sich nicht daran zu erinnern, dass Böttcher zum Bundeskriminalamt gehört. Böttcher lässt die Palästinenser im Glauben, dass er zum bundesdeutschen Auslandsnachrichtendienst gehört. Dass BKA und BND mitunter so eng zusammenarbeiten, muss nicht bekannt werden.

Abu Walid bittet sie in einer Sitzecke Platz zu nehmen und winkt einen Kellner herbei. Sofort wird Kaffee, Tee und Gebäck aufgetischt. Souverän und gelassen beginnt Schmitt eine Unterhaltung mit den Palästinensern. Schmitt ist mit der Mentalität der Araber vertraut und weiß, dass es unhöflich wäre, sofort zum eigentlichen Thema zu kommen. Er spricht zunächst über Belanglosigkeiten.

Die Augen der Araber sind auf Schmitt gerichtet. Dies gibt Böttcher die Gelegenheit, die Runde in Ruhe zu mustern. Die Leibwächter haben sich strategisch günstig im Raum verteilt. Jeder nimmt an einem anderen Nebentisch Platz. Trotz der mittlerweile lockeren Atmosphäre lassen sie Schmitt und Böttcher nicht aus den Augen.

Abu Walid macht nicht den Eindruck, dass er Misstrauen hegt. Er erweist sich vielmehr als lockerer Plauderer mit Humor. Abu Walid lobt die Gastfreundschaft der Deutschen, die er schon einmal ein paar Wochen habe genießen dürfen, wie er sich in Anspielung auf seinen Gefängnisaufenthalt in Straubing ausdrückt. Böttcher lächelt gequält.

Er fragt sich noch immer, was Abu Walid damals dem BND eigentlich erzählte. Nachdem durch eine Indiskretion des damaligen BND-Präsidenten Kinkel bekannt wurde, dass Abu Walid mit dem deutschen Auslandsnachrichtendienst das Gespräch gesucht hatte, war Böttcher immer davon ausgegangen, dass die Tage des Palästinensers gezählt waren. Schließlich musste ihn die *PLO* als Verräter ansehen. Aber das Gegenteil ist der Fall. Abu Walid hat ganz offensichtlich Karriere gemacht. Ansonsten würde er nicht hier sitzen. Böttcher fragt sich nur, welche Anschläge Abu Walid begehen musste, um nach der Geschichte in Deutschland wieder das Vertrauen der *PLO* zu bekommen. Andererseits will er es nicht ausschließen, dass damals noch ganz andere Dinge im Hintergrund eine Rolle spielten, von denen er immer noch nichts weiß.

Abu Walid scheint sich jedenfalls in seiner Rolle als *PLO*-Funktionär ganz wohl zu fühlen. Angeregt unterhält er sich mit Schmitt. Böttcher hat den Eindruck, dass die Sache gar nicht so schlecht läuft. Der Vorfall vom Vortag scheint vergeben. Zumindest sind keine Spannungen mehr zu spüren. Böttcher fragt sich, ob der Palästinenser tatsächlich etwas mit dem Anschlag über Lockerbie zu tun hat, wie in Geheimdienstkreisen kolportiert wird. Unauffällig mustert er eindringlich Abu Walid. Aber Böttcher wird schnell klar, dass er im Gesicht des Palästinensers vergeblich nach einem Hinweis über dessen blutige Vergangenheit forscht. Mördern sind selten ihre Taten ins Gesicht geschrieben.

Abu Walid gehört für Böttcher zweifelsfrei zu der neuen Generation von palästinensischen Terroristen, die von Kindesbeinen an nichts anders kannten als Krieg. Der Tod gehört für sie zum Leben wie für andere Leute der sonntägliche Kirchgang. Mord und Totschlag sind etwas Normales, sind Alltag. Seit israelische Mordkommandos auch mehr und mehr Mitglieder aus dem Führungsstab der *PLO* liquidieren, gibt es Jüngeren wie Abu Walid Gelegenheit, nach oben zu rücken. Und ihnen bleibt in der Zukunft nichts anderes übrig, als mit Mördern und Terroristen zu verhandeln.

Schmitt gelingt es schließlich, das Gespräch in die gewünschte Richtung zu lenken: der direkte Draht zu Arafat. Böttcher beobachtet derweil den Gesichtsausdruck der drei Palästinenser sehr genau. Sie scheinen nicht abgeneigt zu sein. Schmitt scheint dies ebenfalls zu bemerken. Geschickt wagt er sich weiter vor. »Es geht für mich nicht darum, schnell an bestimmte Informationen zu kommen«, sagt Schmitt. »Mir geht es darum, dass man in Kontakt kommt und bei weiteren Gesprächen die Möglichkeit hat, eventuelle Missverständnisse schon im Vorfeld ausräumen zu können.«

Obwohl es Böttcher beim Anblick der bis an die Zähne bewaffneten Leibwächter nicht danach zumute ist, muss er dagegen angehen, nicht zu lächeln. Es könnte in diesem Augenblick missverstanden werden. Aber Schmitts Verhandlungsgeschick verblüfft ihn auch noch nach fast siebenjähriger Zusammenarbeit.

Abu Walid ergreift wieder das Wort. Die beiden anderen, die offiziellen *PLO*-Statthalter auf Zypern, halten sich zurück. Schmitt scheint das alles sehr recht zu sein. Schließlich soll das Treffen keinen offiziellen Charakter haben und nur ein Gedankenaustausch auf informeller Ebene stattfinden. Als ihm Abu Walid deshalb vorschlägt, alles Weitere zu zweit bei einem privaten Mittagessen am nächsten Tag zu bereden, ist Schmitt sofort einverstanden.

»Sie wissen ja, wo ich wohne«, sagt Abu Walid zum Abschied. »Also morgen zum Mittagessen, sagen wir zwölf Uhr?«

Schmitt ist erleichtert. Alles scheint nach Plan zu laufen. »Ich werde da sein«, sagt Schmitt.

Bundeskriminalamt, Wiesbaden, 12. Dezember 1989

»Ich habe die Schnauze voll von diesen Palästinensern«, sagt Richard Böttcher. Seine Stimme ist etwas lauter als sonst.

»Richie, jetzt mach mal halblang und beruhige dich wieder«, sagt Manfred Katz.

»Was heißt hier ›beruhig dich wieder‹, so eine gequirlte Scheiße. Das war diesmal so knapp«, sagt Böttcher und zeigt mit dem Daumen und Zeigefinger seiner rechten Hand einen Ein-Zentimeterabstand an. »Verdammt, Manfred, diesmal hätte es mich fast erwischt. Verstehst du? Ich bin allein erziehender Vater, das weißt du ganz genau. Wer kümmert sich denn um meine Tochter, wenn mich die Palästinenser über den Haufen schießen? Etwa du? Oder das Amt? Da lache ich ja nur.«

»Mensch, Richie, jetzt reicht es aber …«

»Genau. Da hast du vollkommen Recht. Es reicht. Keine Palästinenser mehr. Ich habe mich mit denen schon mehr als zehn Jahre lang herumgeschlagen. Jetzt ist Schluss! Aus! Basta! Vorbei!« Ohne ein weiteres Wort verlässt Böttcher das Büro seines Vorgesetzten.

Manfred Katz schaut fassungslos hinterher. So hat er Böttcher noch nie erlebt. Dabei kennen sie sich schon ein paar Jahre. Sie spielen gelegentlich Fußball in der Sportgruppe des BKA und sind befreundet, soweit man als Vorgesetzter mit seinen Untergebenen befreundet sein kann. Aber Katz ist nicht der Typ, der den Chef heraushängen lässt. Vielmehr setzt er auf gegenseitiges Vertrauen.

Katz kann verstehen, dass Böttcher mit den Nerven am Ende ist. Aber die Operation war dilettantisch vorbereitet. Dass er in Lebensgefahr geriet, das hat er allein dem BND und dem britischen Auslandsnachrichtendienst MI6 zuzuschreiben und nicht dem BKA. Katz überlegt, ob er Böttcher vielleicht hätte untersagen sollen, den Nachrichtendiensten Amtshilfe zu leisten.

Das BKA hatte schließlich überhaupt keinen Nutzen von dieser Operation auf Zypern. Allein der BND profitierte davon, der sich wiederum bei Ermittlungen des BKA oft genug quer legt und auf den Quellenschutz beruft. Katz hat aufgehört darüber nachzudenken, wie viele Verfahren bereits platzten, weil ihnen die Geheimdienste untersagten, »aus Gründen des Quellenschutzes« Informationen aus verdeckten Operationen bei Gericht verwenden zu dürfen.

Keiner kennt diese Probleme besser als Böttcher, der seit sieben Jahren eng mit dem BND zusammenarbeitet. Es ist ein klassischer Interessenkonflikt. Geheimdienste sind nicht dem Legalitätsprinzip unterworfen. Sie können es sich leisten, schon einmal über eine Straftat hinwegzusehen, um eine Quelle zu schützen. Ermittler wie Böttcher hingegen sind Polizeibeamte, die wohl mit Geheimdienstmethoden arbeiten, aber ein klar definiertes Ziel haben: Sie sollen Straftaten entweder im Vorfeld verhindern, oder so viel Informationen über die Täter zusammentragen, dass sie vor Gericht gestellt werden können. Und Katz kennt keinen, der diesen Spagat so meisterlich beherrscht wie Böttcher.

Seit drei Jahren leitet Katz das Referat »Verdeckte Ermittlungen«. Vor ein paar Monaten hat er noch die Leitung der »Zielfahndung« übernommen. Er trägt die Verantwortung für eine ganze Reihe von Topfahndern. Aber Böttcher ist zweifellos sein bester Mann. Böttcher hat die besondere Gabe, die Person zu werden, die er spielen soll. Er lebt seine Scheinidentität nicht nur, er ist seine Scheinidentität. Deshalb hält ihm Katz auch den Rücken frei, trotz seiner manchmal sehr eigenwilligen Methoden.

Einmal hatte Böttcher zu seinem Entsetzen ein ganzes Bordell gemietet, um eine alte Spitzenquelle aus der *PFLP-SC*, die sie zwischendurch aus Kostengründen »abgeschaltet« hatten, wieder zu aktivieren. Der Palästinenser soll von der Live-Vorführung auch ganz angetan gewesen sein. Als er sich zum Schluss eine der Damen aussuchen sollte, zierte er sich jedoch. Angeblich waren ihm die Frauen zu dünn. Böttcher blieb nichts anderes übrig, als mit dem Kerl nach Frankfurt zu fahren. Auf dem Straßenstrich wurden sie fündig, und der Palästinenser verschwand mit einer Dame seines Geschmacks in irgendeiner Absteige. Allerdings verlief es dort nicht zu seiner Zufriedenheit. Der Palästinenser war nach fünf Minuten wieder bei Böttcher auf der Straße. Angeblich weil die Dirne »eine Jüdin« war.

Die Rechnung für die Reaktivierung des V-Mannes bekam dann Katz auf den Tisch. In solchen Momenten verflucht er Böttcher. Für Katz ist es nicht einfach, derartige Ausgaben gegenüber der Kostenstelle zu rechtfertigen. Andererseits gibt der Erfolg Böttcher meist Recht. Der Palästinenser jedenfalls versorgte sie trotz des letztlich unbefriedigenden Verlaufs des Abends jahrelang mit brandheißen Informationen aus dem innersten Zirkel der *PFLP-SC*, die es in der Vergangenheit immer wieder meisterlich verstanden hatte, deutsche Terroristen für ihre Ziele zu instrumentalisieren. Sie gewährten Mitgliedern der *RAF*, der *RZ* oder auch der *Bewegung 2. Juni* Unterschlupf oder griffen ihnen logistisch unter die Arme. Die Lufthansamaschine »Landshut« war beispielsweise im Herbst 1977 von einem Kommando der *PFLP-SC* gekidnappt worden, um damit den Forderungen der Entführer von Hanns Martin Schleyer Nachdruck zu verleihen, inhaftierte *RAF*-Mitglieder wie Andreas Baader und Gudrun Ensslin freizulassen.

Katz versucht Böttcher zu schützen, so weit es nur irgendwie geht. Die Wenigsten im Amt wissen, was Böttcher so treibt. Außer ihm wissen eigentlich nur noch der Abteilungsleiter und die Amtsleitung darüber Bescheid, woran Böttcher gerade arbeitet. Hinter vorgehaltener Hand wird Böttcher als Geheimniskrämer verspottet. Katz bedauert es, gegenüber Kollegen Böttchers tatsächliche Aufgaben und Leistung nicht herausstellen zu können. Aber die totale Abschottung von Böttcher dient zu dessen eigener Sicherheit.

In der Vergangenheit hat es im BKA auch schon undichte Stellen gegeben. Katz erinnert sich noch an einen Vorfall vor zwei oder drei Jahren, bei dem sie bis heute rätseln, wie es dazu hatte kommen können. Böttcher und Schmitt waren damals schon auf dem Weg zum Flughafen. Sie wollten nach Athen und dort eine Quelle aus der *PFLP-SC* treffen. Die beiden waren bereits beim Einchecken, als von den Israelis die Meldung hereinkam, ihre Quelle sei aufgeflogen und »umgedreht« worden. Die Quelle habe den Auftrag, Böttcher und seinen Partner von BND umzulegen.

In der Eile blieb keine Zeit, Nachforschungen anzustellen, woher der Mossad überhaupt wusste, dass es ihnen gelungen war, eine Quelle in der *PFLP-SC* zu platzieren.

Äußerlich gelassen nahm Böttcher damals zur Kenntnis, dass ihm ein langjähriger V-Mann angeblich nach dem Leben trachtete. Er konnte sich das genauso wenig vorstellen wie Schmitt. Aber beide waren Profis genug, um zu wissen, dass sie sich in so einem Fall nicht allein auf ihr Gefühl verlassen durften. Sie mussten der Sache auf den Grund gehen. Entgegen sonstigen Gepflogenheiten dirigierten sie den V-Mann unter einem Vorwand nach Deutschland. Als er in München eintraf, wurde er von den Grenzschützern auf den Kopf gestellt. Sein Gepäck wurde auseinander genommen. Es wurde nichts Verdächtiges gefunden. Trotzdem nahmen ihn Böttcher und Schmitt noch ins Kreuzverhör, ohne jedoch herauszubekommen, ob an der Sache etwas dran war. Vorsichtshalber wurde der V-Mann »abgeschaltet«. Zurück blieb die Unsicherheit, dass sie ins Visier der *PFLP-SC* geraten waren. Böttcher schien dies nicht zu beeinträchtigen. Katz konnte zumindest nichts Gegenteiliges feststellen. Böttcher machte weiter Undercover-Einsätze, ganz so, als wäre nichts geschehen.

Aber diesmal scheint es anders zu sein. Katz spürt, dass Böttcher die Geschichte auf Zypern nicht so einfach wegstecken wird. Irgendetwas ist dabei kaputtgegangen. Sein Urvertrauen in seinen Instinkt, der Böttcher bislang vor gefährlichen Situationen bewahrte, hatte im Haus von Abu Walid einen empfindlichen Knacks bekommen. Katz kann nur hoffen, dass Böttcher bald wieder die Kurve kriegt. Alles andere wäre eine Katastrophe. Für Böttcher. Für ihn als sein Chef. Vor allem aber für das BKA. Es würde seinen besten Fahnder verlieren.

Böttcher schaut aus dem Fenster. Der Ausblick ist nicht dazu angetan, seine Stimmung zu heben. Sein Büro liegt zum Innenhof hin. Er blickt auf grauen Beton. Obwohl das Referat im Laufe der Jahre schon ein paar Mal umgezogen ist, hat er sich bei der Vergabe der Büroräume nie darüber beschwert, dass er nicht wie andere ein Zimmer nach vorn bekommen hat. Von dort hat man einen Blick ins Grüne. Aber vermutlich würde dieser Ausblick ihn auch nicht aufheitern. Er fragt sich, wie es wohl Schmitt auf Zypern noch erging.

Böttcher hatte sich nach dem Treffen mit den Palästinensern in dem Restaurant in das nächste Flugzeug gesetzt und war nach Frankfurt geflogen. Für ihn war die Operation beendet. Er hatte seinen Job erledigt und Schmitt die Tür zu Abu Walid aufgestoßen. Der Rest ging ihn nichts mehr an. Das war allein die Angelegenheit von seinem Partner.

Böttcher zweifelt allerdings nicht daran, dass Schmitt die Sache erfolgreich zu Ende bringt. Schmitt ist ein Meister seines Fachs, vielleicht sogar der Beste. Außer Schmitt kennt Böttcher niemand, der bei dem Wirrwarr der vielen Familienclans und politischen Gruppen und Grüppchen im Nahen und Mittleren Osten den Überblick bewahrt. Schmitt weiß immer, wer gerade mit wem auf Kriegsfuß steht. Im Libanon ändert sich das manchmal binnen weniger Wochen. Wer heute befreundet ist, kann morgen schon verfeindet sein, und umgekehrt. Während etwa die *Hisbollah* und die *Amal* anfangs durchaus an einem Strang zogen, bekämpfen sie sich nun gegen Ende des Bürgerkrieges bis aufs Messer.

Dennoch hat er gegenüber Schmitt ein schlechtes Gewissen. Es ist einfach ungewöhnlich, dass er seinen Partner allein zurücklässt. Normalerweise ist das nicht seine Art. Aber er hatte die Nase einfach gestrichen voll. Von den Palästinensern. Vom BND. Von seinem Job. Von allem.

Böttcher überlegt, ob er nicht einfach eine Pause machen soll. Seit zehn Jahren arbeitet er nun beim BKA, die meiste Zeit davon im Bereich »Verdeckte Operationen«. Fast jeden Tag hat er damit verbracht, Menschen nachzugehen, die meinen, sich das Recht herausnehmen zu dürfen, aus politischen Gründen andere Menschen zu töten. Das hinterlässt Spuren. Früher wäre er nicht so unvorsichtig gewesen und einfach in das Haus eines Terroristen spaziert. Er kann es sich einfach nicht erklären, wie er das hatte tun können, ohne sich vorher selbst zu vergewissern, dass die Luft rein ist. Es ist vielleicht besser, sich damit abzufinden, dass er sein Pensum geleistet hat und jetzt die Zeit gekommen ist, sich nach neuen Wirkungsfeldern umzusehen.

Allerdings hat er keine Ahnung, was er anderes tun kann. Schließlich hat er nichts anderes gelernt. Er hatte wohl einmal Mathematik und Physik studiert, was sich als ganz hilfreich herausstellte, wenn er mit der Legende als Ingenieur unterwegs war. Aber seine Kenntnisse gehen lediglich so weit, dass er einem Laien etwas vorgaukeln kann. Schließlich hatte er das Studium bereits nach zwei Semestern an den Nagel gehängt und war zum BKA gegangen.

Andererseits muss er sich keine Sorgen machen. Er ist Beamter auf Lebenszeit. Das BKA muss ihm etwas anbieten. Er läuft der Arbeit auf jeden Fall nicht hinterher, das hat er noch nie gemacht. Er muss sich jedoch eingestehen, dass der Gedanke, nicht mehr im verdeckten Bereich zu arbeiten, eine Leere in ihm aufkommen lässt. Für ihn ist dies mehr als nur ein Job. Dieser Beruf war immer so etwas wie der Anker in seinem Leben, dem er alles unterordnete. Sogar seine Ehe.

Seit zehn Jahren ist er verheiratet. Aber die Ehe besteht schon lange nur noch auf dem Papier. Manchmal fragt er sich, warum sie bloß heirateten. Sie hatten schon vor der Hochzeit nicht zusammengepasst, und daran hat sich auch später nichts geändert. Aber Fehler in der Liebe lassen sich ebenso wenig erklären wie berichtigen. Vor zwei Jahren haben sie sich schließlich getrennt.

Offen ans Licht traten ihre Eheprobleme, als Böttcher anfing, im Bereich »verdeckte Operationen« zu arbeiten. Im BKA war man damals zu der Überzeugung gekommen, der zunehmenden Internationalisierung des Terrorismus mit geheimdienstlichen Methoden begegnen zu müssen. Der Einsatz von V-Leuten in Terrororganisationen war völliges Neuland für das BKA. Bislang war diese Vorgehensweise eine Domäne der Nachrichtendienste. Dazu suchte die Amtsleitung in den eigenen Reihen nach dem geeigneten Personal. Dies war nicht ganz einfach. Schließlich hat dieser Job wenig mit klassischer Polizeiarbeit zu tun. Ihre Wahl fiel auf Böttcher. Er war damals achtundzwanzig. Es war eine riesige Chance. Zusammen mit zwei Kollegen sollte er eigenständig den Bereich »verdeckte Ermittlungen« aufbauen.

Das nötige Know-how wurde ihm auf Schulungen des BND beigebracht. Danach bekam er so etwas wie ein zweites Leben. Er wurde mit einer neuen Identität ausgestattet. Er bekam neue Pässe, Kreditkarten, Führerschein. Jedes Dokument wurde in die Computer eingespeist und gegen Anfragen von außen abgesichert, so dass man damit, vorausgesetzt, man beherrscht sein Handwerk, und das tut Böttcher, ein vollkommen anderes Leben in größerer Sicherheit leben kann als das eigene. Die Legende war perfekt.

Allerdings haben persönliche Beziehungen in seinem Beruf wenig Chancen. Er kann nicht wie andere Familienväter beim Abendessen von der Arbeit erzählen. Seine Ehefrau wusste nie, was er tat oder wo er sich gerade aufhielt. Er konnte sie nicht einmal beruhigen, wenn sie sich Sorgen machte, aus lauter Angst, dabei ein Dienstgeheimnis verraten zu können. Sie wusste nur, dass er ein zweites Leben führte. »Wir sind eine Zumutung für unsere Frauen«, sagte einmal Schmitt, als sie sich über das Thema unterhielten.

Besonders bei Nicole, seinem sechsjährigen Töchterchen, fällt es Böttcher nicht leicht, ihr wachsendes Interesse an seiner Arbeit im Keim zu ersticken. Aber er hat sich nun einmal für diesen Beruf entschieden und weiß, dass es keine andere Möglichkeit gibt, als unaufhörlich unter dem Zwang der Konspirationsvorschriften zu leben. Es gibt keine halben Sachen. All sein Tun ist davon bestimmt, alles dreht sich um Verheimlichung, Isolierung, Auswege. Dabei nimmt er für sich in Anspruch, dass er weder seine Frau noch seine kleine Tochter über berufliche Dinge jemals angelogen hat. Er hat ihnen nur nie die ganze Wahrheit gesagt.

Mittlerweile hat sich für Böttcher die private Situation noch zugespitzt. Bei der Trennung haben sie vereinbart, dass er sich so lange um die Tochter kümmert, bis seine Frau eine Berufsausbildung abgeschlossen hat und auf eigenen Beinen steht. Er ist sozusagen allein erziehender Fahnder.

Solange Nicole nicht zur Schule ging, war es verhältnismäßig einfach, Beruf und Erziehung miteinander zu vereinbaren. Falls es überhaupt keine Möglichkeit gab, Nicole für zwei oder drei Tage bei seiner Frau, Mutter oder Bekannten unterzubringen, hat er sie einfach zu seinen Undercover-Einsätzen mitgenommen. Während er sich mit seinem V-Mann traf, kümmerte sich Akis, der Wirt seiner Stammkneipe in Larnaka, um seinc noch kleine Tochter. Nicole mochte Akis, der einmal als Barmixer im »Golden Beach«, einem Fünf-Sterne-Hotel, gearbeitet hatte. Für Akis war es ein Leichtes, Nicole mit alkoholfreien Fruchtcocktails bei Laune zu halten, solange Böttcher seinen Geschäften nachging.

Seit Nicole jedoch in die Schule geht, hat sich das Leben von Böttcher drastisch verändert. Seinen Tagesablauf beim BKA richtet er so ein, dass er in seiner Mittagspause schnell nach Hause gehen kann, um seiner Tochter etwas zu kochen. Böttcher wohnt vom Amt nur einen Steinwurf entfernt auf dem Wiesbadener Geisberg in einer Beamtenwohnung. Eine andere Bleibe könnte er sich auch gar nicht leisten. Nirgendwo in der Bundesrepublik sind die Mieten und Immobilien so teuer wie in Wiesbaden.

Für Böttcher hat die kurze Entfernung vom Amt zu seiner Wohnung den Vorteil, dass ihn seine Tochter nur kurz anrufen muss, und er ist in fünf oder sechs Minuten zu Hause. Manchmal kommt er am Nachmittag noch einmal vorbei und schaut, ob sie mit ihren Hausaufgaben klarkommt. Danach geht er wieder ins Büro und bereitet seine Undercover-Einsätze vor, die er möglichst aufs Wochenende legt, weil dann Nicole bei ihrer Mutter ist.

Der Gedanke, was wäre, wenn ihm einmal etwas passiert, lässt ihn manchmal nicht schlafen. Die Vorstellung, Nicole müsste als Halbwaise aufwachsen, versetzt ihm einen Stich. Er ist selbst ohne Vater aufgewachsen. Der Gedanke daran bringt in Böttcher eine sentimentale Saite zum Klingen. Es gibt wenige Dinge, die er auf Distanz hält, weil sie ihm wehtun. Die Erinnerungen an seinen Vater gehören dazu.

Seine Eltern ließen sich scheiden, als Böttcher elf Jahre alt war. Danach hatte er ihn nie wieder gesehen. Das Schicksal seines Vaters kennt Böttcher nur aus Polizeiakten. Sein Vater war Fernmeldetechniker und hatte mit seiner Firma Bankrott gemacht. Als er beim BKA anfing, ließ er sich die Akte seines Vaters kommen. Er fand darin einen Strafbefehl. Nach dem Bankrott hatte er nicht einmal mehr die Unterhaltszahlungen aufbringen können. Vor vier Jahren starb sein Vater an Krebs. Erst durch den Nachlassverwalter erfuhr Böttcher, dass sein Vater zum Schluss in Wiesbaden gelebt hatte. Als er im Telefonbuch nachschaute, fand er zwei Eintragungen unter dem Namen Böttcher, eine davon war sein Vater. Gerne hätte er ihn noch einmal gesehen. Aber jetzt ist es zu spät.

Das Klingeln des Telefons reißt Böttcher aus seinen Gedanken. Es ist sein Partner. Er ist zurück aus Zypern. »Du hast dir umsonst in die Hosen geschissen«, sagt Schmitt.

»Was heißt das schon wieder?«

Schmitt erzählt von seinem Treffen mit Abu Walid. Alles lief bestens. Der Terrorist bewirtete ihn nach allen Regeln arabischer Gastfreundschaft. Er grillte, der Esstisch bog sich unter den Speisen, und das Gespräch fand in entspannter, familiärer Atmosphäre statt. Ohne Leibwächter, die demonstrativ mit Kalaschnikows herumfuchtelten.

Vor allem aber zeigte sich Abu Walid von Schmitts Ansinnen angetan, einen Geheimkanal zwischen der *PLO* und dem BND zu installieren. Er rief sogar in seinem Beisein Arafat in Tunis an, der ihn ganz offensichtlich darin bestärkte, sich als Kontaktperson zur Verfügung zu stellen. Die Tür zur Spitze der *PLO* schien weit aufgestoßen. Schmitt wähnte sich bereits am Ziel. In seiner ersten Euphorie hielt er es nicht für ausgeschlossen, dass über diesen geheimen Draht die Bundesregierung auch politischen Einfluss auf Arafat nehmen kann. Die Situation im Nahen Osten war schließlich ernüchternd. Warum also sollte sie nicht unter der Schirmherrschaft der Bundesrepublik wieder belebt werden?

»Das klingt doch alles bestens«, sagt Böttcher.

»Schon«, sagt Schmitt und schweigt.

Böttcher spürt, dass es da noch etwas gibt. »Wo ist also der Haken?«

»Der Haken ist mein Chef«, sagt Schmitt.

Böttcher ahnt nichts Gutes. Der Vorgesetzte von Schmitt fühlt sich für höhere Aufgaben berufen. Seit geraumer Zeit schielt er auf den Posten des Vize-Präsidenten. Sein Ehrgeiz steht ihm dabei manchmal im Weg. Schon bei einem spektakulären Fall von Geiselnahme im Libanon hatte er keine gute Figur abgegeben. Er ignorierte die eindeutigen Signale der Gegenseite, in der Geiselfrage mit Hilfe Syriens oder der *PLO* zu einer schnellen Lösung zu kommen. Die Leidtragenden waren die deutschen Geiseln. Zwei von ihnen sind noch immer in der Gewalt der *Hisbollah*. Seit sieben Monaten sitzen Heinrich Strübig und Thomas Kemptner, beide Mitarbeiter der Hilfsorganisation ASME Humanitas, nun schon in Geiselhaft.

»Mein Chef meint, die ganze Geschichte sei politisch zu hoch gehängt«, sagt Schmitt.

»Was?«

»Er hat mir untersagt, den Geheimkanal zu nutzen. Arafat wird ewig auf einen Anruf von mir warten.«

Böttcher fehlen die Worte. Sein Mund ist wie wie von einer Zahnarztspritze betäubt. Sein Oberkiefer ist gefühllos, und die Zunge ist ihm in den Rachen gerutscht. Ein Gefühl kommt auf, das er gar nicht richtig benennen kann. Es ist eine eigenartige Mischung aus Wut, Enttäuschung und Niedergeschlagenheit. Selten hat er sich in seinem Job so ohnmächtig und nutzlos empfunden. Alles war umsonst. Er hat sein Leben umsonst riskiert. Erstmals in zehn Jahren verspürt er so etwas wie eine Sinnlosigkeit. Warum tun sie dies eigentlich? Warum riskieren sie ihr Leben? Um was geht es eigentlich? Die Antwort ist ernüchternd: Sie sind wie Ameisen auf einem Tanzparkett. Sie können herumlaufen, und wenn sie Glück haben, werden sie nicht zertreten.

Er spürt, dass es Schmitt nicht viel anders geht. In all den Jahren ihrer Zusammenarbeit hat er noch nie die geringste Spur von Verzagtheit bei seinem Partner feststellen können. Aber diesmal scheint es anders zu sein. Die nächste Frage stellt er nicht in seinem üblichen gelassenen Ton.

»Und wie geht es jetzt weiter?«, fragt Böttcher.

»Es geht gar nicht weiter.«

Schmitt teilt Böttcher mit, dass er seine Versetzung ins Ausland beantragt habe. Zunächst geht er in die Türkei, um dort die Residentur des BND aufzulösen. Danach will er vielleicht nach Beirut, vorausgesetzt, dieser verfluchte Bürgerkrieg geht dort endlich einmal zu Ende.

»Das war's dann«, sagt Böttcher.

»Ja«, sagt Schmitt knapp.

Fast andächtig legt Böttcher den Telefonhörer auf die Gabel.

Seine Wut weicht einem Gefühl von Traurigkeit und Melancholie. Aber bereits im nächsten Moment, es ist wie ein Reflex, überlegt er, was dies für ihn in seiner Zusammenarbeit mit dem BND bedeutet. Die Kooperation zwischen dem BKA und BND ist nirgendwo schriftlich geregelt. Es gibt keine offizielle Vereinbarung. Böttcher hat so etwas nie für nötig erachtet. Er hat das immer von der Person abhängig gemacht. Anders kann er nicht arbeiten, nicht bei verdeckten Operationen.

Berlin, April 1990

Böttcher ist seit zwei Tagen in der Stadt. Er hat sich mit einem Informanten getroffen, einem jungen Mann, der Zugang zu palästinensischen Kreisen im Nahen Osten hat. Ursprünglich war er ins Visier der Behörden geraten, weil er Kontakte zu linken Kreisen in Berlin unterhält. Bei weiteren Beobachtungen wurde festgestellt, dass er häufig in den Nahen und Mittleren Osten reist.

Böttcher hatte sich der Sache angenommen und ihn schließlich »aufgebohrt«. Seitdem arbeitet er für Böttcher als V-Mann, ohne dass er anfangs wusste, auf was er sich eigentlich einließ. Böttcher hatte sich als Ingenieur vorgestellt. Mittlerweile weiß der Bursche, dass Böttcher einer anderen Profession nachgeht. Allerdings geht er davon aus, dass Böttcher für einen Nachrichtendienst tätig ist. Böttcher ist das recht. Er lässt ihn in diesem Glauben.

Die V-Mann-Führung im »operativen Bereich« ist ein sehr sensibler Bereich, und nur wenige verstehen ihn so instinktiv wie Böttcher. Es gibt V-Leute, die aus moralischer Überzeugung Informationen liefern, andere arbeiten allein aus materiellem Antrieb. Bei dem jungen Mann in Berlin stehen emotionale Dinge im Vordergrund. Er will Anerkennung und die ungeteilte Aufmerksamkeit. So ist es auch diesmal. Der Junge hat Liebeskummer. Seine Freundin ist Syrerin und lebt in Damaskus. Sie ist der Grund seiner vielen Reisen in den Mittleren Osten. Aus Geldmangel konnte er sie schon länger nicht mehr besuchen. Die halbe Nacht klagt er Böttcher sein Leid. Böttcher hört ihm aufmerksam zu, zeigt Verständnis und steckt ihm schließlich ein paar Scheine zu. In solchen Momenten denkt Böttcher, dass sein Job mehr mit den Aufgaben eines Sozialarbeiters zu tun hat als mit Polizeiarbeit. »Menschliche Anteilnahme ist die wichtigste Eigenschaft eines V-Mann-Führers«, predigt Böttcher, wenn ihn

Manfred Katz, sein Vorgesetzter, mal wieder ungläubig mit seinem Stundenzettel konfrontiert. Darauf steht nicht selten: Einsatz von 20 bis 3 Uhr morgens. Böttcher zuckt dann nur mit den Achseln. Im Staatsschutz geht es eben anders zu als in der Abteilung für »Organisierte Kriminalität«, wo V-Leute meist über das Geld gewonnen werden.

Dass das Treffen mit dem V-Mann ziemlich unergiebig war, stört Böttcher nicht im Geringsten. Die Reise nach Berlin ist für ihn nur ein Vorwand, um einmal dem tristen Büroalltag in Wiesbaden zu entkommen. Zudem hatte ihm Katz dezent zu verstehen gegeben, dass er ihm nicht länger den Rücken freihalten kann. Seit dem Vorfall in Zypern hatte Böttcher nichts mehr auf die Reihe bekommen. Das Gefühl, dass er nicht mehr in der Lage ist, irgendeinen Sinn in seinem Beruf zu sehen, überkam ihn immer häufiger.

Die vergangenen Monate hat Böttcher wie in Trance durchlebt. Er stolperte durch die Tage wie durch dichten Nebel. Im Büro ließ er sich kaum noch blicken. Er klapperte alte Informanten ab. »Legendenpflege« nannte er es. Er versuchte neutrale Personen anzuwerben, in deren Wohnung man eventuell ein Telefon mit Anrufbeantworter schalten lassen konnte, wo sich V-Leute melden konnten, die nicht wissen dürfen, dass er vom BKA ist. Aber eigentlich fuhr er nur ziellos durch die Republik, die sich seit dem Mauerfall rasend verändert. Seit Öffnung der Grenzen reißt der Strom der Übersiedler nicht mehr ab.

In der DDR selbst ging es derweil drunter und drüber. Ein »Runder Tisch« wurde geschaffen und soll die politische Zukunft der DDR regeln. Das Ministerium für Staatssicherheit (MfS) wurde aufgelöst. Von 85 000 hauptamtlichen Mitarbeitern des DDR-Geheimdienstes wurden 30 000 angeblich sofort entlassen, 20 000 sollten demnächst folgen. 22 500 Mitarbeiter sollen in die Volkswirtschaft, das Gesundheitswesen, in Armee und Volkspolizei eingegliedert werden und 12 500 will man bis zur endgültigen Übergabe der Stasi-Objekte an den Staat weiterbeschäftigen. Die Waffenkammern der Stasi, wie das MfS im Volksmund genannt wird, wurden angeblich geräumt, die elektronischen Daten in Archiven gelagert und durch die Staatsanwaltschaft versiegelt, behauptet der stellvertretende Chef des Sekretariats des Ministerrates der DDR gegenüber dem »Runden Tisch«. Das Rechenzentrum habe seine Arbeit eingestellt. Die Bürgerkomitees, die die Auflösung der Stasi überwachen, glaubten das nicht. Nach ihrer Erkenntnis soll die Stasi-Zentrale von Ostberlin noch voll funktionsfähig sein. Sie stürmten schließlich das Hauptquartier des einst allmächtigen Überwachungsapparates von Stasi-Chef Erich Mielke. Obwohl diese Vorgänge die westdeutschen Nachrichtendienste wie auch das BKA beschäftigten, nahm Böttcher dies alles nur über die Fernsehnachrichten wahr.

Böttcher fing in dieser Zeit Liebesbeziehungen an, die bereits zu Ende waren, bevor sie richtig begonnen hatten. Er ging ins Kino, er ging in die Kneipe. Er schlug die Zeit tot. Später einmal wird er sich an diese Phase seines Lebens nicht mehr erinnern, vielleicht auch einfach nur nicht mehr erinnern wollen. Er ist ein Meister des Verdrängens. Es bleibt ein mehrwöchiges Loch in der Biographie des erfolgreichsten Fahnders des BKA. Es werden sich auch keine Eintragungen in seinen Taschenkalender finden. Böttcher hat für sein Empfinden in dieser Zeit gar nicht gelebt, sondern nur vegetiert.

Das BKA profitiert unerwartet von den politischen Veränderungen in der DDR. Oberst Wolfgang Pauleit, Abteilungsleiter in der Hauptverwaltung Kripo des DDR-Innenministeriums, war zusammen mit zwei Mitarbeitern am 13. Februar 1990 beim BKA in Wiesbaden aufgetaucht. Mit deren Hilfe hoffte das BKA einen alten Fall lösen zu können, wonach die DDR eine ganze Reihe von steckbrieflich gesuchten Mitgliedern der *RAF* mit neuen Identitäten ausgestattet und ihnen Unterschlupf gewährt hatte.

In der Vergangenheit hatte es immer wieder Hinweise gegeben, dass die Stasi *RAF*-Mitglieder versteckte. Gelegentlich hatten DDR-Flüchtlinge die westdeutschen Polizeibehörden darüber informiert, dass sie Nachbarn oder Arbeitskollegen aus der DDR auf den Fotos der Fahndungsplakate wieder erkannten. Aber konkrete Hinweise fehlten bislang. Die DDR-Polizisten hatten jedoch in Erfahrung gebracht, dass sich unter den *RAF*-Aussteigern so namhafte Terroristen wie Silke Maier-Witt, Inge Viett und Susanne Albrecht befinden.

Im BKA schlug diese Information ein wie eine Bombe. Jahrelang hatte man weltweit vergeblich nach diesen Personen gefahndet. Pauleit bat nun das BKA um Schriftproben von *RAF*-Terroristen, die sich seinen Informationen nach in der DDR aufhielten.

Dies war der Beginn einer für das BKA epochalen Fahndungsmaßnahme. Zusammen mit Polizisten der noch existierenden DDR machte sich Manfred Katz mit seinen Leuten aus dem Referat »Zielfahndung« in der zusammenbrechenden DDR auf die Suche nach den Terroristen. Sie operieren von Ostberlin aus. Ihre Einsatzzentrale haben Katz und seine Leute in Büroräumen des berüchtigten Stasi-Gefängnisses Hohenschönhausen aufgeschlagen.

Böttcher hat nicht vor, den Kollegen im Ostteil der Stadt einen Besuch abzustatten. Zum einen ist er mit seinen Legendenpapieren unterwegs und hat keine Lust, damit in der DDR in eine Polizeikontrolle zu geraten. Zum anderen erscheint ihm die Lage in Ostdeutschland noch reichlich unübersichtlich zu sein. Böttcher jedenfalls kann sich gut vorstellen, wie so kurz nach dem Mauerfall die alten Stasi-Seilschaften noch bestens funktionieren. Deshalb ist es für ihn auch rätselhaft, wie Katz das eigentlich anstellt, ausgerechnet mit DDR-Polizisten zusammen nach den *RAF*-Mitgliedern zu fahnden, die von der Stasi versteckt wurden. Schließlich ist davon auszugehen, dass auch nach der offiziellen Auflösung der Stasi noch genug linientreue Spitzel in der Polizei sitzen, die wohl wenig Lust haben, dem einstigen Klassenfeind bei der Aufdeckung der Stasi-*RAF*-Connection zu helfen.

Bevor er wieder nach Wiesbaden zurückfährt, will sich Böttcher noch mit einer alten Bekannten in Kreuzberg treffen. Er hatte sie während eines Undercover-Einsatzes im Nahen Osten an einer Hotelbar kennen gelernt und sich als Ingenieur einer großen deutschen Firma, die im Mittleren und Nahen Osten groß im Geschäft ist, vorgestellt.

Mit dieser Legende ist er gerade auch unterwegs, weshalb er sich mit der Bekannten treffen kann. Böttcher hat es sich über die Jahre zur goldenen Regel gemacht, während eines Einsatzes nicht zwischen den Identitäten hin- und herzuwechseln.

Seit bald zehn Jahren lebt Böttcher diese Legende. Sie ist ihm zur zweiten Haut geworden. Manchmal ist ihm seine Legende sympathischer als seine richtige Identität. Seine Legende hat keine Eheprobleme und muss sich nicht um eine kleine Tochter sorgen.

Böttcher will gerade sein Hotelzimmer verlassen und zu seiner Verabredung gehen, als das Telefon klingelt. Es ist Manfred Katz, der irgendwie erfahren hat, dass sich sein Sorgenkind in Berlin aufhält.

»Du! Komm mal rüber nach Ostberlin. Ich hätte hier etwas für dich«, sagt Katz.

»Manfred, ich heiße heute mal wieder nicht Böttcher, verstehst du?«

»Komm trotzdem. Wir decken das«, sagt Katz.

»Bist du dir sicher? Ich habe nicht einmal einen Dienstausweis dabei.«

»Ja. Wir haben hier gute Kontakte«, sagt Katz.

Böttcher befürchtet, Katz will ihn bei der Fahndung nach den Mitgliedern der *RAF* einspannen. Dazu hat er keine Lust. Allerdings bleibt ihm nichts anderes übrig als zuzusagen, morgen einmal vorbeizuschauen. Schließlich ist Katz sein Vorgesetzter.

Missmutig geht er zu seiner Verabredung, die auch anders verläuft, als er es sich vorstellte. Zunächst verspätet sich seine Bekannte, weil sie ihre Termine durcheinander gebracht hat. Sie hatte sich zur gleichen Zeit noch mit einer Freundin verabredet, die sie nun einfach mitbringt. Sie heißt Maria, ist blond und studiert Orientalistik.

Böttcher findet sie attraktiv, aber vor allem auch sehr interessant. Obwohl sie sieben Jahre jünger ist, hat sie bereits einiges von der Welt gesehen. Als Orientalistin bereist sie vor allem den Mittleren und Nahen Osten, Länder also, die Böttcher von Berufs wegen schon interessieren. Am Ende des Abends tauschen sie die Telefonnummern. Böttcher gibt ihr die Telefonnummer eines Frankfurter Ingenieurbüros, für das er offiziell arbeitet. Schade eigentlich, denkt er. Es wäre mal wieder an der Zeit gewesen, eine Frau unter seinem richtigen Namen kennen zu lernen.

Katz und seine Leute von der Zielfahndung sind in den Büroräumen des Stasi-Gefängnisses in Berlin-Hohenschönhausen untergebracht. Es befindet sich in der Genslerstraße 66, im Nordosten von Berlin. Um dorthin zu gelangen, muss Böttcher quer durch Berlin. Trotz der Zusicherung von Katz, dass er ihn notfalls decken kann, ist Böttcher nicht ganz wohl bei der Sache.

Als Böttcher in die Genslerstraße einbiegt, wird sein Unbehagen noch größer. Der Anblick irritiert. Stacheldraht säumt die Straße, Mauern versperren die Sicht, Wachtürme ziehen die Blicke an. Der große graue Gefängniskomplex steht mitten in einem Wohnbezirk, direkt gegenüber einem siebenstöckigen Plattenbau.

Zu DDR-Zeiten war der Komplex rund um die Genslerstraße weiträumig abgesperrt, auf Stadtplänen war das Viertel nicht verzeichnet. Das Gefängnis Hohenschönhausen war die Zentrale von insgesamt 18 Untersuchungsgefängnissen der Stasi. Wer Widerstand leistete oder zu flüchten versuchte, kam hierher.

Hier starben Menschen, denkt Böttcher, als er durch das doppelte Tor auf das Gefängnisareal fährt. Hier wurden Biographien zerstört. Und hier residiert nun die Hoffnung auf eine rechtsstaatliche Zukunft der DDR-Polizei.

Katz erwartet ihn bereits und bringt ihn gleich in einen Raum, wo ein Berg von Akten herumliegt. Katz zeigt auf die Unterlagen. »Die versteht von den Jungs hier niemand. Es geht meist um irgendwelche Abu Soundso«, sagt Katz.

»Palästinenser?«

»Vermutlich«, sagt Katz.

»Ne, ne Manfred. Keine Palästinenser mehr.«

»Jetzt schau dir das Zeug halt mal an. Okay?«

Als Katz den Raum verlassen hat, schaut sich Böttcher erst einmal genauer um. Es ist ein kahler Raum, vermutlich ein Vernehmungszimmer, in dem die Stasi ihre Häftlinge psychologisch bearbeitete. Böttcher meint, die Angst förmlich riechen zu können, die hier wohl unzählige Menschen in den vergangenen vier Jahrzehnten verströmten. Der Stasi konnte eigentlich niemand entkommen. Neben den 85 000 hauptamtlichen sorgten 180 000 inoffizielle Mitarbeiter (IM) für eine flächendeckende Überwachung der Bevölkerung. Dieser krakenartige Geheimdienst war das wichtigste Instrument zur Aufrechterhaltung der kommunistischen Diktatur.

Böttcher bleibt nichts anderes übrig, als sich über die Akten herzumachen. Nachdem er angefangen hat, zunächst lustlos in den Unterlagen der Stasi zu blättern, kommt er alsbald nicht mehr aus dem Staunen heraus. Fassungslos registriert er, dass er die Lösung eines zehn Jahre alten Rätsels in den Händen hält. Es geht um Abu Walid. Die Stasi war bis ins Detail über die Absichten des Terroristen informiert, der die Bundesrepublik, das BKA und letztlich auch Böttcher im Jahre 1979 in Atem hielt.

Die ganze Operation wurde sogar mit Wissen der Stasi von Ostberlin aus geleitet. Dazu waren eine ganze Reihe hochrangiger *PLO*-Terroristen angereist, die offensichtlich von der Hauptstadt der DDR aus die Aktivitäten der Terrorkommandos koordinieren wollten. Dazu gehörte etwa Abu Tayeb, Nachfolger des ermordeten »Roten Prinzen« als Operationschef des *Schwarzen September*. Ebenfalls angereist war Abu Daud, neben dem »Roten Prinzen« einer der wichtigsten Akteure bei der Planung und Durchführung des Anschlages auf die Olympischen Spiele 1972 in München. Bis heute wird er deswegen mit internationalem Haftbefehl vom BKA gesucht.

Sie wollten mit Anschlägen in der Bundesrepublik Rache nehmen für die Ermordung des »Roten Prinzen«. Abu Daud, heißt es in einem Stasi-Bericht, habe deshalb »aktiv an der Planung und Vorbereitung von Terroraktionen in der BRD mitgewirkt. Unter anderem betrifft das die Organisierung der geplanten Terroraktionen in Hamburg, in deren Vorbereitung im April 1979 vier Palästinenser von Polizeiorganen der BRD festgenommen wurden.«

Böttcher ahnte immer, dass die *PLO* damals ein doppeltes Spiel spielte. Die schriftliche Zusage der *PLO*, keine Aktionen auf dem Gebiet der Bundesrepublik mehr durchführen zu wollen, war das Papier nicht wert, auf dem sie gemacht worden war.

Allerdings war sich Böttcher nie bewusst, in welchem Maße die *PLO* sie hinters Licht führte. Die Palästinenser veranstalteten nicht nur ein doppeltes, sondern vielmehr ein Dreifachspiel. Während sie mit einem geheimen »Waffenstillstand« das BKA und vor allem auch die Bundesregierung in Sicherheit wiegten, vereinbarten sie zeitgleich ein »Sicherheitsabkommen« mit der Stasi, in dem der Geheimdienst der DDR den Palästinensern Waffenlieferungen zusagte: »Der Genosse (…) sagte hinsichtlich der materiellen Unterstützung weitgehendes Entgegenkommen entsprechend unseren Möglichkeiten zu. Er sicherte die Bereitstellung von Schiffssprengladungen und Handgrananten in der gewünschten Menge zu. Darüber hinaus erfolgte die Übergabe von zwei Scharfschützengewehren westlicher Produktion mit Munition. Auch weitere Anliegen, wie sie auf dem Gebiet der operativen Technik, der Bereitstellung von Sprengmitteln und der Kaderausbildung unterbreitet wurden, werde entsprechend unseren Möglichkeiten entsprochen. Positionen, die nicht in der DDR verfügbar sind bzw. hergestellt werden, können – wie dies bereits vereinbart wurde – durch uns beschafft werden. Über den Modus wurde bereits in Vorgesprächen Übereinstimmung erzielt.«

Aber das ist noch nicht alles. Die *PLO* hatte bei den Vorbereitungen für ihre geplanten Anschläge in der Bundesrepublik die Stasi um Unterstützung gebeten. Jedenfalls fällt Böttcher ein Vermerk in die Hände, wonach die Stasi durchreisenden *PLO*-Kadern bei der »Realisierung von speziellen Aufgaben« helfen soll.

Böttcher schüttelt ungläubig den Kopf. Endlich ist das Geheimnis um Abu Walid gelüftet. Nach all dem versteht er jetzt, warum die *PLO* damals alles Erdenkliche unternahm, um Abu Walid aus dem Gefängnis zu bekommen. Sie hatte schlicht Angst, dass er ihr doppeltes Spiel auffliegen lässt. Schließlich durfte im Westen niemand von der geheimen *PLO*-Stasi-Connection erfahren.

Böttcher verliert sich in der Lektüre. Er vergisst die Zeit und auch den schrecklichen Ort, wo er sich befindet. Die Akten lesen sich wie eine Enzyklopädie des internationalen Terrorismus. Die DDR schien so ziemlich jeden namhaften Terroristen im Lauf der Jahre einmal beherbergt zu haben.

Allein in zehn Aktenordnern geht es um den Venezolaner Ilich Ramirez Sánchez, besser bekannt als Carlos, der Schakal. Die Aktendeckel sind mit »OV Separat« versehen. »OV« steht für Operativvorgang, stellt Böttcher schnell fest, und »Separat« ist offensichtlich der Deckname für die Terrorbande des Venezolaners.

Seit seinem spektakulären Überfall auf die OPEC-Konferenz in Wien im Jahre 1975 ist Carlos der meistgesuchte Terrorist der

Welt. Aber niemand weiß, wo er sich aufhält. Es gibt nicht Wenige, die ihn für tot oder gar für ein Phantom halten.

Zur Überraschung von Böttcher hielt sich Carlos eine Zeit lang regelmäßig in Ostberlin auf. Die Stasi ließ Carlos gewähren. Allerdings überwachte sie ihn rund um die Uhr, auch wenn er sich auf seinem Zimmer in einem der Valuta-Hotels mit Prostituierten vergnügte. Aber vor allem wusste die Stasi bestens über seine Anschlagspläne Bescheid, weil sie regelmäßig seine Hotelzimmer filzte und Kopien seiner Schriften und Briefe machte. Böttcher kann es zunächst gar nicht richtig glauben, aber er hält mit dem »OV Separat« Beweise über Anschläge in den Händen, über deren Hintergründe Ermittler im Westen seit Jahren rätseln.

Gierig saugt er die Informationen in sich auf, die die Stasi in bester Buchhaltermanier gesammelt und in unendlich vielen Berichten festgehalten hat. Böttcher ist erstaunt, mit welcher Ausführlichkeit die Stasi-Mitarbeiter über ihre Treffen mit Terroristen berichteten. So etwas könnte ihm nicht passieren. Dabei hat das weniger mit Faulheit zu tun, sondern einfach damit, dass er über ein Gedächtnis verfügt, für das die meisten in seiner Branche ein Verbrechen begehen würden.

Böttcher hat ein fotografisches Gedächtnis. Selbst nach Jahren kann er das kleinste Detail einer Operation abrufen. Informationen werden bei ihm als Bilder abgespeichert, die sich in seine Erinnerung einbrennen. Selten macht er sich deshalb Aufzeichnungen. Ein paar Stichworte oder Zahlen in seinem Taschenkalender genügen ihm meist. Den Rest hat er im Kopf. Und dort bleibt es auch. Keine Eintragungen, keine Berichte, nichts. Und wenn er sich die Aufzeichnungen der Stasi anschaut, ist dies vielleicht die sicherste Art, brisante Informationen zu archivieren. Schließlich weiß man nie, wem solche schriftlichen Berichte in die Hände fallen, denkt sich Böttcher und durchforstet fieberhaft die Aktenteile.

Besonders der Aktenband »OV Separat« hat es in sich. Minuziös wird darin geschildert, wie Gefolgsleute von Carlos im August 1983 von Ostberlin aus den Anschlag auf das französische Kulturzentrum »Maison de France« am Ku'damm planten und durchführten. Böttcher war damals wohl nicht mit den Ermittlungen betraut, aber er kann sich noch gut an das Attentat erinnern. Es war bis dahin der schwerste Terroranschlag in der Geschichte Westberlins. Es gab einen Toten und mehrere Verletzte. Das Gebäude war vollkommen zerstört. Der Ku'damm sah aus wie eine bombardierte Straße in Beirut.

Böttcher wird schlagartig klar, dass ein Schatz vor ihm liegt. Die Stasi-Akten ermöglichen es, bislang ungelöste Terrorfälle zu lösen, vielleicht sogar die Täter dingfest zu machen. Er muss dringend mit Katz sprechen. Die Akten müssen gesichert werden. Böttcher kann sich vorstellen, dass es hier in dem Gefängniskomplex eine ganze Reihe von Ex-Stasi-Mitarbeitern gibt, die kein Interesse daran haben, dass bekannt wird, wie eng ihr früherer Arbeitgeber mit Terroristen vom Schlage eines Carlos kooperierte.

Mit Hilfe der Akten können vielleicht die Verantwortlichen für diese tödliche Koalition irgendwann einmal zur Rechenschaft gezogen werden, überlegt sich Böttcher. Und wenn er dazu beitragen kann, dass in diesem einen oder anderen Fall den Opfern der Anschläge Gerechtigkeit widerfährt, soll ihm das nur recht sein. Deshalb muss er verhindern, dass die Akten in die falschen Hände geraten.

Fieberhaft sucht er in dem Klinkerbau nach dem Büro von Katz. Als er es gefunden hat, kommt er ohne große Umschweife gleich zur Sache.

»Manfred, das Zeug ist Dynamit«, sagt Böttcher.

»Von was redest du?«, fragt Manfred Katz.

»Von den Akten natürlich. Wir müssen die Akten sicherstellen, und zwar schnell.« Im Schnelldurchlauf schildert er, auf was er in den Akten gestoßen ist.

»Langsam, langsam«, sagt Katz. »Noch existiert die DDR. Und das sind Akten …«

»… das ist mir scheißegal. Stell wegen mir ein Rechtshilfeersuchen an die DDR oder an das, was davon noch übrig ist. Wir brauchen die Akten.«

»Richie …«

»… Manfred, lass dir was einfallen. Sonst lass ich mir was einfallen. Okay?«

Manfred Katz kommt nicht mehr dazu, etwas zu sagen. Böttcher hat bereits das Zimmer wieder verlassen. Auf dem Gesicht von Katz macht sich ein zufriedenes Lächeln breit. Böttcher ist zurück. Er hat seine Sinnkrise überwunden. Gut für das BKA, denkt Katz. Schlecht für die Carlos-Bande und ihre Helfershelfer aus den Reihen der Stasi.

Teil 2

AUF DER SPUR DES SCHAKALS

Berlin, Ende Juni 1990

Es ist schon länger her, dass Böttcher jeden Morgen neben derselben Frau aufwachte. Sein Blick wandert hinüber zu Maria. Sie schläft noch. Er muss lächeln. Er kann sich gar nicht erinnern, wann er sich so intensiv zu einer Frau hingezogen gefühlt hat. Er ist sechsunddreißig Jahre alt, aber sein Herz schlägt Purzelbäume wie bei einem verliebten Teenager.

Nachdem klar war, dass er wegen der Auswertung der Stasi-Akten länger in Berlin bleiben muss, ist er vor ein paar Wochen bei Maria eingezogen. Im Leben von Böttcher bedeutet dies allerdings lediglich, dass er seine Reisetasche mit ein paar Klamotten und einem Wäschebeutel in eine Ecke der Altbauwohnung stellt. Mehr braucht er nicht. Persönliche Gegenstände wie Bilder oder ein Lieblingssessel sind ihm fremd. Er ist das Leben aus dem Koffer gewohnt.

Marias Wohnung befindet sich in der Friesenstraße in Kreuzberg, in der Nähe vom Marheinekeplatz. Für Böttcher ist es eine der schönsten Ecken Westberlins. Es ist ein lebendiger Stadtteil. Überall gibt es Cafés und Restaurants, auf deren Terrassen junge und alte Menschen den Sommer genießen. Direkt an der Ecke befindet sich auch das Café, in dem er vor zwei Monaten Maria kennen lernte.

Ein paar Wochen danach hatte er sie angerufen und zu einem Ausflug an die Seen im Norden Berlins eingeladen. Maria sagte spontan zu. Es war herrlich, die Sonne schien und es wurde spät. Sie suchten sich schließlich eine kleine Pension, doch zum Schlafen kam Böttcher in dieser Nacht nicht.

Seit der Trennung von seiner Ehefrau vor zwei Jahren hatte er ein halbes Dutzend Affären, manche dauerten länger, manche kürzer. Über mangelndes weibliches Interesse konnte sich Böttcher noch nie beklagen. Er ist 1,85 Meter groß, schlank, hat dichtes, schwarzes Haar und blaue Augen, mit denen er Frauen wie ein Magnet anzieht.

Besonders bei seinen Besuchen beim BND in Pullach erfreut er sich der aufmerksamen Fürsorge weiblicher Kollegen. Er gilt als sicherer Kandidat, denn die Mitarbeiterinnen dort haben panische Angst, in den Armen eines Romeos zu landen. Die »Romeo-Methode« war besonders während des Kalten Krieges bei der Stasi und dem KGB eine beliebte Möglichkeit, Mitarbeiterinnen gegnerischer Geheimdienste oder Behörden »umzudrehen« oder sie zu erpressen, für sie zu spionieren, wie beispielsweise im Fall einer 32-jährigen Sekretärin aus dem Bundespräsidialamt. Sie wurde von einem gut aussehenden Mann an der Telefonzelle angesprochen. Er lud sie ein paar Mal ein, und sie verliebte sich schließlich in ihn. Aber der Lehramtsstudent war in Wahrheit ein Führungsoffizier des KGB, für den sie alsbald als Informantin arbeitete. 1985 wurde sie enttarnt. Der Schaden war enorm. Vierzehn Jahre lang hatte die Kreml-Führung mehr als 1800 Schriftstücke aus dem Bundespräsidialamt erhalten.

Den Mitarbeiterinnen des BND wird seitdem eingeschärft, bei der Wahl ihrer Männerbekanntschaften äußerst vorsichtig zu sein. Bei vielen führt es dazu, dass sie sich gar nicht mehr trauen, außerhalb des BND Bekanntschaften zu schließen. Am Arbeitsplatz wiederum ist für die jüngeren Mitarbeiterinnen die Auswahl nicht sonderlich groß, besonders im operativen Terrorismus-Bereich, wo Böttcher verkehrt. Die männlichen Kollegen dort sind meist jenseits der vierzig, außerdem kommen die meisten von der Bundeswehr und haben ein entsprechend militärisches Auftreten, was nicht jeder Frau gefällt.

Böttcher hingegen ist jünger als die meisten V-Mannführer oder Undercoveragenten des BND, gibt sich ungezwungen und hat für die Kolleginnen immer ein freundliches Lächeln auf den Lippen. Zudem können die Mitarbeiterinnen des BND sicher ausschließen, dass es sich bei ihm um einen Romeo des KGB oder eines anderen Geheimdienstes handelt.

Seine Liebesabenteuer beschränkten sich in der Vergangenheit jedoch nicht nur auf flüchtige Affären in Pullach. Auch anderswo hatte Böttcher Freundinnen. Die Beziehungen waren jedoch ebenfalls selten von längerer Dauer. Manchmal schien es sich anders zu entwickeln, aber rückblickend waren sie stets gleich verlaufen. Er konnte seine Unabhängigkeit nicht einschränken, um auf die emotionalen Bedürfnisse einer Partnerin eingehen zu können.

Mit Maria scheint es etwas anderes zu sein. Obwohl sie um einiges jünger ist, muss er sich eingestehen, dass sie ihm weit überlegen ist. Es ist für einen Mann mit seinem Hintergrund nicht gerade einfach, so etwas zu akzeptieren. Seine Branche wird nun mal weitgehend beherrscht von einem sehr dominanten Männertypus. Böttcher jedenfalls kennt keinen Kollegen, der sich mit einer Frau dauerhaft einlassen würde, die ihm intellektuell so überlegen ist.

Aber Böttcher sieht Maria auch als Herausforderung. Sie ist die klügste Frau, die ihm je über den Weg gelaufen ist. Sie besitzt einen messerscharfen Verstand, mit dem sie bei ihren leidenschaftlichen Diskussionen spielend seine Argumente seziert. Sie fordert ihn.

Es gefällt ihm, dass Maria ihre Zukunft nicht als Mutter und Hausfrau sieht, sondern eigene berufliche Ambitionen hat. So etwas braucht er auch nicht. Seine Tochter kann er allein verköstigen und erziehen. Zudem ist er sich sicher, dass er sie wirklich liebt.

Nur eins überrascht ihn immer wieder, dass sich Maria so gar nicht für seine Arbeit interessiert. Andererseits ist Böttcher das ganz recht. Sie hat keine Ahnung, dass er beim BKA ist und als Terrorfahnder arbeitet.

Maria hatte ihn einst unter seiner Ingenieurslegende kennen gelernt. Böttcher bleibt nun nichts anderes übrig, als sie im Glauben zu lassen, dass er für ein Frankfurter Ingenieurbüro arbeitet. Einen Vorteil hat diese Legende, mit dem Standort seines Arbeitgebers kann er problemlos die vielen Reisen zu seiner Tochter rechtfertigen, die seit seinem Spezialauftrag in Berlin bei ihrer Mutter in Wiesbaden lebt.

Nur einmal wäre er um ein Haar aufgeflogen, als er Maria zufällig auf dem Frankfurter Flughafen traf. Sie kam aus Syrien, wo sie sich zu Studienzwecken aufgehalten hatte, und war auf dem Weg zu ihrer Mutter nach Bielefeld. Böttcher war zusammen mit einem Kollegen dienstlich unterwegs, und zwar unter seinem Klarnamen. Als sie sich im Transitbereich plötzlich gegenüberstanden, war er in der Zwickmühle. Sein Kollege durfte nichts von seiner falschen Identität erfahren und Maria nichts von seiner richtigen. Böttcher musste improvisieren.

Von dieser Situation einmal abgesehen, muss sich Böttcher keine Sorgen machen, dass Maria dahinter kommt, für wen er in Wirklichkeit arbeitet. Er weiß, dass er auf seine Legende vertrauen kann. Sie ist wasserdicht. Er könnte sie mit seinen Legendepapieren sogar heiraten, ohne dass ihm irgendwer so ohne weiteres auf die Schliche käme.

Böttcher wundert sich, was für eigenartige Gedanken ihm durch den Kopf gehen. Er schüttelt den Kopf, als könnte er sie dadurch vertreiben. Eine Heirat kommt vorerst nicht in Frage. Sie kennen sich ja kaum. Zudem ist er im richtigen Leben noch nicht einmal geschieden. Er wendet sich Maria zu, die so langsam wach wird. Er genießt diesen Moment.

Böttcher hat auch beruflich wieder Boden unter den Füßen gewonnen. Die Zeit der Selbstzweifel scheint vorbei zu sein. Der Vorfall auf Zypern ist verdrängt. Er hat mittlerweile gelernt, unangenehme Erinnerungen auszublenden, berufliche wie private. Dafür ist einfach kein Platz. Er will den Kopf frei für neue Aufgaben haben.

Seit Wochen hält ihn die Auswertung der Stasi-Akten in Atem. Die schriftlichen Hinterlassenschaften des Ministeriums für Staatssicherheit (MfS) eröffnen Böttcher Tag für Tag einen ganz neuen Blick auf die Welt des internationalen Terrorismus. Anfangs war es mühsame Kleinarbeit. Er musste die Aktenblätter erst ordnen. Es war ein totales Durcheinander. Viele Aktenbestandteile waren doppelt oder gar dreifach vorhanden, andere fehlten ganz. Böttcher geht davon aus, dass die Akten vor einem halben Jahr, vor der Auflösung der Staatssicherheit der DDR, von den Ostagenten hätten vernichtet werden sollen, damit die Nachwelt nichts von der unheiligen Allianz zwischen der Stasi und internationalen Terrororganisationen erfährt.

Böttcher ist froh, dass nicht alle Aktenbände im Reißwolf gelandet sind. Er weiß nur nicht, ob das mit Absicht geschehen ist oder nur ein Versehen war. Mit einem Schmunzeln stellt sich Böttcher vor, wie in den Wendewirren die Kollegen der Gegenseite versuchten, Tonnen von belastenden Unterlagen zu vernichten. Vermutlich hatte die Stasi gar nicht so viele Brennöfen oder Schredder zur Verfügung.

Jedenfalls müssen es Unmengen von Akten gewesen sein, die sie zu vernichten hatten. Die Stasi hatte über alles und jeden Akten angelegt. Allein die Aufzeichnungen über ihre Terror-Connection füllen vermutlich die Regale einer mittelgroßen Universitätsbibliothek. Zumindest lassen die Akten, die ihm vorliegen, diesen Rückschluss zu.

Darin geht es vorwiegend um Carlos, auch genannt der »Schakal«. Der gebürtige Venezolaner hatte es bereits in jungen Jahren mit einer Reihe von blutigen Attentaten zu traurigem Weltruhm gebracht. In London schoss er Ende 1974 einem jüdischen Kaufhaus-König mitten ins Gesicht, in Paris warf er 1974 eine Handgranate in das voll besetzte Szenecafé »Drugstore« und entkam wenig später seiner Verhaftung durch drei französische Geheimpolizisten, weil er zwei aus nächster Nähe mit gezielten Schüssen erledigte und den dritten schwer verletzte. Für nicht wenige war Carlos das Abbild des jungen, furchtlosen Revolverhelden, der sich in scheinbar aussichtsloser Lage rücksichtslos den Weg freischoss und der Polizei ein Schnippchen schlug.

Die Medien kolportierten zudem das Bild von einem tollkühnen, verwegenen Gesetzlosen, dem irgendjemand den Spitznamen »Der Schakal« gegeben hatte, weil man in einer seiner konspirativen Wohnungen neben Waffen und Sprengstoff angeblich den gleichnamigen Thriller von Frederick Forsyth gefunden hatte. In dem Roman wird die Geschichte eines kaltblütigen Profikillers mit dem Decknamen »Schakal« beschrieben, der den Auftrag hat, den französischen Staatspräsidenten General de Gaulle zu liquidieren.

Für Böttcher ist Carlos nichts anderes als ein größenwahnsinniger Terrorist, der wahllos Leute umlegt. Er hat noch die Bilder vom Überfall auf die OPEC-Konferenz im Jahr 1975 vor Augen. Nach einer wilden Schießerei mit der Polizei gelang es Carlos damals in Wien, die verantwortlichen Minister der Erdölexportierenden Staaten als Geiseln zu nehmen. Den Ölministern, damals vielleicht die mächtigsten und einflussreichsten Männer der Welt, stellte er sich mit den Worten vor: »Mein Name ist Carlos. Vielleicht haben Sie schon von mir gehört.«

Danach gab es kaum einen Anschlag, der nicht mit dem Namen des Venezolaners in Verbindung gebracht wurde. Um Angst und Schrecken zu verbreiten, musste Carlos nicht einmal mehr in Erscheinung treten. Während der Olympische Spielen 1976 in Montreal verteilten berittene Polizisten Steckbriefe mit seinem Foto. Man befürchtete, durch Carlos könnte es zu einem ähnlichen Zwischenfall kommen wie vier Jahre zuvor in München.

Bei dem Fahndungsfoto handelte es sich um ein Passbild. Darauf zu sehen war das Konterfei eines feisten Südamerikaners mit Koteletten und großer Sonnenbrille. In den Folgejahren prangte dieses Bild immer wieder auf den Titelseiten der Zeitungen und internationalen Magazine und machte Carlos zum Mythos.

Böttcher interessiert sich jedoch weniger für den »Schakal«. Sein Augenmerk gilt vielmehr der rechten Hand von Carlos, einem Deutschen. Er heißt Johannes Weinrich und gilt nach Einschätzung aller deutschen Sicherheitsbehörden als der »dienstälteste und gefährlichste Terrorist Deutschlands«.

Dabei stellte Böttcher fest, dass man gar nicht so viel über ihn weiß. Lediglich die Angaben zu seiner Herkunft scheinen gesichert zu sein. Demnach wurde Weinrich 1947 im westfälischen Brakel-Höxter als Sohn eines Oberstudienrates geboren. Nach ein paar Semestern Germanistik hängte er das Studium an den Nagel und versuchte sich als Geschäftsführer in dem Frankfurter Buchverlag »Roter Stern«.

Weinrich soll seine Terroristenkarriere in den *Revolutionären Zellen (RZ)* begonnen haben. Das hilft Böttcher wenig weiter. Über die *RZ* wissen die Behörden so gut wie nichts. Nicht wenige beim BKA halten diese Terrororganisation mittlerweile für gefährlicher als die *RAF*, deren Geschichte im Gegensatz zu den *RZ* weitgehend durchleuchtet scheint. Die *RZ* hingegen haben nicht einmal ein Gesicht. Ihre Mitglieder führen gut getarnt ein bürgerliches Leben, erst nach Feierabend werden sie zu Bombenlegern. Und dieses Leben ist die beste Tarnung. Seit ihrer Gründung vor siebzehn Jahren haben sich die *RZ* zu 55 Anschlägen bekannt, wobei ein Sachschaden von mehr als 200 Millionen Mark entstanden war. Mit einer Ausnahme konnte keiner der Attentäter bislang verhaftet werden.

Weinrich war 1975 erstmals den Behörden aufgefallen. Damals hatte ein palästinensisches Terrorkommando auf dem Flughafen Paris-Orly eine Panzerfaust auf ein voll besetztes Passagierflugzeug abgefeuert und die Maschine nur um Haaresbreite verfehlt. 269 Menschen kamen mit dem Schrecken davon. Das Terrorkommando konnte entkommen. Weinrich hatte damals den Fluchtwagen besorgt. Schriftproben und Fingerabdrücke auf dem Vertrag des Mietwagens überführten ihn. Er wurde im März 1975 wegen »Verdachts der Unterstützung einer kriminellen Vereinigung« in Deutschland verhaftet. Wegen eines Nierenleidens bekam er Haftverschonung. Er musste 10 000 Mark Kaution hinterlegen und hatte die Auflage, sich regelmäßig bei der

Polizei melden zu müssen. Aber kaum war er wieder draußen, verschwand er spurlos von der Bildfläche.

Wenig später war auch seine Lebensgefährtin Magdalena Kopp wie vom Erdboden verschluckt. Sie stammte aus dem schwäbischen Neu-Ulm, war die Tochter eines Postbeamten und wurde ebenfalls dem Umfeld der *RZ* zugerechnet. Ansonsten wusste man über Kopp noch weniger als über ihren Freund Johannes Weinrich.

Zur Überraschung der Ermittlungsbehörden und Nachrichtendienste tauchte Kopp ein paar Jahre später plötzlich in Paris auf. Zusammen mit einem Schweizer Komplizen wurde sie 1982 in einer Tiefgarage in unmittelbarer Nähe der Champs-Élysées verhaftet. Die beiden hatten Sprengstoff im Kofferraum ihres Fahrzeuges. Angeblich waren sie auf dem Weg zu einem Anschlag auf die Botschaft eines arabischen Emirates.

In einem Eilverfahren sollte ihnen der Prozess gemacht werden. Allerdings explodierte wenige Stunden vor Eröffnung des Prozesses in der Rue Marbœuf in Paris eine Autobombe. Es gab Tote und viele Verletzte. Die französische Justiz ließ sich davon nicht beirren und verurteilte die beiden. Kopp bekam dreieinhalb Jahre Gefängnis.

Danach passierte etwas, worauf sich westliche Behörden bis heute keinen Reim machen können. Carlos, der Schakal, meldete sich zu Wort. In einem handschriftlichen Brief an das französische Innenministerium forderte er ultimativ die Freilassung von Kopp. Er unterzeichnete das Schreiben mit »Carlos« und einem Abdruck seines rechten Daumens.

Die französische Regierung ließ sich nicht erpressen. Carlos machte daraufhin seine Drohung wahr und verübte Anschläge gegen französische Einrichtungen im In- und Ausland, einmal sogar in Westberlin: 1983 ließ er dort das französische Kulturzentrum in die Luft sprengen und bekannte sich anschließend wieder handschriftlich zu dem Bombenanschlag.

Weder die Geheimdienste noch die Polizei konnten sich das

Vorgehen des Schakals erklären. Seit seinem Überfall auf die OPEC-Konferenz im Jahre 1975 hatte man nichts mehr von ihm gehört. Viele hatten ihn gar für tot gehalten, ermordet von den Auftraggebern für den OPEC-Überfall, weil er sich Lösegelder in die eigene Tasche gesteckt haben soll.

Urplötzlich war er nun wieder auf der Bildfläche erschienen und hatte einen regelrechten Privatkrieg gegen Frankreich vom Zaun gebrochen. Das alles wegen einer kleinen, bislang unbedeutenden Linksextremistin aus Neu-Ulm? Was steckte dahinter? Warum war ihm diese Kopp so wichtig?

Böttcher kennt mittlerweile die Antwort. Er hat sie in einem der Aktenbände des OV »Separat« gefunden. Bereits lange vor der Verhaftung von Kopp hielten sich Carlos und die beiden Deutschen hin und wieder in Ostberlin auf. Besonders Weinrich nutzte die DDR-Hauptstadt als Ausgangspunkt für Operationen. Dabei traf er sich auch mit Agenten der Stasi, die ihn regelmäßig »abschöpften«.

Zudem wurde das Gepäck der Terroristen heimlich durchsucht und ihre Hotelzimmer abgehört. Was die Stasi-Lauscher dabei am 21. April 1979 zu hören bekamen, ließ den Rückschluss zu, dass die Anschläge nach der Verhaftung von Kopp weniger einen politischen Hintergrund hatten: »Drei Uhr morgens. Anwesend: Salem [Carlos] und Lilly [Kopp]. Salem erzählt Lilly Historisches über den Nahen Osten. Das Ganze zielt darauf ab, nachzuweisen (wie schon in der Bibel steht), dass Palästina den Arabern gehöre.« Wenig später notierten die Lauscher: »Salem macht Lilly Komplimente und Annäherungsversuche.« Das Protokoll mit dem Aktenzeichen 26/7/B/50/79/Wo/Be endet schließlich mit der lapidaren Feststellung: »Er schläft dann mit ihr.«

Böttcher pfeift leise durch die Zähne. »Das ist ein Ding«, sagt er laut. Carlos hatte nur deswegen einen Privatkrieg gegen Frankreich begonnen, weil er seine Frau zurückhaben wollte. Offensichtlich hatte Magdalena Kopp Ende der 70er-Jahre die

Partner getauscht. Die Aufzeichnungen der Stasi lassen darüber keinen Zweifel zu. Sie hatte Weinrich verlassen und ist seitdem die Geliebte des Schakals.

Als Böttcher den OV »Separat« halbwegs durchgearbeitet hat, stellt er fest, dass es noch weitere Überraschungen gibt. Die meisten Anschläge hatte gar nicht der »Schakal« selbst begangen, sondern Weinrich. Böttcher schüttelt ungläubig den Kopf. Er fragt sich, was so Besonderes an dieser Frau ist, dass der Ex-Freund im Auftrag seines Nachfolgers Kopf und Kragen riskiert, um sie aus dem Gefängnis herauszubomben.

Fast beruhigend nimmt Böttcher zur Kenntnis, dass den Stasi-Führungsoffizier von Weinrich offensichtlich ähnliche Fragen beschäftigten. Obwohl Carlos ihm die Frau ausgespannt hatte, war Weinrich dem Schakal geradezu treu ergeben. Daran änderte sich auch nichts, als Kopp nach der Verbüßung ihrer dreieinhalbjährigen Gefängnisstrafe wieder freikam und von Carlos schwanger wurde.

Böttcher ist in den Stasi-Akten auf ein Foto gestoßen. Es zeigt das Terroristen-Trio 1986 auf dem Flughafen in Prag. Weinrich kümmert sich um das Gepäck, Carlos steht neben Kopp, die hochschwanger ist. Das Foto sagt mehr als tausend Worte, denkt Böttcher. Er rechnet nach. Das Kind des Terroristenpärchens müsste mittlerweile vier, vielleicht fünf Jahre alt sein. Auf jeden Fall sind sie mit dem Kleinkind nicht mehr so flexibel und beweglich. Wo also können sich international gesuchte Terroristen verstecken, die sich um ein Kind kümmern müssen?

Viele Möglichkeiten haben sie nicht, denkt Böttcher. Den Stasi-Akten nach zu schließen, konnte das Terroristen-Trio in all den Jahren vor allem auf die Unterstützung von Libyen, Syrien und dem Jemen zählen. Teilweise reisten sie sogar mit Diplomatenpässen dieser Länder und konnten somit ungehindert Waffen und Sprengstoff transportieren.

Für Böttcher steht damit fest, dass sich das Trio nach dem Zerfall des Ostblocks eigentlich nur in einem dieser Länder aufhalten kann. Wenn er sich die angespannte politische Situation in Libyen und in dem vom Bürgerkrieg gezeichneten Jemen vor Augen führt, würde er auf Syrien tippen.

Auf jeden Fall bieten die Stasi-Unterlagen genügend Anlass, verstärkt nach dem »dienstältesten und gefährlichsten Terroristen Deutschlands« zu fahnden. Von Carlos selbst will er gar nicht erst reden, dem immerhin das Etikett anhängt, der »meist gesuchte Terrorist der Welt« zu sein.

Aber Böttcher weiß, dass er von einer Fahndung nach den beiden Terroristen noch meilenweit entfernt ist. Er hat bislang keine Idee, wie er die Akten als Beweismittel einsetzen kann. Offiziell darf er das Zeug gar nicht haben. Nach der Auflösung der Stasi ist es Eigentum der DDR. Ein leitender Polizeibeamter des Gemeinsamen Landeskriminalamtes der DDR (GLKA), das nach dem Ende des Honecker-Regimes gegründet wurde, hatte sie ihm jedoch gegeben, weil er selbst mit den Unterlagen nichts anzufangen weiß und die früheren Stasi-Mitarbeiter unter seinen Kollegen in der GLKA dazu lieber nicht befragen will.

Ansonsten weiß lediglich Manfred Katz, sein Vorgesetzter, noch Bescheid, dass er sich seit Wochen durch diese Akten wühlt. Allerdings hatten er und Katz in letzter Zeit kaum Gelegenheit, einmal in Ruhe darüber zu reden, wie sie weiter damit verfahren.

Katz hat momentan mit eigenen Ermittlungen genügend um die Ohren. Seinen Leuten ist es gelungen, Mitglieder der *RAF* in der DDR ausfindig zu machen und im Zusammenspiel mit der ostdeutschen Polizei zu verhaften. Zuerst hatten sie Susanne Albrecht erwischt, die seit Anfang der 80er-Jahre unter neuer Identität in der DDR lebte, zuletzt in der Rosenbecker Straße in Ostberlin.

Seit 1977 war nach Albrecht gefahndet worden, weil sie maßgeblich an der Ermordung von Jürgen Ponto, dem Vorstandssprecher der Dresdner Bank, beteiligt gewesen war. Ihr Vater war mit dem Bankier befreundet, weshalb es für Albrecht ein Leichtes gewesen war, ihren Komplizen Zugang zu der Oberurseler Villa der Pontos zu verschaffen. Drei Jahre später hatte sich Albrecht von den westdeutschen Ermittlungsbehörden unbemerkt von der *RAF* losgesagt und war mit dem Einverständnis der Stasi in der DDR untergetaucht. Dort wurde sie mit einer neuen Legende ausgestattet, heiratete und bekam einen Sohn.

Nun sind ihr die Fahnder auf die Schliche gekommen, als sie wie tausend andere DDR-Bürger im Westen ihr Übergangsgeld abholen wollte. Aber die Verhaftung von Albrecht war nur der Anfang. Binnen zwölf Tagen gelang es Katz mit seiner Truppe, neun weitere Terroristen aufzuspüren und dingfest zu machen, darunter so prominente *RAF*-Mitglieder wie Inge Viett.

Vor ihrer Zeit in der *RAF* hatte Viett der *Bewegung 2. Juni* angehört. Neben der *RAF* und den *RZ* war diese Gruppe die dritte linksterroristische Organisation in der Bundesrepublik. Sie benannte sich nach dem Todesdatum des Westberliner Studenten Benno Ohnesorg, der 1967 von der Polizei bei Studentenunruhen erschossen wurde.

Inge Viett war es auch gewesen, die 1980 bei der Stasi angefragt und um Hilfestellung bei einer Unterbringung von *RAF*-Leuten in einem sozialistischen Land gebeten hatte. Die Stasi erklärte sich daraufhin bereit, die *RAF*-Leute in der DDR unterzubringen. Unter dem Decknamen »Stern«, wie die Stasi wegen des Sterns in dem von der *RAF* benutzten Symbol den Operativvorgang nannte, wurden insgesamt zehn Terroristen eingebürgert und mit neuen Identitäten ausgestattet. Der OV »Stern« war eine der geheimsten Operationen des DDR-Geheimdienstes. Schließlich durfte unter keinen Umständen im Westen bekannt werden, dass die DDR per Haftbefehl gesuchte *RAF*-Mitglieder beherbergte.

Als Albrecht 1986 in der DDR von Arbeitskollegen enttarnt wurde, kam deshalb bei der Stasi Panik auf. Albrecht hatte ein anonymes Schreiben in ihrem Briefkasten gefunden: »Wie kann man mit einer solchen Vergangenheit leben?« Sofort verständigte sie ihren Führungsoffizier bei der Stasi. Der fand alsbald heraus, dass Albrecht von Arbeitskollegen an der Ingenieurschule in Köthen in einer von der ARD ausgestrahlten Dokumentation über die *RAF* erkannt worden war.

Die Stasi konnte gerade noch rechtzeitig einen Brief abfangen, in dem eine Arbeitskollegin ihre Verwandte im Westen über die Entdeckung der *RAF*-Terroristin informieren wollte. Auf Anweisung der Stasi-Bosse musste Albrecht schleunigst aus Köthen verschwinden. Sie sollte sich auch von ihrem Ehemann, der nichts von ihrer Vergangenheit wusste, scheiden lassen. Aber Albrecht weigerte sich, den Vater ihres Kindes zu verlassen.

Die Stasi erzählte schließlich dem Ehemann, dass seine Frau wegen ihrer Tätigkeit als Wissenschaftlerin ins Visier westlicher Nachrichtendienste geraten sei, weshalb die Familie nun Köthen verlassen und an einen anderen Ort ziehen müsse. Er glaubte der Stasi und war deshalb völlig überrascht, als seine Frau nun nach der Wende plötzlich verhaftet wurde.

Böttcher döst in der Mittagssonne, als ein Lkw auf den Hof des einstigen Stasi-Gefängnisses Berlin-Hohenschönhausen fährt. Weil es in der Nähe weder ein Café noch eine Kneipe gibt, verbringt Böttcher seine Mittagspause meist im Freien auf dem Gefängnisgelände. Obwohl es sehr warm ist, zieht er die Sonne allemal seinem Aktenkabuff im Verwaltungstrakt des Gefängnisgebäudes vor.

Der Kleinlaster hält unmittelbar vor Böttcher und hüllt ihn für einen Augenblick in eine Abgaswolke. Mit zusammengekniffenen Augen beobachtet er, wie die Türen des Lkw aufgestoßen werden und Zivilbeamte aussteigen. Sie beginnen sofort damit, den Laster zu entladen. Von der Ladefläche wuchten sie schwere Kisten und tragen sie in das Verwaltungsgebäude. Böttcher schaut dem Treiben teilnahmslos zu. Plötzlich ruft einer der Beamten herüber: »Herr Kollege, wie wär's denn mit anpacken?«

Böttcher versucht sich mit einem Grinsen aus der Affäre zu retten. Er verspürt keinerlei Lust, in der Mittagshitze schwere Kisten zu schleppen. Überhaupt hat er eine Abneigung gegen schweißtreibende Betätigungen. Als Teenager hatte er neben der Schule jahrelang in der Fabrik gearbeitet, zum Schluss am Hochofen. Es war ein Knochenjob. Seitdem hasst er körperliche Arbeit.

Aber der Zivilbeamte lässt nicht locker. Er baut sich vor Böttcher auf. »Was ist jetzt?«, fragt er mit typischer Berliner Schnauze.

Böttcher weiß, es gibt kein Entrinnen. Seufzend steht er auf, packt eine der Kisten und folgt damit dem Beamten in das Verwaltungsgebäude.

Böttcher ist erleichtert darüber, dass die Kisten in einem Zimmer im Erdgeschoss gelagert werden. Als er den Raum betritt, ist ein Beamter bereits damit beschäftigt, die Kisten auszupacken. Sie sind voller Akten, die der Beamte fein säuberlich auf einer kniehohen Anrichte aufstellt.

Böttcher stellt seine Kiste ab und geht zu den Akten hin. Als er die Beschriftung der Akten liest, verschlägt es ihm fast den Atem. OV »Gast«, OV »Stern« oder OV »Lux« steht auf den Aktenrücken. Erwartungsvoll greift er einen der Ordner mit der Bezeichnung OV »Lux« heraus, um sich davon zu überzeugen, ob er auch wirklich das enthält, was Böttcher vermutet.

Nachdem er ein paar Blätter überflogen hat, gibt es keinen Zweifel mehr. Der Ordner enthält brisante Informationen über Vorbereitungen und Durchführungen eines Bombenanschlages in Westberlin, und zwar auf die Diskothek La Belle. Bei dem Anschlag am 5. April 1986 starben drei Menschen, darunter ein amerikanischer Soldat. Mehr als zweihundert Menschen wurden teils schwer verletzt, darunter mehr als sechzig Amerikaner. Die Diskothek war beliebter Treffpunkt von US-Soldaten.

Die USA beschuldigten Gaddafi, für das Blutbad verantwortlich zu sein. Ronald Reagan, damals US-Präsident, ließ neun Tage später Tripolis und Bengasi bombardieren, darunter den Wohnkomplex von Gaddafi. Während der libysche Diktator unverletzt blieb, kamen bei dem Vergeltungsschlag einige Dutzend Zivilisten ums Leben, darunter auch eine Adoptivtochter Gaddafis.

Die Bombardements stießen international auf Kritik. Aber Reagan rechtfertige sie mit »direkten, präzisen und unwiderlegbaren Beweisen«, dass Libyen hinter dem Anschlag auf die Westberliner Diskothek steckte. Angeblich wurden Funksprüche abgefangen. Konkrete Beweise blieben die USA jedoch schuldig. Die deutschen Ermittler tappten jedenfalls jahrelang im Dunkeln. Letztlich blieb der Berliner Staatsanwaltschaft nichts anderes übrig, als die Ermittlungen auf Eis zu legen.

Seit dem Mauerfall gibt es jedoch in Sachen La Belle neue Ermittlungsansätze. Ende Dezember 1989 ist Stasi-Oberstleutnant Rainer Wiegand zum BND übergelaufen. Wiegand, Deckname »Falke«, leitete bis 1989 in der Stasi-Hauptabteilung II eine Arbeitsgruppe, die Kontakte zu ausländischen Geheimdienstleuten unterhielt, die in Ostberlin akkreditiert waren. Dazu gehörten auch libysche Agenten, die von ihrer Botschaft in der DDR aus den Anschlag auf die Diskothek La Belle planten und durchführten.

Die Stasi hatte über einen inoffiziellen Mitarbeiter mit dem Decknamen »Alba« von dem Vorhaben der Libyer gewusst. Der DDR-Geheimdienst hatte dann auch zaghaft versucht, die Libyer davon abzuhalten. Kurz vor dem Anschlag hatten sie den libyschen Botschafter ins DDR-Außenministerium bestellt und ihm eine Räuberpistole aufgetischt. Sie wollten ihm weismachen, dass in Westberlin Anschläge auf Libyer geplant seien. Deshalb sei es für seine Landsleute nicht ratsam, in nächster Zeit in den Westteil der Stadt zu reisen. Der Botschafter hatte wohl den Wink verstanden, jedoch den Rat nicht befolgt. Er hatte sich darauf verlassen, dass die Stasi nicht so weit gehen würde, den Klassenfeind vor dem Bombenanschlag zu warnen.

Oberstleutnant Wiegand war nicht mit leeren Händen beim BND in Pullach aufgetaucht. Der Kofferraum seines Trabants war voller Handakten. Wiegand hatte alles eingepackt, was er auf die Schnelle entwenden konnte. Ursprünglich wollte er auch ein paar Bände des OV »Lux« mitnehmen, hatte sie jedoch in der Eile vergessen und konnte nur mündlich davon berichten. Die Aussagen von Wiegand waren für die Berliner Staatsanwaltschaft aber Anlass genug, ihre Ermittlungen in Sachen La Belle wieder aufzunehmen. Allerdings an harten Beweisen mangelte es nach wie vor, zumal Wiegand nicht alle Einzelheiten des Operationsvorganges im Gedächtnis behalten hatte.

Böttcher kann es zunächst gar nicht fassen. Es ist nämlich noch gar nicht so lange her, dass ihn der BND bei ihren regelmäßigen Zusammentreffen über die Aussagen des Stasi-Überläufers und die Existenz des OV »Lux« informierte. Und nun hält er eine Akte aus diesem vermutlich hochbrisanten Operativvorgang in seinen Händen.

Fieberhaft blättert er darin. Dem ersten Eindruck nach zu schließen, scheint der Überläufer nicht übertrieben zu haben. Die Stasi wusste bereits im Vorfeld des Anschlages Bescheid. Sie kannte sogar die späteren Attentäter und deren Helfershelfer im Westen. Böttcher überlegt, was er nun machen soll. Mit diesen Akten könnte die Staatsanwaltschaft endlich ein Hauptverfahren eröffnen.

Aufgeregt stellt er den Aktenband zurück und nimmt sich einen der anderen Bände. Neben dem OV »Stern«, in dem detailliert die geheime *RAF*-Stasi-Connection dokumentiert ist, schaut sich Böttcher noch einen Band des OV »Gast« an, von dem er bislang noch nichts gehört hat. Darin geht es um den DDR-Aufenthalt des palästinensischen Terroristen Abu Abbas, der zusammen mit Komplizen 1985 das Passagierschiffs »Achille Lauro« kidnappte. Bei der Entführung des luxuriösen Kreuzfahrtschiffes wurde ein amerikanischer Passagier ermordet. Er war Jude und saß im Rollstuhl. Die Kidnapper ermordeten ihn kaltblütig und warfen ihn einfach über Bord. Damit wollten sie ihren Forderungen Nachdruck verleihen.

Nach der Operation geriet Abu Abbas in Schwierigkeiten mit der *PLO* und musste seine Truppe neu organisieren. Die DDR war ihm dabei behilflich. Auf Anfrage, ob er in Ostberlin einen Stützpunkt errichten dürfe, erteilte man dem Terroristen ein Transitvisum und führte ihn unter dem Operativvorgang »Gast«.

»Schöne Gäste«, denkt sich Böttcher. Abu Abbas wird weltweit gesucht. Die Amerikaner haben nach der Entführung des Luxusliners 250 000 Dollar auf seinen Kopf ausgesetzt. Aber die Stasi war diesbezüglich bei ihren »Gästen« nicht sonderlich wählerisch. Offensichtlich gab es kaum einen international per Haftbefehl gesuchten Terroristen, der nicht in Ostberlin unter der Obhut der Stasi ein und aus ging.

Böttcher blättert noch gedankenversunken in einem der Aktenordner, als ihn plötzlich eine laute Stimme aufschreckt. »Nicht lesen, schleppen«, schreit der Beamten mit der Berliner Schnauze. Böttcher schaut kurz auf. Er blickt dem Beamten direkt in die Augen, der anscheinend keine blassen Schimmer davon hat, welche brisanten Unterlagen er hierher transportierte.

»Woher habt ihr denn dieses ganze Zeug?«, fragt ihn Böttcher möglichst beiläufig. Aber der Beamte kann ihm keine befriedigende Antwort geben. Böttcher verzichtet auf weitere Fragen. Er will vermeiden, dass der Kollege misstrauisch wird.

Kurz überschlägt Böttcher, um wie viel Akten es sich wohl handeln mag. Er schätzt zwei oder vielleicht dreihundert Bände. Jedenfalls sind es zu viele, als dass er sie alleine und vor allem heimlich auswerten könnte. Böttcher geht davon aus, dass neben dem OV »Lux« auch die anderen Operativvorgänge Anlass für die Eröffnung des einen oder anderen Ermittlungsverfahrens sein könnten. Er ist sich deshalb bewusst, dass ihm diesmal nichts anderes übrig bleibt, als den Aktenfund entgegen seiner sonstigen Art an die ganz große Glocke zu hängen.

Als Erstes muss er dafür sorgen, dass der Raum verschlossen wird. Dies muss möglichst schnell geschehen, bevor noch jemand anderes die Brisanz der Akten bemerkt und das Zeug unter Umständen verschwinden lässt. Böttcher geht zum Leiter des GLKA und ersucht ihn im Namen des BKA, die Aktenbestände zu sichern.

Er ist sich darüber bewusst, dass er auf das Wohlwollen des ostdeutschen Kollegen angewiesen ist. Die DDR ist nach wie vor ein souveräner Staat. Viele gehen davon aus, dass dies so bleibt, und die DDR in einer Konföderation mit der Bundesrepublik weiter als eigenständiger Staat existiert. Böttcher hat also von Rechts wegen keinen Anspruch auf die Akten. Aber er kann den Leiter des GLKA überzeugen, dass ein paar von seinen Leuten mit Beamten des BKA eine Arbeitsgruppe bilden und zusammen die Akten sichten und paginieren.

Böttcher ist zufrieden, fürs Erste zumindest. Er weiß, dass er die eigentliche Arbeit noch vor sich hat. Er muss nun das tun, was er am allerwenigsten mag: Er muss einen ausführlichen Bericht an die Generalbundesanwaltschaft in Karlsruhe schreiben, damit sie umgehend in einem Rechtshilfeersuchen an die DDR-Justizbehörden die Beschlagnahmung der Akten anordnet. Böttcher ist gespannt, ob die DDR ein halbes Jahr nach dem Mauerfall bereit ist, die Akten an westdeutsche Justizbehörden herauszurücken.

Bundeskriminalamt, Wiesbaden, 16. August 1990

Per Fax kommt die Nachricht, dass der Generalbundesanwalt unter dem Aktenzeichen BJs 97/90-1 gegen die früheren Stasi-Bosse ein Ermittlungsverfahren eingeleitet hat. Namentlich werden in dem Schreiben Ex-Stasi-Chef Erich Mielke und dessen Stellvertreter Gerhard Neiber genannt, gegen die ermittelt werden soll, »sowie andere noch unbekannte Angehörige des MfS wegen Verdachts der Unterstützung einer terroristischer Vereinigung«. Das BKA wird offiziell damit beauftragt. Böttcher hofft, dass er bald mit den Ermittlungen loslegen kann.

Aber zunächst ist der Generalbundesanwalt in Karlsruhe am Zug. Gestützt auf den Bericht von Böttcher ersucht er am 30. August 1990 den Generalstaatsanwalt der DDR um Herausgabe der Stasi-Akten. Seinem Schreiben legt der Generalbundesanwalt den Beschluss des Bundesgerichtshofes bei, der zwei Tage zuvor auf Antrag der Karlsruher Behörde die Beschlagnahmung der Akten des MfS, mit Hauptaugenmerk auf den Operativvorgang »Stern«, angeordnet hat. Von dem OV »Stern« versprechen sich die Ermittler weiteren Aufschluss über die *RAF*-Stasi-Connection.

Es ist ein Novum in der deutschen Rechtsgeschichte. Vor wenigen Monaten wäre es noch undenkbar gewesen, dass ein westdeutscher Generalbundesanwalt seinen ostdeutschen Kollegen darum ersucht, brisante Akten des DDR-Geheimdienstes zu beschlagnahmen und den Behörden im Westen zur Verfügung zu stellen.

Böttcher ist gespannt. Schließlich wissen die DDR-Behörden durch die schriftliche Begründung des westdeutschen Generalbundesanwaltes, welche unangenehmen Wahrheiten sich in dem OV »Stern« verbergen. Aber zur Überraschung von Böttcher ordnet der DDR-Generalstaatsanwalt bereits eine Woche nach dem Erhalt des Schreibens die staatliche Archivverwaltung/Zwischenarchiv Berlin an, die zahlreichen Unterlagen des MfS zu beschlagnahmen. Das Beschlagnahmeprotokoll umfasst acht Seiten mit 196 Positionen.

Nach weiteren zwei Tagen, am 8. September 1990, ist es so weit. Das Stadtbezirksgericht Berlin-Mitte bekommt die Bestätigung, dass die Beschlagnahmeaktion durchgeführt wurde. Das GLKA der DDR übergibt Beamten des BKA rund sechs Dutzend Kisten mit Operativakten der Stasi.

Nun geht alles ganz schnell. Mit einem Hubschrauber werden die Kisten nach Wiesbaden gebracht. Die Akten müssen komplett kopiert und paginiert werden. In den Räumen und auf dem Flur im siebten Stock des Hauptgebäudes, wo sich die Büros des Referates TE 11 befinden, werden zusätzliche Kopiergeräte aufgestellt. Alles muss schnell gehen, weil nicht ausgeschlossen werden kann, dass eine nächsthöhere Instanz in Ostberlin den Beschlagnahmebeschluss wieder aufhebt und die Originalakten zurückgegeben werden müssen. Beamte des Bundesgrenzschutzes werden hinzugeholt, damit alle Akten über Nacht kopiert werden können.

Obwohl er mit den Ermittlungen in der Causa *RAF*-Stasi-Connection nichts zu tun hat, schaut sich Böttcher die Akten an. Die Generalbundesanwaltschaft interessiert sich wegen des Ermittlungsverfahrens gegen die Stasi-Bosse zuerst für den Inhalt des OV »Stern«. Böttcher muss jedoch feststellen, dass der Operativvorgang unvollständig ist. Ganze Aktenteile wurden gesäubert. Aber auch die vorliegenden Teile gewähren einen ungewöhnlichen Einblick in die Arbeitsweise der Stasi.

Der OV »Stern« unterlag der obersten Geheimhaltungsstufe. Die Operation wurde mit großem Aufwand auch innerhalb der zuständigen Stasi-Abteilung höchst konspirativ gehandhabt. Nur ein begrenzter Personenkreis wusste davon, dass sich *RAF*-Aussteiger unter der Obhut der Stasi in der DDR aufhielten. Die *RAF*-Aussteiger waren sogar noch in der ostdeutschen Fahndung erfasst, nachdem sie sich längst in der DDR befanden.

Zu einer Meldung des ZDF, wonach im Zusammenhang mit dem Mordanschlag an Gerold von Braunmühl, Ministerialdirektor im Auswärtigen Amt, nach Inge Viett und einem weiteren *RAF*-Mitglied gefahndet werde, heißt es unter der Überschrift »Weitere Erkenntnisse zu gegnerischen Fahndungsmaßnahmen im Zusammenhang mit dem Mord an von Braunmühl« in dem Vermerk mit der Registriernummer »Information Nr. 140/86 der Abt. XXII/8« vom 23. Oktober 1986: »Der Abt. XXII liegen keine aktuellen Erkenntnisse zum Aufenthaltsort der Personen vor.«

Zu diesem Zeitpunkt lebte Inge Viett längst unter der Obhut der Stasi-Abteilung XXII/8 als Eva-Maria Sommer (MfS-Deckname »Maria Berger«) in Dresden und arbeitete bei dem Grafischen Großbetrieb Völkerfreundschaft als Facharbeiterin für Reproduktionstechnik.

Weil sie das ganze Aussteigerprojekt eingefädelt hatte, nahm Inge Viett eine Sonderrolle bei der Stasi ein. Sie konnte als »Inoffizieller Mitarbeiter der Abwehr mit Feindverbindung bzw. zur unmittelbaren Bearbeitung im Verdacht stehender Personen«, kurz IMB, gewonnen werden. Viett bekam deshalb mehr Geld als die anderen *RAF*-Aussteiger und lieferte dafür im Gegenzug Infos. Sie verriet etwa ihren Führungsoffizieren, wo sich im Westen Depots der *RAF* befanden, in denen die Terroristen neben Waffen auch fünfstellige Geldbeträge versteckt hatten.

Inge Viett aber war nicht die Einzige, die plauderte. Die anderen Aussteiger wurden vor ihrer Einbürgerung ebenfalls kräftig »abgeschöpft«. In der DDR wurden sie streng überwacht, ihre Post kontrolliert und all ihre Telefonate abgehört. Aus Sicherheitsgründen war den *RAF*-Aussteigern streng untersagt, sich weiter zu treffen. Einzige Ausnahme war der Jahrestag der DDR-Gründung, an dem sich die Terroristen im Beisein ihres Führungsoffiziers sehen durften, der anschließend einen »Sachstandsbericht« für die Stasi-Führung über das Treffen verfasste.

Böttcher interessiert sich weniger für das Schicksal der *RAF*-Aussteiger in der DDR. Katz, sein Chef, hat die zehn Aussteiger verhaftet. Er geht davon aus, dass ein Terrorist nach dem anderen nun vor Gericht kommt.

Vielmehr beschäftigt ihn die Frage, wie man das Wissen der Stasi nutzen kann, um Terroristen wie Carlos und Weinrich ausfindig machen zu können, damit denen ebenfalls der Prozess gemacht werden kann. Im Vergleich zu den beiden waren die meisten *RAF*-Mitglieder Waisenknaben. Wenn er die Zahl der Todesopfer zusammenzählt, die allein bei den Anschlägen der Carlos-Gruppe ums Leben gekommen sind, kommt er auf mehr als ein Dutzend Menschen. Vermutlich sind seit dem Ende des Zweiten Weltkrieges durch keinen Deutschen mehr Menschen getötet worden, als durch die Hand von Weinrich.

Zudem gilt es die Frage zu klären, ob sich Mitarbeiter der Stasi nicht ebenfalls schuldig gemacht haben. Zu oft gibt es Hinweise in den Akten, dass die Stasi frühzeitig von Anschlägen im Westen wusste. Und nicht selten findet Böttcher detaillierte Berichte, wonach die Stasi die Terroristen mit Waffen versorgte oder ihnen zumindest erlaubte, Sprengstoff in der DDR zwischenzulagern.

Böttcher hat angefangen, die Stasi-Akten nach diesen Gesichtspunkten durchzuarbeiten. Aber allzu oft endet er recht schnell in einer Sackgasse, weil entweder Teile der Akten fehlen oder er die manchmal recht kryptischen Aufzeichnungen der Stasi-Leute nicht versteht. Erschwerend kommt hinzu, dass die Terroristen in den Berichten selten mit Klarnamen genannt werden. Manchmal ergibt sich dies aus dem Zusammenhang, wie beispielsweise bei Carlos oder Weinrich.

Aber meist bleibt die Identität der Terroristen im Dunkeln. Böttcher kommt deshalb immer mehr zur Überzeugung, dass er jemand finden muss, der ihm das Fachchinesisch der Stasi erklärt. Er hat bereits eine Idee.

Berlin, Ende September 1990

Böttcher umklammert das Lenkrad seines Dienstwagens. Er ist hundemüde und muss sich zwingen, die Augen offen zu halten. Es ist drei Uhr in der Früh. In letzter Zeit ist er selten vor ein oder zwei Uhr vom Dienst nach Hause gekommen. Aber er will nicht jammern. Schließlich fängt er auch nicht vor 15 oder 16 Uhr mit der Arbeit an.

Seit Wochen ist Böttcher mit nichts anderem beschäftigt, als allabendlich ehemalige hauptamtliche Mitarbeiter der Stasi abzuklappern. Genau genommen handelt es sich um die Angehörigen des Referates 8 der Hauptabteilung XXII, kurz HA XXII/8. Innerhalb der Stasi war dieses Referat zuständig für den Bereich »Internationaler Terrorismus«.

Der Aufbau der Terrorismusabwehr in der Stasi verlief eigentlich parallel zum Ausbau der Anti-Terrorismusabteilung des BKA. Groteskerweise war der Anlass derselbe: Die Ermordung des Arbeitgeberpräsidenten Hanns Martin Schleyer durch die *RAF* und die gleichzeitige Entführung der Lufthansamaschine »Landshut« durch ein palästinensisches Terrorkommando, um dadurch die inhaftierten *RAF*-Leute wie Andreas Baader freizupressen.

Stasi-Chef Mielke befürchtete damals, dass der »Deutsche Herbst« über die Mauer hinweg auch die DDR erreichen könnte und gründete die HA XXII. Deren Aufgabe lautete: Durch »operative Bearbeitung« terroristischer Gruppierungen soll eine wirksame Bekämpfung des internationalen Terrorismus gewährleistet werden. Später war dies vorrangig die Aufgabe des Referates 8 in der Hauptverwaltung XXII.

Als Böttcher dies zum ersten Mal hörte, musste er laut lachen. Seine Stellenbeschreibung Anfang der 80er-Jahre, als er im »operativen Bereich« anfing, hatte nicht viel anders geklungen.

Es sind diese kleinen Gemeinsamkeiten, die Böttcher in nächtelangen Gesprächen mit früheren Mitarbeitern der HA XXII/8 heraushebt. Es geht darum, ihr Vertrauen zu gewinnen. Unter allen Umständen gilt es zu vermeiden, ihnen das Gefühl zu geben, dass sie die Verlierer sind. Diese Tatsache wird ihnen sowieso täglich deutlich vor Augen geführt. Als hauptamtliche Mitarbeiter der Stasi waren sie früher privilegiert. Heute müssen sie froh sein, wenn sie noch einen schlecht bezahlten Job als Hausmeister bekommen.

Aber die meisten haben noch Arbeit, was auch der Grund ist, dass Böttcher sie erst abends aufsuchen kann. Wie ein Staubsaugervertreter fährt er von einer Wohnung zur nächsten, um an der Tür der früheren Stasi-Mitarbeiter zu klingeln und sein Sprüchlein aufzusagen: »Guten Abend, Böttcher mein Name. Ich bin vom BKA. Keine Sorge, ich will nur mal mit Ihnen reden. Darf ich reinkommen?« Meist siegt dann die Neugier über die Skepsis, und Böttcher wird aufgefordert, hereinzukommen und Platz zu nehmen.

Böttcher biegt auf die Leninallee ein und fährt in Richtung Westteil der Stadt, zum ehemaligen Grenzübergang in der Prinzenstraße. Er weiß gar nicht, wie oft er in den letzten Wochen diese Strecke nachts gefahren ist. Die meisten Ex-Stasi-Leute des Anti-Terror-Referates wohnen in Hohenschönhausen, ganz in der Nähe ihres früheren Arbeitsplatzes. Die HA XXII/8 residierte in einem siebenstöckigen Plattenbau in der Ferdinand-Schultze-Straße. Beim Blick aus ihren Büros schauten die Stasi-Mitarbeiter auf die riesigen Rohre der oberirdischen Gasleitung, die parallel zur Straße verlaufen.

Um in den Westteil zurückzukommen, muss er jedes Mal quer durch Berlin fahren. Weil nachts kaum Verkehr ist, braucht er für die Strecke dreißig oder vierzig Minuten. Trotz der geringen Entfernung hat Böttcher auch ein knappes Jahr nach dem Fall der Mauer noch das eigenartige Gefühl, zwischen zwei Welten hin- und herzufahren. Zu groß ist einfach der Unterschied zwischen dem Ost- und dem Westteil der Stadt.

Bevor Böttcher damit angefangen hat, die ehemaligen Mitarbeiter der HA XXII/8 aufzusuchen, hatte er ein Organigramm der gesamten Abteilung besorgt. Er hatte sich nämlich vorgenommen, von unten nach oben zu arbeiten. Böttcher wollte mit den unteren Dienstgraden beginnen und sich langsam zum Referatsleiter hocharbeiten. Sein erster Kandidatat auf der Liste war Gerd Peter Zaumseil, ein kleiner Sachbearbeiter im Anti-Terror-Referat im Rang eines Hauptmannes.

Auf den Namen war er bereits bei der Auswertung des OV »Stern« gestoßen. Zaumseil war zuständig für die *RAF*-Aussteiger. Er kümmerte sich federführend um die Einbürgerung der Terroristen. Zaumseil holte sie nach ihrer Einreise am Ostberliner Hauptbahnhof ab und brachte sie nach Nennung des vereinbarten Kennwortes zunächst in das Objekt »74«.

Das konspirative Objekt »74« wurde auch »Falke« genannt oder »Forsthaus an der Flut« und befand sich in der Nähe der Ortschaft Briesen bei Frankfurt/Oder. Es bestand aus einem zweistöckigen Wohnhaus, Werkstatt, Garagen und zwei Bungalows. Dabei gab er sich anfangs nicht als Mitarbeiter des MfS zu erkennen, sondern stellte sich als Mitarbeiter der Stadtverwaltung vor.

In Briesen ließ Zaumseil die Katze aus dem Sack. Er bereitete die *RAF*-Aussteiger auf ihr künftiges Leben in der DDR vor und erarbeitete mit ihnen eine entsprechende Legende. Sie sollten »mit einer falschen Identität als ganz normale Zuziehende aus der BRD in die DDR eingegliedert werden«, hieß es. Die dabei verwendeten Daten und Personalien gab er sofort an seinen Referatsleiter, einen gewissen Helmut Voigt, weiter.

Voigt wiederum beschaffte über die Fälscherwerkstatt der HVA (Hauptverwaltung Aufklärung) die erforderlichen Dokumente wie Geburts-, Heirats- und Staatsbürgerurkunden. Die Unterlagen wurden dann den *RAF*-Aussteigern nach einem mehrwöchigen Aufenthalt in Objekt »74« im feierlichen Rahmen von Zaumseil überreicht.

Aber Zaumseil kümmerte sich nicht nur um die *RAF*-Aussteiger, sondern auch um die weiterhin im Untergrund tätigen *RAF*-Terroristen wie Christian Klar (Stasi-Deckname »Georg«) oder Helmut Pohl (»Hans«), wenn sie einmal zu Besuch in der DDR waren.

Allein auf Grundlage der Akten kam Böttcher zur der Überzeugung, dass Zaumseil sein Mann war. Als Sachbearbeiter war er an allen wichtigen Vorgängen des OV »Stern« direkt beteiligt und hatte vermutlich mehr Detailkenntnisse als so mancher seiner Vorgesetzten. Als zwei *RAF*-Aussteiger einmal heirateten, fungierte Zaumseil sogar als Trauzeuge.

Anders als seine Kollegen lebt Zaumseil nicht in der Nähe seines früheren Arbeitsplatzes, sondern in Hellersdorf, am östlichsten Rand Berlins, nicht weit weg vom Erholungspark Marzahn. Als Böttcher vor der Wohnungstür stand, klingelte er einfach. Zaumseil öffnete auch umgehend die Tür.

Vor Böttcher stand ein untersetzter Mann. Sie redeten ein paar Minuten, bevor ihm Zaumseil deutlich zu verstehen gab, dass er mit ihm nichts zu tun haben möchte. Danach schlug er ihm die Tür vor der Nase zu. Im ersten Moment hatte Böttcher Zweifel, ob es so eine gute Idee war, alle Mitarbeiter der HA XXII/8 abklappern zu wollen. Schließlich fuhr er zum nächsten Kandidaten auf seiner Liste und hatte dort mehr Glück.

Zwischenzeitlich ist es ihm gelungen, den einen oder anderen Ex-Stasi-Mann »aufzubohren« und als Informanten zu gewinnen. Zu seiner eigenen Überraschung war es dabei nicht einmal nötig, ihnen Geldscheine zukommen zu lassen. Vielmehr musste er viel Zeit investieren und dazu bereit sein, gelegentlich auch einen über den Durst zu trinken. Letzteres war besonders anstrengend.

Als Böttcher endlich in die Friesenstraße in Kreuzberg einbiegt, ist es bereits nach Mitternacht. Heute kommt er verhältnismäßig früh nach Hause. Vielleicht ist Maria noch auf und sie können zusammen noch ein Glas Wein trinken.

Mittlerweile ist er mehrere Monate mit ihr zusammen, und er muss sich eingestehen, dass die Sache so langsam ernst wird. Er hat sich vorgenommen, demnächst mit Katz, seinem Vorgesetzten, darüber zu sprechen. Maria weiß nämlich immer noch nicht, wer er wirklich ist. Aber er kann ihr schließlich nicht ewig etwas vormachen. Er möchte sich ihr gegenüber endlich offenbaren, ihr erzählen, was er macht und wie er heißt.

Wiesbaden, Ende September 1990

»Nein!«, schreit Manfred Katz. »Nein! Nein! Nein!«

»Du wiederholst dich«, sagt Böttcher.

Katz kann es nicht glauben, dass Böttcher wegen einer Frau seine Legende aufs Spiel setzen will. »Ich glaube, du spinnst. Das geht nicht.«

Katz ist enttäuscht. Gerade von Böttcher hätte er so etwas nicht erwartet. Wenn es um die Wahrung und Sicherung der Legende geht, stellte Böttcher immer die höchsten Ansprüche. Und nun verstößt ausgerechnet Böttcher gegen den Grundsatz, dass während eines Undercovereinsatzes keine Liebesaffären angefangen werden dürfen, außer sie dienen dem Ziel der Operation.

»Zum Wohle des Vaterlands kannst du so viel rummachen, wie du willst. Wegen mir spring mit den Mädels auch in die Kiste. Aber sich verlieben, das geht nicht. Nicht, wenn dabei die Legende auf dem Spiel steht, das weißt du ganz genau, Richie.«

»Diesmal ist es aber etwas Ernstes ...«

»Das ist Oberkacke«, schreit Katz und zeigt sich davon wenig beeindruckt. Schließlich weiß er um die vielen Affären von Böttcher. Bislang hat ihn das nicht sonderlich interessiert. Er respektiert die Privatsphäre seiner Untergebenen. Er hat nichts dagegen, dass Böttcher mit seinen Amouren in Pullach Dienstliches und Privates verbindet. Solange das Dienstliche nicht darunter leidet, ist ihm dies egal. Das Amt profitiert sogar davon. Bei seinen vielen Trips nach Pullach fallen nie Spesen an. Böttcher braucht kein Hotel. Er kommt immer privat unter.

»Ich erwarte von dir, dass du diese Beziehung beendest«, sagt Katz kurz.

»Das kann nicht dein Ernst sein ...«

»Das ist mein voller Ernst. Verdammt nochmal. Du kennst die Spielregeln so gut wie ich.«

Die Unterhaltung ist beendet. Vorerst zumindest.

Katz überlegt, ob er einen Vermerk darüber schreiben soll. Zu seiner eigenen Sicherheit müsste er dies tun. Andernfalls würde er mächtig Ärger bekommen, falls sie Böttcher wegen dieser Frauengeschichte aus dem Verkehr ziehen müssten. Solche Fälle hatte es in der Vergangenheit immer mal wieder gegeben. Erst kürzlich war ein Undercover-Agent des baden-württembergischen Verfassungsschutzes aufgeflogen, weil er sich seiner Geliebten offenbart hatte und die Frau mit der Geschichte zur Presse ging. Sie war angeblich dahinter gekommen, dass er sie mit einer anderen betrogen hatte.

Verheirateten Undercover-Agenten wird nicht umsonst eingeschärft, ihren Familien gegenüber so wenig als möglich über ihre Arbeit zu erzählen. Das ist nicht immer einfach. Katz weiß das. Auch die besten Undercover-Agenten haben manchmal das Bedürfnis, über ihre Erlebnisse sprechen zu müssen. Nächtelang saß er deswegen schon mit Böttcher zusammen und hörte sich dessen Geschichten an. Und dabei ging es nicht nur um dienstliche Sachverhalte.

Katz weiß es wiederum zu schätzen, dass Böttcher ihm gegenüber so offen ist. Nicht selten sind Ermittler, die auch verdeckt arbeiten, große Geheimniskrämer. Das liegt wohl in der Natur der Sache, macht es aber einem Vorgesetzten nicht gerade leichter, die Kontrolle zu bewahren. Schließlich hat er als Vorgesetzter die Verantwortung, dass der verdeckte Ermittler nicht aus dem Ruder läuft.

Katz stöhnt. Er überlegt, was nun zu tun ist. Eigentlich hat er keine Lust, für Böttchers Liebesleben auch noch den Kopf hinzuhalten. Zu oft hatte er schon dessen Eskapaden gedeckt, etwa großzügig darüber hinweggeschaut, wenn er seine kleine Tochter mit nach Zypern nahm, weil er mal wieder auf die Schnelle kein Kindermädchen auftreiben konnte.

Böttcher kann also nicht sagen, dass er kein Verständnis für dessen schwierige private Situation hat. Aber diesmal ist es etwas anderes. Es geht um die Sicherung von Böttchers Legende, die das Amt ein kleines Vermögen gekostet hat. Schließlich genügt es nicht, dass man sich als verdeckter Ermittler für irgendjemand ausgibt. Die Angaben, die ein verdeckter Ermittler gegenüber seinen Zielpersonen macht, müssen mit überprüfbaren Fakten untermauert sein. Dazu gehören nicht nur andere Ausweispapiere, Führerschein und Kreditkarten. Manchmal reist Böttcher nur deshalb durch die Weltgeschichte, um seiner Legende als Ingenieur die nötige Glaubwürdigkeit zu verschaffen. Eine gute Legende hält sogar einer Überprüfung durch einen fremden Geheimdienst stand. Schließlich geht es auch um die Sicherheit der Informanten, die Böttcher unter seiner Legende angeworben hat.

Entgegen aller Vernunft entscheidet Katz sich, keinen Vermerk für die Akte zu schreiben. Er hofft nur, dass Böttcher seinen Rat beherzigt und die Beziehung beendet. Aber insgeheim hat er daran seine Zweifel.

München, 1. Oktober 1990

Das Marriott-Hotel befindet sich im Norden des Stadtteils Schwabing. Als Böttcher die Lobby betritt, weiß er sofort, warum sie dieses Hotel als Treffpunkt ausgesucht haben. Es ist die Sorte von Hotel, in dem die Gäste anonym bleiben und in ihrer Uniformität kaum zu unterscheiden sind. Hier fällt niemand so schnell auf.

Böttcher wird bereits erwartet. Der Mann sieht aus wie beschrieben: Ende vierzig, Igelfrisur, Drei-Tage-Bart und eine schicke, dezente Brille: Helmut Voigt, ehemaliger Leiter des Referates »Terrorismus« in der Hauptabteilung XXII der Stasi.

Das Treffen hat ein befreundeter Kollege vom BND für Böttcher eingefädelt. Mit dem deutschen Auslandsnachrichtendienst steht Voigt schon länger in Kontakt. Wie so viele ehemalige Stasi-Offiziere versucht auch Voigt die Möglichkeit auszuloten, ob ihm der BND eine berufliche Zukunft bieten kann. Nach allem, was Böttcher bislang über Voigt hörte, ist der ehemalige Oberstleutnant nicht der Typ, der sein Wissen einfach verscherbelt und beispielsweise Akten oder Informationen verkauft. Der CIA, die seit dem Mauerfall großzügig für Unterlagen zahlt, soll er einfach die kalte Schulter gezeigt haben. Voigt will einen neuen Job.

Voigt ist von kräftiger, untersetzter Statur. Dennoch ist er eine unauffällige Erscheinung. Als Böttcher auf ihn zugeht, verzieht er keine Miene. Dabei ist sich Böttcher sicher, dass Voigt von ihm ebenfalls eine detaillierte Beschreibung besitzt. In Stasi-Kreisen ist längst bekannt, dass Böttcher seit Wochen regelmäßig frühere Mitarbeiter der HA XXII/8 aufsucht.

Böttcher geht davon aus, dass viele sofort ans Telefon stürzten und ihren früheren Chef anriefen, kaum dass ihre Unterredung beendet war. Die alten Seilschaften funktionieren noch prächtig. Voigt dürfte also bestens informiert sein.

»Guten Tag, Richard Böttcher«, sagt er und streckt ihm die Hand entgegen.

»Voigt«, sagt der frühere Stasi-Offizier militärisch knapp. Er schüttelt Böttcher kraftlos die Hand. Es ist der Händedruck eines Mannes, dem egal ist, was sein Gegenüber von ihm hält.

»Ich bin froh, dass wir uns endlich einmal kennen lernen«, beginnt Böttcher.

Voigts Augen zeigen keine Reaktion. Böttcher ist nicht überrascht. Er weiß, dass Voigt ein anderes Kaliber ist als die meisten anderen Stasi-Mitarbeiter, mit denen er bislang zu tun hatte.

Dieses Wissen kann er dem Umstand verdanken, dass es ihm in seinen Nachtschichten gelungen ist, den einen oder anderen früheren Stasi-Mitarbeiter »aufzubohren«. Dabei ist Böttcher nicht viel anders vorgegangen, als bei seinen früheren Anbahnungsgesprächen mit möglichen Spitzeln aus der Terrorszene.

Seiner Erfahrung nach ist ein Spitzel oft jemand, der ein Persönlichkeitsproblem hat. Die erste Aufgabe besteht für Böttcher darin, in nächtelangen Gesprächen diese Probleme zu orten, dann zuzuspitzen und schließlich erbarmungslos auszunutzen. Eine mühsame, oft langwierige Arbeit.

Meist sind es immer die gleichen Gründe, die Menschen dazu veranlassen, Geheimnisse auszuplaudern oder für jemanden zu spionieren. Manche treibt die Abenteuerlust. Andere sind kleine Gernegroße, die das Gefühl heimlicher Macht auskosten, die sie als Spitzel zu haben glauben. Wiederum andere sind schlicht verärgert darüber, wie man sie behandelt. In der letzten Kategorie sind die meisten Spitzel zu finden, und häufig sind es auch die nützlichsten.

Voigt jedenfalls hatte nicht nur Freunde in seiner Abteilung, wie Böttcher bald herausfand. Manche hassten ihn sogar, weil sie ohne die Erlaubnis von Voigt nicht einmal aufs Klo durften. Diesen Umstand machte Böttcher sich zunutze und hatte somit bald einen umfassenden Überblick über den Werdegang und die Arbeitsmethoden des Stasi-Offiziers erhalten.

Bevor sich Voigt bei der Stasi bewarb, hatte er eine Schlosserlehre absolviert und anschließend in Zwickau Bergmaschinentechnik studiert. 1964 rückte er in seinem Betrieb zum »Ingenieur für sozialistische Brigaden« auf. 1965 ging er zur Stasi und studierte an der MfS-Hochschule in Potsdam. Danach wurde er in der Bezirksverwaltung Halle eingesetzt und dort als »hoch qualifizierter Kader« eingestuft.

Mitte 1978 wurde Voigt zur neu gegründeten Abteilung XXII nach Berlin abkommandiert. Voigt war damals 36 Jahre alt. Zu seinem Aufgabengebiet gehörte die Kontaktpflege mit der *RAF* wie auch nahöstlichen Terrororganisationen. Voigt war ehrgeizig. Im Gegensatz zu anderen in der Abteilung machte er keinen Dienst nach Vorschrift. Es gab keinen Aktenvermerk, der nicht über seinen Tisch ging. Auch später, als er Referatsleiter war, ließ er es sich nicht nehmen, alle Gespräche mit wichtigen Informanten selbst zu führen, darunter Terroristen wie etwa Johannes Weinrich.

Im Gegensatz zu westlichen Ermittlern kennt Voigt Terroristen wie Weinrich von Angesicht zu Angesicht. Er weiß, wie sie funktionieren, auf welche Kontakte oder Hintermänner sie sich stützen. Und vielleicht weiß Voigt sogar, wo sie sich aufhalten. Allein deshalb ist er ein interessanter Gesprächspartner für Böttcher, der Voigts Berichte aus den Stasi-Akten kennt und unter professionellem Gesichtspunkt durchaus anerkennen muss, dass der Ex-Stasi-Mann erstklassige Arbeit leistete.

»Ihre Kenntnisse der internationalen Terrorszene sind ja beachtlich«, sagt Böttcher. Er ist sich bewusst, dass Voigt in den letzten Wochen solche Sprüche schon unzählige Male aus dem Munde von Geheimdienstmitarbeitern gehört hat, und sein arrogantes Lächeln bestätigt es.

Gut so, denkt Böttcher. Er will, dass Voigt das Gefühl hat, die Kontrolle zu haben, damit er weniger auf der Hut ist. Sie würden etwas trinken, ganz entspannt, sich ein wenig kennen lernen, bevor Böttcher mit dem Anbahnungsgespräch beginnt. Aber vielleicht erwartet er einfach zu viel von dem Treffen.

Böttcher muss an seine Zusatzausbildung beim BND denken. In Rollenspielen hatten sie damals das Anwerben von Informanten geübt. Er wurde dazu von einem Ausbilder in einen videoüberwachten Raum gebracht und bekam einen Zettel mit der Aufgabenstellung zugesteckt.

Böttcher hatte noch kaum einen Blick auf den Zettel geworfen, als die Tür aufging und eine Frau in den Vierzigern den Raum betrat. Sie spielte die Rolle einer Stasi-Agentin, die er versuchen sollte anzuwerben. Zumindest lautete so die Vorgabe.

Böttcher scheiterte kläglich. Die Ausbilder machten ihm damals zum Vorwurf, dass er den Zettel nicht aufmerksam gelesen hatte. Darauf hatte nicht gestanden, er »muss« die Frau als Spitzel gewinnen, sondern er »soll« es versuchen. Böttcher hatte die Lektion nie vergessen. Bei Anbahnungsgesprächen darf man nie alles auf eine Karte setzen, schon gar nicht bei Profis. Und Voigt ist zweifelsohne ein Profi.

Böttcher schlägt vor, das Gespräch in einem Restaurant fortzusetzen. »Das ist vielleicht etwas gemütlicher, als dieses Hotel hier«, sagt er. Voigt ist einverstanden. Böttcher gestattet sich ein kurzes Schmunzeln. Seine Informationen über die Vorlieben von Voigt scheinen zu stimmen. Voigt ist ein Gourmet. Zumindest isst er gerne gut, was in der DDR mitunter nicht so einfach war. Seine Treffen mit westlichen Terroristen hatte er deswegen gerne in den teuren Valuta-Hotels in Ostberlin abgehalten, weil sich dadurch die Möglichkeit bot, auf Staatsspesen etwas Anständiges aufgetischt zu bekommen.

Im Restaurant studiert Voigt mit dem Blick des Kenners ausgiebig die Speise- und Weinkarte. Böttcher nimmt währenddessen schon einen Schluck von seinem Bier, ohne sein Gegenüber aus den Augen zu lassen.

Es entgeht ihm nicht, wie Voigt sachkundig den passenden Wein zum Fisch bestellt. Böttcher ist davon nicht überrascht. Seit der Wende betreibt die Ehefrau von Voigt eine kleine Weinhandlung. Als Firmenwagen nutzt sie einen Lada, den die Stasi immer dem *RAF*-Anwalt Klaus Croissant bei dessen DDR-Aufenthalten zur Verfügung stellte. Genau genommen könnte er deswegen Voigt wegen Unterschlagung dranbekommen. Von Rechts wegen hat die Treuhandanstalt Anspruch auf das Stasi-Auto.

Das Gespräch verläuft schleppend. Sie reden über belangloses Zeug. Böttcher bleibt nicht verborgen, dass in der Wahrnehmung des Stasi-Offiziers nur der BND entscheidend ist. Voigt lässt ihn deutlich spüren, dass er mit ihm und dem BKA nichts zu tun haben will.

Böttcher verlässt das Restaurant mit dem Gefühl, dass Voigt damit einen Fehler macht. Der Stasi-Offizier hätte die Hand ergreifen sollen, die er ihm bot. Aber zumindest hatte er sich einmal einen persönlichen Eindruck von Voigt verschaffen können. Wer weiß, denkt sich Böttcher, für was das einmal noch gut sein kann.

Flughafen Frankfurt, Oktober 1990

Böttcher kommt sich lächerlich vor. Mit einem Blumenstrauß in der Hand steht er in der Empfangshalle des Flughafens. Er kann sich beim besten Willen nicht mehr daran erinnern, wann er das letzte Mal Blumen für eine Frau gekauft hat.

Immer wieder schaut Böttcher zur Anzeigetafel hinauf. Er wartet auf die Ankunft des Fliegers aus Berlin. Eigentlich müsste die Maschine längst gelandet sein. Böttcher muss sich eingestehen, dass er nervös ist. Es ist seltsam, denkt Böttcher. Das letzte Mal als ich solches Herzklopfen verspürte, hatte mir ein Palästinenser den Lauf einer Kalaschnikow an die Schläfe gehalten.

Es fällt ihm schwer, sich zu konzentrieren und im Kopf die richtigen Worte zurechtzulegen. Er muss mit Maria eine Sache besprechen, die ihm nicht gerade leicht fällt. Er will ihr die Wahrheit sagen.

Als er wieder zur Tafel hinaufschaut, entnimmt er der Anzeige, dass die Maschine mittlerweile gelandet ist. Sein Blick geht nun hinüber zu der automatischen Schiebetür. Die ersten Passagiere kommen bereits heraus. Böttcher zuckt jedes Mal leicht zusammen, wenn die Schiebetür mit einem leisen Zischen aufgeht. Schließlich tritt Maria durch die Tür. Böttcher ist bemüht, sich nichts anmerken zu lassen.

Maria ist überrascht, als sie ihn mit einem Blumenstrauß sieht. Sie muss sich eingestehen, dass sie ihm so etwas gar nicht zugetraut hat. Er ist nicht der Mann der kleinen Gesten. Aber das macht nichts, sie liebt ihn so wie er ist. Mit oder ohne Blumen.

Seit einem halben Jahr sind sie zusammen. Sie weiß mittlerweile, dass er verheiratet war und eine Tochter hat. Aber sie war noch nie bei ihm zu Hause in Wiesbaden. Sie ist gespannt, wie er lebt.

Er nimmt sie zur Begrüßung in den Arm und hält ihr unbeholfen die Blumen hin. »Lass uns drüben im Sheraton noch etwas trinken«, schlägt er vor.

»Wegen mir können wir auch gleich fahren«, sagt Maria.

»Nee, nee, ist besser, wenn wir hier noch was trinken. Wir müssen zuerst noch etwas bereden.«

Maria überkommt plötzlich das Gefühl, dass etwas nicht in Ordnung ist. Er ist irgendwie eigenartig. Erst die Blumen und nun diese seltsame Andeutung.

»Ich bin nicht der, für den du mich hältst«, sagt er plötzlich.

Maria stockt der Atem. Für einen Moment hat sie das Gefühl, dass sie keine Luft mehr bekommt. »Der Kerl ist von irgendeinem Geheimdienst«, schießt ihr durch den Kopf.

Als Orientalistin hatte sie einige Semester in Syrien studiert und wurde dort vehement von Werbern des Geheimdienstes angegangen. Zum Schluss ihres Auslandssemesters hatten sie ihr unmissverständlich zu verstehen gegeben, dass sie von ihr eine gewisse Kooperationsbereitschaft erwarten, falls sie beabsichtige, ein weiteres Auslandsemester in Syrien verbringen zu wollen.

Nach dieser Erfahrung hält sie es nicht mehr für ausgeschlossen, dass westliche Nachrichtendienste ebenfalls Interesse an ihr haben. Schließlich kennt die Islamwissenschaftlerin Land und Leute in Syrien. Panik steigt in Maria hoch. Hoffentlich ist sie nicht einem dieser Geheimdienst-Romeos aufgesessen, von denen man gelegentlich in den Zeitungen liest.

»Keine Angst, es ist nicht so schlimm, ich kann dir alles erklären«, sagt Böttcher schnell, als er Marias verstörtes Gesicht sieht.

Tausend Gedanken schießen Maria durch den Kopf. »Vielleicht hat mir dieser Kerl auch all die Monate einfach etwas vorgemacht, ist aber in Wirklichkeit verheiratet, hat drei Kinder und ist nun das Abenteuer mit mir so langsam leid ...«

»Ich heiße in Wirklichkeit Richard Böttcher und bin BKA-Fahnder im Bereich Terrorismus. Manchmal arbeite ich auch verdeckt.«

»Das soll ich dir glauben?«, sagt Maria. Sie schaut ihm direkt in seine blauen Augen.

»Das ist die Wahrheit. Als wir uns kennen lernten, war ich Undercover unterwegs.«

Böttcher erklärt ihr, warum er es ihr nicht früher sagen konnte. »Zunächst musste die ganze Angelegenheit mit meinem Vorgesetzten regeln. So sind die Vorschriften. Der hat auch erst zugestimmt, nachdem sie dich auf Herz und Nieren überprüft hatten.«

»Das klingt alles unglaublich«, sagt Maria. »Wie aus einem schlechten Film.«

»Ich weiß. Aber wenn du noch möchtest, würde ich jetzt so schnell wie möglich zu mir nach Hause fahren. Meine Tochter wartet schon auf uns.«

»Richard?«, fragt Maria und lacht. Es ist ein befreiendes Lachen.

»Ja«, sagt Böttcher erleichtert. »Das ist mein richtiger Name.«

»Na ja«, sagt Maria »Ich werde mich schon noch daran gewöhnen.«

Berlin, 26. März 1991

Böttcher ist auf dem Weg zur Wohnung von Helmut Voigt, dem früheren Stasi-Oberstleutnant. Sie liegt in der Niederwallstraße in Berlin-Mitte, ganz in der Nähe des Gendarmenmarktes und des Deutschen Doms. Ein paar Kollegen müssten schon dort sein und Voigt verhaftet haben.

Als Böttcher eintrifft, muss er feststellen, dass seine Kollegen kein Glück hatten. Der frühere Stasi-Offizier war nicht zu Hause. Alles deutet darauf hin, dass er getürmt ist. Angestrengt überlegt Böttcher, woher Voigt erfahren haben könnte, dass sie ihn verhaften wollen. Gibt es eine undichte Stelle?

Schließlich geht es bei dieser Operation nicht nur um Voigt. Vielmehr sollen in einer groß angelegten Aktion vier weitere Ex-Stasi-Offiziere verhaftet werden. Darunter befindet sich Gerhard Neiber, einst Vizechef der Stasi, wie auch Gerd Peter Zaumseil, der sich als einziger hauptamtlicher Mitarbeiter der HA XII/8 bislang weigerte, mit Böttcher wenigstens ein paar Worte zu wechseln.

Im Haftbefehl wird ihnen Beihilfe zu zwei Terroranschlägen in Westdeutschland vorgeworfen. Es handelt sich dabei um einen Autobombenanschlag vom 31. August 1981 auf den amerikanischen Luftwaffenstützpunkt in Ramstein, bei dem siebzehn Menschen zum Teil schwer verletzt wurden, sowie um ein Attentat auf den amerikanischen Vier-Sterne-General Frederick James Kroesen, das zwei Wochen später, am 15. September 1981, in Heidelberg stattfand. Auf den Dienstwagen des US-Generals wurden zwei sowjetische Panzerabwehrraketen des Typs RPG-7 abgefeuert, wovon eine die Heckscheibe des S-Klasse-Mercedes durchschlug und neben dem Tankdeckel wieder aus dem gepanzerten Wagen hinaussauste. Wie durch ein Wunder wurden der General und seine Frau, die auf der Rückbank saßen, nur leicht verletzt.

Die Anschläge hatte die *RAF* begangen. Aber nach einer handschriftlichen Notiz eines Stasi-Ausbilders hatten sich die Terroristen in der DDR unter der Obhut der Stasi darauf vorbereiten können. Von Experten des DDR-Geheimdienstes wurden sie im Umgang mit einer Panzerfaust geschult und durften auf einem Ausbildungsgelände der Stasi zur Übung auch eine sowjetische RPG-7 auf einen ausrangierten Mercedes abfeuern.

Normalerweise ist Böttcher nicht bei Festnahmen dabei. Das ist der Job von Einsatzkommandos. Aber bei Voigt ist es etwas anderes. Böttcher hofft in der Wohnung des früheren Stasi-Offiziers einen Hinweis über den Verbleib weiterer Geheimakten zu finden.

Konkret sucht er nach einem Videoband, auf dem Abu Nidal in Ostberlin bei einem konspirativen Treff mit seinen Führungsoffizieren in Ostberlin zu sehen sein soll. Abu Nidal heißt mit richtigem Namen Sabri al-Banna. Er ist Chef der *PLO*-Abspaltung *Fata – Revolutionskommando*, abgekürzt *Fatah RC*. Der Palästinenser gilt als einer der kaltblütigsten Killer in der internationalen Terroristenszene. In Anlehnung an seinen Kampfnamen wird seine Gruppe auch *Abu Nidal Organisation* (*ANO*) genannt. Sie wird allein für den Zeitraum von 1974 bis 1991 für mehr als neunzig Terroranschläge in zwanzig Ländern verantwortlich gemacht, zwei Drittel davon wurden in Westeuropa verübt. Insgesamt sollen dabei 900 Menschen ums Leben gekommen sein.

Von der *PLO* verstoßen, arbeitet Abu Nidal seit geraumer Zeit auf eigene Rechnung, findet aber Unterstützung in Syrien, im Irak und Libyen. Die Diktatoren dort waren nicht selten Auftraggeber seiner Anschläge. Er ist verantwortlich für die blutigen Anschläge auf den Flughäfen in Wien und Rom vom 27. Dezember 1985. Dabei wurden in einer konzertierten Aktion die Büros der israelischen Fluggesellschaft El Al überfallen und wahllos Menschen niedergemetzelt. Böttcher kann sich noch gut an die Fernsehbilder erinnern, wie italienische Carabinieri in dem römischen Flughafengebäude weiße Leichentücher über die Toten legten. Überall Blut. Neunzehn Tote und zahlreiche Verletzte.

Kurz vor dem Anschlag waren Killer der *ANO* noch zur Ausbildung in der DDR, um das Handwerk des Tötens, dessen Grundzüge Abu Nidal und seine Männer in den Lagern der *PLO* gelernt hatten, mit Hilfe der Stasi zur Meisterschaft zu bringen. Im OV »Händler«, in dem die Stasi ihre Kontakte zur *ANO* dokumentierte, fand Böttcher dazu einen interessanten Hinweis: »Vom 15. April bis 23. Juli 1985 wurde für 11 Angehörige der Händler-Organisation spezielle Ausbildungsmaßnahme durchgeführt im Objekt 74'«, heißt es darin. Inklusive Raketen- und Geschosswerfereinsatz sowie militärischer Grund- und Spezialausbildung.

Insgesamt führte die Hauptabteilung XXII/8 der Stasi drei Lehrgänge für die *ANO* unter dem Tarnnamen Al-Tarikh durch. Im Mittelpunkt der Ausbildung standen »politische und politisch-operative Schulung, Grundsätze der Truppenführung, Operativ-Taktik, Raketen- und Geschosswerfereinsatz, militärische Grund- und Spezialausbildung und militärische Körperertüchtigung«.

Böttcher sucht nun nach dem Video, weil er in Erfahrung bringen will, welche Stasi-Offiziere persönlichen Kontakt zu Abu Nidal hatten. Bislang weiß er nur, dass der Videostreifen in einem geheimen Objekt der Hauptabteilung XXII/8 aufgenommen wurde. Das Zimmer, wo die Stasi ein Grundsatzgespräch mit dem weltweit gesuchten Terroristen führte, war verwanzt und mit allem technischen Schnickschnack ausgestattet.

Von der Existenz des Videos erfuhr Böttcher bei seinen Zechtouren mit früheren Stasi-Leuten. Zu fortgeschrittener Stunde hatte einmal ein Ex-Mitarbeiter der HA XXII/8 angefangen, über die Beziehungen der Stasi zu dem Massenmörder zu plaudern. Nachdem sich Abu Nidal von Arafat losgesagt hatte, hatte die *PLO*-Führung die DDR darum gebeten, sich um den brandgefährlichen Terroristen zu kümmern, um ihn auf diese Weise wenigstens halbwegs zu kontrollieren. Die *PLO* hatte schlicht die Sorge, dass sich Abu Nidal gegen sie wendet und Mordanschläge auf Palästinenserführer verübt.

Die Sorge war berechtigt, wie sich Böttcher eingestehen muss. Erst vor sechs Monaten, am 14. Januar 1991, wurden zwei hochrangige *PLO*-Funktionäre im Hauptquartier Tunis von Abu Nidals Leuten erschossen. Es wird gemunkelt, der Irak habe den Auftrag dazu gegeben.

Bei den Toten handelt es sich um zwei *PLO*-Führer, deren Namen sich schon vor vielen Jahren in das Gedächtnis von Böttcher einbrannten. Es sind Abu Ijad und Abu el-Hol, die damals bei der Palästinenser-Geschichte zu Anfang seiner Karriere tragende Rollen spielten. Damals hatte Abu el-Hol bei Geheimverhandlungen der BKA-Spitze falsche Versprechungen gemacht und sie in Sicherheit gewiegt, während im Auftrag von Abu Ijad längst Terrorkommandos der *PLO* in Deutschland unterwegs waren.

Böttcher hat sich überlegt, dass eigentlich nur Voigt über den Verbleib des Videos etwas wissen kann. Schließlich war er der Leiter des Referates 8 der Hauptverwaltung XXII, in deren konspirativen Objekt das Treffen mit Abu Nidal heimlich gefilmt wurde.

Böttcher hat sogar Voigt im Verdacht, für das Verschwinden des Videos und einer ganzen Reihe von Akten federführend verantwortlich zu sein. Zumindest hatte er reichlich Gelegenheit, die brisanten Unterlagen zu vernichten oder sich unter den Nagel zu reißen. Die Unterlagen zu dem OV »Stern« etwa wurden gleich nach der Wende im Herbst 1989 zum Großteil vernichtet.

Auf Befehl von oben hatten die Sachbearbeiter in dem Terrorismus-Referat schnellstens die ihrem Zugriff unterliegenden Unterlagen vernichtet. Sie schmissen sie entweder in den Reißwolf oder verbrannten sie in den Öfen von konspirativen Wohnungen, wie etwa dem Objekt »Alfred« in der Chodowiecki-Straße 18 im Berliner Bezirk Prenzlauer Berg. Die Nachwelt sollte so wenig als möglich davon erfahren, dass die DDR Terroristen aus den Reihen der *RAF* beherbergte.

Nur wenige wichtige Unterlagen wurden gebündelt, verschnürt und in der Waffenkammer des Dienstgebäudes der HA XXII in der Ferdinand-Schultze-Straße zwischengelagert. Deren Vernichtung wurde vorerst durch die Erstürmung und zeitweilige Besetzung des Ministeriums durch Angehörige des Bürgerkomitees am 15. Januar 1990 gestoppt.

Danach beging das Bürgerkomitee einen vermutlich folgenschweren Fehler. Nach der Auflösung der Stasi als auch deren Rechtsnachfolger, dem Amt für Nationale Sicherheit (AfNS), betraute es ausgerechnet Voigt und seine Handlanger mit der Abwicklung der gesamten Abteilung XXII. In den Augen von Böttcher hatte das Bürgerkomitee damit den Bock zum Gärtner gemacht. Von den ursprünglich noch geretteten Geheimunterlagen fand man jedenfalls nach der Wende nur noch wenige Fragmente, darunter ein paar lose Aktenblätter des OV »Stern«.

Böttcher spekuliert darauf, dass Voigt etliche Unterlagen nicht vernichtet, sondern irgendwo versteckt hat. So mancher westliche Geheimdienst wäre bereit, dafür ein hübsches Sümmchen zu zahlen.

Sofort leiten sie die Fahndung nach Voigt ein. In der Nähe vom Alex wird sein Trabi gefunden. Böttcher fährt gleich hin. Aber in dem Auto sind auch keine Hinweise zu finden, wohin Voigt sich abgesetzt haben könnte. Böttcher flucht leise. Falls Voigt tatsächlich untergetaucht ist, wird es schwer sein, ihn zu finden. Vermutlich kann er auf alte Seilschaften zurückgreifen. Die Unterlagen und sein Wissen über den internationalen Terrorismus können Voigts Eintrittskarte zu einem neuen Leben sein. Jedenfalls kann es sich Böttcher vorstellen, dass Voigt von dem einen oder anderen Geheimdienst dafür eine neue Identität bekommen könnte. Und Voigt traut er auch zu, so einen Handel einzufädeln. Zur Not auch mit einem westlichen Geheimdienst. Ideologien oder politische Überzeugungen sind für einen Geheimdienstprofi immer nur eine Frage des Preises.

Das Verschwinden von Voigt ist für Böttcher besonders ärgerlich. Er befürchtet Auswirkungen auf seine weiteren Ermittlungen. Sein Ziel, Stasi-Chef Erich Mielke und dessen Vize Gerhard Neiber wegen der Unterstützung der *RAF* bei ihrem Anschlag auf den US-General in Heidelberg hinter Schloss und Riegel zu bringen, ist damit in weite Ferne gerückt.

Bislang hatte Böttcher erfolgreich die Strategie verfolgt, sich bei den Ermittlungen gegen Stasi-Mitarbeiter von unten nach oben zu arbeiten. Er hatte bei den kleinen Sachbearbeitern angefangen, die natürlich sofort, als er sie mit den Vorwürfen konfrontierte, die Verantwortung auf ihre direkten Vorgesetzten abschoben und sich auf den Befehlsnotstand beriefen. Diese unteren Dienstränge interessierten Böttcher eigentlich gar nicht. Seiner Überzeugung nach waren sie tatsächlich meist nur Befehlsempfänger. Aber auf diese Weise hoffte er, genügend belastende Aussagen zusammenzubekommen, damit Mielke und Neiber erfolgreich der Prozess gemacht werden konnte. Durch das Verschwinden von Voigt ist die Befehlskette durchbrochen. Die Stasi-Offiziere werden nun einfach die Schuld allein Voigt in die Schuhe schieben. Schließlich können sie ihm nicht mehr schaden, nachdem er untergetaucht ist.

Auf der Dienststelle erfährt Böttcher, warum Voigt Hals über Kopf türmte. Böttcher war nicht der Einzige, der sich heute Vormittag mit dem früheren Stasi-Mann unterhalten wollte. Voigt hatte eine Vorladung der Berliner Staatsanwaltschaft. Er sollte zu einem Anschlag aus den 80er-Jahren vernommen werden.

Der Staatsanwalt wollte Voigt jedoch nur als Zeugen vernehmen, nicht als Beschuldigten. Von der BKA-Operation war jedoch etwas an die Medien durchgesickert. Der Berliner Privatsender »100,6« hatte in den Morgennachrichten gemeldet, dass Stasi-Offiziere verhaftet werden sollen. Voigt ging allem Anschein nach davon aus, bei der Vorladung des Staatsanwaltes handelte es sich um eine Finte und zog es vor, seine Sachen zu packen und abzuhauen.

»Das darf doch nicht wahr sein«, schimpft Böttcher laut. Diese Duplizität der Ereignisse ist für ihn zunächst nicht fassbar. Ein Kollege klärt ihn auf: Die Berliner Staatsanwaltschaft ermittele wegen des Anschlages auf das französische Kulturzentrum Maison de France am Ku'damm. Der Bombenanschlag ereignete sich schon 1983. Aber jetzt erst gebe es Informationen über die Attentäter. Böttcher winkt ab. Er kennt den Fall. »Das ist wieder einmal typisch«, flucht er. »Die linke Hand weiß nicht, was die rechte macht.« Die neuen Erkenntnisse über den Anschlag auf das Kulturzentrum fußen auf jenen Stasi-Unterlagen, die er ausgegraben hatte. Ohne ihn würde also dieser Staatsanwalt noch immer im Dunkeln tappen.

Böttcher lässt sich den Namen des ermittelnden Staatsanwaltes geben. Er heißt Detlev Mehlis. Bei der nächsten sich bietenden Gelegenheit wird er ihn anrufen und einmal besuchen. Schließlich verfügt er durch seine unzähligen Gespräche mit den früheren Stasi-Mitarbeitern der HA XXII/8 über jede Menge Hintergrundinformationen, die es dem Staatsanwalt möglich machen sollten, geeignete Zeugen zu finden, um auch gegen Voigt einen Haftbefehl erwirken zu können – und zwar wegen Beihilfe zum Mord. Voigt hatte seinen Informationen nach beim Anschlag auf das Maison de France den Terroristen den Sprengstoff aushändigen lassen.

MAISON DE FRANCE

Mit einem weiteren Anschlag möchte Carlos Frankreich dazu zwingen, seine in Paris inhaftierte Geliebte endlich freizulassen. Diesmal war geplant, das französische Kulturzentrum Maison de France in Westberlin in die Luft zu sprengen. Carlos hatte jedoch nicht im Sinn, dieses Attentat selber zu verüben. Das Risiko, dabei verhaftet zu werden, erschien ihm zu groß. Mit der Durchführung des Anschlages betraute er deswegen Johannes Weinrich, seinen Stellvertreter.

Obwohl ihm Carlos vor drei Jahren mit Magdalena Kopp die langjährige Lebensgefährtin ausgespannt hatte, war Weinrich bereit, seiner Ex-Freundin zuliebe das Risiko auf sich zu nehmen. Den Plan hatte er bereits bis ins Detail ausgearbeitet. Er wollte von Ostberlin aus operieren, wo er sich aufgrund seiner früheren Kontakte mit der Stasi sicher glaubte.

Am 31. Mai 1982 reiste er mit einer Passagiermaschine der Tarom von Bukarest nach Ostberlin. Als er auf dem Ostberliner Flughafen Schönefeld eintraf, sortierte ihn der Zoll aus. Trotz der Vorlage eines syrischen Diplomatenpasses, ausgestellt auf den Namen Joseph Leon, verlangten die DDR-Zollbeamten von ihm, sowohl den großen Kunststoffkoffer als auch die lederne Reisetasche und den Aktenkoffer zu öffnen. Weinrich alias Leon protestierte lautstark. In seinem Diplomatengepäck beförderte er 25 Kilo Sprengstoff der Marke Nitropenta. Es handelte sich dabei um hochbrisanten Plastiksprengstoff, der mit einer Geschwindigkeit von 6000 Meter pro Sekunde detoniert.

Die Zöllner ließen sich von dem Protest des vorgeblich syrischen Diplomaten nicht beeindrucken, beschlagnahmten den Sprengstoff und informierten das Ministerium für Staatssicherheit. Die Nachricht landete auf dem Tisch von Oberstleutnant Helmut Voigt, Leiter des Referats 8 »Linksterroristische Extremisten« in der Hauptabteilung XXII. Voigt kannte Weinrich sehr gut. Er war sein Führungsoffizier und wusste um die Gefährlichkeit des westdeutschen Terroristen. Umgehend schickte er einen seiner Leute nach Schönefeld, um aus dem Flughafen das gefährliche Material zu entfernen. Es wurde anschließend in der Waffenkammer des MfS deponiert.

Am nächsten Tag traf sich Voigt in der konspirativen Stasi-Wohnung »Mühle« im Stadtteil Prenzlauer Berg mit Weinrich. Es kam zu einer lautstarken Auseinandersetzung. Der Terrorist verlangte von seinem Führungsoffizier und dessen unmittelbarem Vorgesetzten, Oberst Günter Jäckel, die sofortige Herausgabe des Sprengstoffes. Er gehöre nicht ihm, sondern dem syrischen Geheimdienst und müsste dringend nach Damaskus transportiert werden, argumentierte Weinrich. Da er in Bukarest keinen Direktflug mehr bekommen hätte, habe er den Umweg über Ostberlin wählen müssen. Außerdem verfüge er über diplomatische Immunität und erwarte, dass diese auch respektiert werde. Voigt und Jäckel zeigten sich davon jedoch wenig beeindruckt. Sie glaubten ihm kein Wort. Schließlich wussten sie, dass Carlos einen Privatkrieg gegen Frankreich führte, um seine Geliebte freizubekommen.

Währenddessen wurde das Anschlagsziel im Westteil der Stadt im Auftrag von Weinrich von dessen alten Weggefährten aus den Reihen der *Revolutionären Zellen* ausgekundschaftet. Neben Wilhelmine Götting (Deckname »Tina«) beteiligte sich daran auch Gerd Albartus (»Kai«), der wegen eines versuchten Brandanschlages in Aachen schon einmal vier Jahre im Gefängnis gesessen hatte. Seit seiner Entlassung erweckte er zwar nach außen hin den Eindruck, er sei resozialisiert und habe dem Terrorismus abgeschworen, aber innerlich sann er auf Rache. Am Tage arbeitete er als Journalist für die »Tageszeitung« (taz) und den Westdeutschen Rundfunk (WDR) zu vorrangig sozialkritischen Themen, abends traf er sich mit den alten Freunden aus dem Carlos-Umfeld, beispielsweise mit Weinrich in Ostberlin.

Die zuständigen MfS-Offiziere registrierten dies mit großer Sorge, denn sie befürchteten, dass Albartus weiterhin überwacht werde, und so womöglich die bundesdeutschen Dienste davon erfahren könnten, dass Carlos und seine Leute vom Gebiet der DDR aus operierten. Sie mussten etwas zur Abschreckung unternehmen.

Nach seinem nächsten Treffen mit Weinrich in Ostberlin stempelten sie bei der Ausreise einfach Albartus' Pass ab. Das war gegen die Abmachung, wonach Angehörige der Carlos-Gruppe »spurlos« in die DDR ein- und ausreisen durften. Weinrich tobte, als er davon erfuhr. Albartus erhielt daraufhin einen gefälschten bundesdeutschen Pass auf den Namen Hans-Jürgen Buchholtz, mit dem er dann auch zu den Basen in Osteuropa reiste. Die DDR dagegen mied er.

Für das Ausspionieren des Anschlagziels in Westberlin waren zum Glück keine besonderen Pässe erforderlich. Ab dem 25. Januar 1983 sorgte er mit Wilhelmine Götting für eine komplette Erkundung des französischen Kulturzentrums am Kurfürstendamm/Ecke Uhlandstraße, nicht weit entfernt von der Gedächtniskirche und dem Bahnhof Zoo. Im Erdgeschoss befand sich ein Kino, in der ersten und zweiten Etage waren die Räume des Institute Français, im dritten Obergeschoss residierte der französische Konsul und waren die Büros der Kulturabteilung untergebracht, in der vierten Etage existierte noch eine Aula, doch befand sich diese im Umbau.

Schnell hatten die beiden *RZ*-Mitglieder herausgefunden, dass man über eine Tiefgarage in der Uhlandstraße unbemerkt in das Generalkonsulat im dritten Stock gelangen konnte. Sie registrierten zudem, dass das Generalkonsulat in jedem Flügel des Gebäudes einen separaten Eingang besaß, der weder von einem Wachmann noch von Videokameras überwacht wurde. Außerdem hatten sie beobachtet, dass jeden Morgen gegen zehn Uhr der Generalkonsul mit einem Peugeot vorfuhr.

Nach fünfzehn Tagen lieferten Götting und Albartus ihre detaillierten Aufzeichnungen einschließlich mehrerer Skizzen über die Raumaufteilungen in den einzelnen Stockwerken an Weinrich. Der konnte sich nun an die genaue Planung machen. Er beschloss, 25 Kilo Plastiksprengstoff einzusetzen. Dies würde reichen, um von der leeren und leicht zugänglichen vierten Etage aus die Büros des Konsulats in der dritten Etage vollständig zu zerstören. Und genau diese Menge lagerte ja noch beim MfS. Bei den nächsten Treffen mit Major Voigt wollte er die Herausgabe des Sprengstoffes ultimativ einfordern.

Weinrich hatte inzwischen seine Pläne für den Anschlag in Westberlin fix und fertig ausgearbeitet. Noch im August sollte die Aktion über die Bühne gehen, da nach der Sommerpause die Umbauarbeiten im vierten Stock des französischen Kulturzentrums beendet sein sollten und dann der Zugang zum Haus gewiss schwieriger sein würde. Er musste also die DDR-Behörden unbedingt dazu bekommen, den Sprengstoff wieder herzugeben.

Am 8. August 1983 rief er deswegen Helmut Voigt an, um dem Verbindungsoffizier sein neuerliches Eintreffen in der DDR zu avisieren. Er gab vor, am 11. August den Schweizer Rechtsanwalt Bernard Rambert

(»Graf«) in Ostberlin treffen zu wollen und bat Voigt daher, für eine problemlose Einreise zu sorgen.

Als sich Weinrich und Voigt dann wie gewohnt in der konspirativen Wohnung in Prenzlauer Berg trafen, berichtete der Terrorist, dass die Bemühungen um die Freilassung von Kopp Fortschritte machten, da sich nun auch Syrien dafür engagiere. Etwas scheinheilig erkundigte er sich, ob Kopp im Falle einer Freilassung über Ostberlin nach Damaskus reisen dürfe. Erst am Ende des Gesprächs kam Weinrich auf sein eigentliches Anliegen zu sprechen und verlangte die Herausgabe des »ungerechtfertigt beschlagnahmten Sprengstoffes«, und zwar bis zum 19. August 1983. Ansonsten würde es Ärger auf diplomatischer Ebene geben.

Voigt blockte ab, denn er ahnte, was Weinrich damit vorhatte. Seine Leute hatten bei einer früheren Einreise heimlich Weinrichs Gepäck durchsucht und dabei jede Menge Aufzeichnungen über das Maison de France in Westberlin und weitere französische Einrichtungen in Bonn und Beirut gefunden.

Nach Voigts Eindruck befand sich Weinrich weiterhin auf dem Kriegspfad gegen Frankreich, um seine frühere Lebensgefährtin aus dem Gefängnis herauszubomben. Kopps eigentlicher Partner, Carlos, saß dagegen im sicheren Bukarest oder Damaskus und ließ nach wie vor seinen Vorgänger die riskante Arbeit vor Ort erledigen.

Voigt wunderte sich, wie hörig Weinrich gegenüber Carlos schien. Aus den Durchsuchungen seiner Hotelzimmer wusste er, dass Weinrich über jeden seiner Schritte und über sämtliche Ausgaben Rechenschaft ablegen musste. Dies ging so weit, dass er sogar Reinigungskosten für eine Hose akribisch aufzulisten hatte.

Kein Wunder, dass er hin und wieder zu Tricks greifen musste, um sich etwas eigenen finanziellen Spielraum zu verschaffen. Anders konnte Voigt sich nicht erklären, warum Weinrich nach den Treffen mit ihm häufig in seinem Notizbüchlein festhielt: »Whiskey mit Helmut getrunken«, versehen mit einer stattlichen Zechsumme, obwohl sie niemals Derartiges zu sich genommen hatten. Weinrich brauchte das Geld offensichtlich, um sich gelegentlich eine Prostituierte aufs Zimmer kommen zu lassen, die nicht in seinen Abrechnungen auftauchte. Den Damen stellte er sich dann unter dem Namen Steve Leon oder als OPEC-Manager Said vor. Aber davon sollte wohl niemand etwas erfahren.

Nachdem Voigt seine Vorgesetzten darüber informiert hatte, dass Weinrich nunmehr unter Drohungen die Rückgabe des Plastiksprengstoffes verlangte, bekam er wenig später einen überraschenden Hinweis. Oberst Harry Dahl, Leiter der Hauptabteilung XXII, hatte nichts dagegen einzuwenden, dem Terroristen unter bestimmten Auflagen den Sprengstoff auszuhändigen. Voigt war einigermaßen überrascht, denn schließlich ahnten sie alle, was Weinrich damit im Schilde führte. Ihm sollte bei der Übergabe eingeschärft werden, dass es momentan nicht im Interesse der DDR sei, wenn er von ihrem Staatsgebiet aus einen Terroranschlag im Westen plante oder gar organisierte. Schließlich liefen gerade Verhandlungen mit der Bundesrepublik über einen Milliardenkredit.

Am 16. August 1983 wurde schließlich die Tasche mit dem Sprengstoff aus der MfS-Waffenkammer geholt und Weinrich in der Nähe des »Palast-Hotels« übergeben, allerdings mit der Verpflichtung, sie nicht in seinem Hotelzimmer zu lagern. Weinrich legte die brisante Fracht daraufhin in den Kofferraum seines Autos und fuhr damit zu Nabil Chretah, dem dritten Sekretär der syrischen Botschaft in Ostberlin. Die Vertretung befand sich in der Otto-Grotewohl-Straße Nr. 3, ganz in der Nähe des Brandenburger Tors. Im vierten Stock des Gebäudes teilten sich die syrischen Diplomaten eine Etage mit der Botschaft von Zaire.

Chretah war es gewohnt, dass Weinrich bei ihm auftauchte, wenn er in der Stadt war. Sie tranken Tee und plauderten ein wenig. Mitunter wollte er gar nicht wieder gehen, sondern prahlte ausführlich mit seinen Taten. Chretah war das lästig, aber er hatte die Anweisung von ganz oben, Weinrich zu unterstützen. Schließlich galt er offiziell als Angestellter des Außenministeriums in Damaskus und reiste mit einem syrischen Diplomatenpass.

Anfangs ging es nur darum, sich um seine Einladungen und das Visum zu kümmern oder ein Hotel für ihn zu buchen. Aber eines Tages brachte er einen großen Koffer mit und bat darum, ihn bei Chretah im Büro einschließen zu dürfen. Der Botschaftssekretär konnte nicht ablehnen, ließ sich aber zuvor den Inhalt zeigen. Zum Vorschein kamen eine Maschinenpistole und mehrere Packungen Sprengstoff, die in leeren Parfümschachteln verpackt waren. Chretah bekam es mit der Angst zu tun und ging zu seinem Chef, dem Botschafter Faisal Sammak. Der wies Chretah nochmals darauf hin, dass sie von Damaskus per Telex angewiesen worden wären, der Carlos-Gruppe behilflich zu sein und empfahl: »Solange es nicht gefährlich ist, kannst du diese Sachen bei dir im Dienstzimmer deponieren.« Weinrich versicherte, dass nichts passieren könne, da der Sprengstoff ja nicht mit einem Zünder verbunden sei.

Fortan kam er regelmäßig in die Botschaft, um etwas aus dem Koffer zu holen oder hineinzulegen. Dabei tat er immer sehr geheimnisvoll und verlangte, dass zuvor die Tür des Büros abgeschlossen wurde. Insofern war Chretah nicht besonders überrascht, als Weinrich nun auch noch eine Reisetasche vorbeibrachte und darum bat, sie zu dem Koffer in den Büroschrank zu schließen. Von sich aus erklärte Weinrich, dass es sich um Sprengstoff handele.

Nun war alles klar für Weinrichs Aktion. Am 20. August 1983 landete morgens um 6.45 Uhr der Libanese Mustafa Ahmad El Sibai mit einer Maschine aus Damaskus auf dem Flughafen Schönefeld. Bei der Einreisekontrolle gab er als Ziel die syrische Botschaft in Ostberlin an. Zur Beglaubigung legte er einen Briefumschlag des Außenministeriums in Damaskus vor, adressiert an die syrische Botschaft in der DDR. Die Passkontrolleure hielten El Sibai für einen Kurier mit Diplomatenpost und ließen ihn ungehindert passieren.

In der Nähe des Bahnhofs Friedrichstraße stieg El Sibai im Interhotel Metropol ab, Zimmer 1008, direkt neben Weinrich, der im Zimmer 1010 logierte. Auch Abul Hakam (»Ali«), neben Weinrich der wichtigste Handlanger von Carlos, war nun in der Stadt. Zusammen mit El Sibai reiste »Ali« in den Folgetagen mehrfach mit der S-Bahn in den Westteil der Stadt. Die Späher des MfS fanden daran nichts Verdächtiges, denn dies taten die Mitglieder der Carlos-Gruppe bei jedem Aufenthalt in Ostberlin. Zum einen trafen sie dort ihre Kontaktleute, zum anderen gab es die Vorliebe für ganz bestimmte Bordelle, wie die Genossen wussten.

Am 25. August 1983 erschien gegen 9.15 Uhr Weinrich in der syrischen Botschaft und bat Chretah, ihm die Reisetasche nach Westberlin zu fahren. »Das kann ich nicht tun, bevor ich den Botschafter gefragt habe«, antwortete Chretah. Der syrische Diplomat stand noch am Anfang seiner Karriere und wollte keinen Fehler machen. Nach dem Germanistikstudium in Leipzig und der Diplomatenausbildung in Damaskus war dies sein erster Auslandseinsatz.

Der syrische Botschafter Faisal Sammak, immerhin ein naher Verwandter des Präsidenten Assad, wurde wieder hinzugezogen. Er war ebenfalls ratlos. Sammak bat Chretah, schnell noch mal den Ordner zu holen, in dem alle die Carlos-Gruppe betreffenden Telegramme abgeheftet waren. Dort fanden sie die Anweisung, »jegliche mögliche Hilfe« zu gewähren. Der Botschafter überließ es aber Chretah, seinem dritten Sekretär, ob er das Risiko auf sich nehmen wollte. Chretah entschuldigte sich daraufhin bei Weinrich, aber er könne seinem Wunsch leider nicht nachkommen. Weinrich zeigte zu Chretahs Überraschung Verständnis, nahm die Tasche und ging.

Um 10.05 Uhr fuhren El Sibai und »Ali« über den Bahnhof Friedrichstraße unkontrolliert nach Westberlin. Vom Bahnhof Zoo gingen sie schnurstracks hinüber zum Kurfürstendamm. Gegen 10.50 Uhr betrat El Sibai das Maison de France und ging hinauf in den vierten Stock, der noch immer völlig leer stand. Dort deponierte er die Tasche in einer Abstellkammer direkt neben dem Fahrstuhl, befestigte einen Zeitzünder an den 25 Kilo Nitropenta und machte ihn scharf. Die elektrische Uhr der französischen Marke »Japy« stellte er so ein, dass die Bombe exakt in 30 Minuten detonieren sollte. Gegen elf Uhr verließ El Sibai das Gebäude wieder.

Exakt um 11.22 Uhr erschütterte eine gewaltige Explosion die Westberliner Innenstadt. Die Druckwelle war so stark, dass die ganze Umgebung in Mitleidenschaft gezogen wurde. Im französischen Kulturzentrum selbst wurde die Außenfassade aufgesprengt, und die Decke zwischen dem dritten und vierten Stock stürzte ein. Die herabfallenden Trümmer begruben das Sekretariat des französischen Generalkonsuls unter sich. Zum Zeitpunkt der Explosion hielten sich dort mehrere Mitglieder der Gruppe »Fasten für den Frieden« auf, da sie dem Generalkonsul gerade eine Petition übergeben wollten, mit der sie gegen die Atompolitik Frankreichs protestierten.

Der 26-jährige Friedensaktivist und Radsportler Michael Haritz erstickte unter den Trümmern aus Betonstücken, Schutt und Eisenteilen. Weitere Mitglieder der Gruppe, darunter eine Mutter mit ihrem sechs Monate alten Baby, wurden schwer verletzt. Ein Maurer, der sich zum Zeitpunkt der Explosion auf einem Baugerüst in Höhe des dritten Obergeschosses befunden hatte, wurde in einen Baum am Straßenrand geschleudert. Insgesamt gab es neben dem Toten 21 Verletzte und 2,5 Millionen Mark Sachschaden. Es war der bis dahin schwerste Terroranschlag in der Geschichte von Westberlin.

Bereits um 11.45 Uhr trafen El Sibai und »Ali« kurz hintereinander wieder am Bahnhof Friedrichstraße in Ostberlin ein. »Ali« flog noch am gleichen Tag mit der Malev 809 nach Budapest, El Sibai bestieg erst am nächsten Tag die Interflug 828 nach Damaskus, wo er Carlos Bericht erstatten sollte.

Kurz vor 13 Uhr erschien an diesem 25. August Weinrich noch einmal in der syrischen Botschaft. Er bat den Botschaftssekretär um eine Tasse Tee und empfahl ihm, doch mal das Radio anzustellen. Der Bombenanschlag war die erste Meldung in den Mittagsnachrichten. Als Chretah fragend zu Weinrich hinüberschaute, erklärte dieser stolz: »Das ist mein Werk.«

Auch Helmut Voigt hörte zu dieser Zeit Radio. Doch zu seiner Überraschung wurde gegen 14 Uhr vermeldet, dass vermutlich die Terrororganisation *ASALA* (*Geheime Armenische Befreiungsarmee*) für den Anschlag verantwortlich sei. Voigt glaubte es besser zu wissen. Er rief sofort im Hotel an und bestellte Weinrich für den nächsten Morgen in die KW »Mühle« zu einer Aussprache. Doch das Treffen verlief wenig ergiebig. Weinrich stritt rundweg alles ab und tischte Voigt allen Ernstes die Geschichte mit der *ASALA* auf. Voigt musste dies zunächst einmal so hinnehmen, denn er hatte keine gegenteiligen Beweise in der Hand. Erst als er in sein Büro zurückkam, fand er auf dem Schreibtisch die Angaben der Passkontrolleinheit vom Bahnhof Friedrichstraße über den gestrigen Tag vor. Daraus war ersichtlich, dass etwa eine Stunde vor dem Anschlag El

Sibai und »Ali« zusammen nach Westberlin ausgereist und kurz nach der Explosion wieder zurückgekommen waren. Zudem kursierte in den Westmedien eine Phantomzeichnung vom mutmaßlichen Attentäter. Zwei Zeugen hatten gegen elf Uhr einen verdächtigen Mann in dem Gebäude gesehen. Die Zeichnung hatte eine auffällige Ähnlichkeit mit El Sibai.

Doch bevor Voigt seine Vermutungen beweiskräftig belegt hatte, war Weinrich bereits verschwunden. Er nahm am 27. August 1983 die Maschine um 12.55 Uhr nach Belgrad. Dort begann er umgehend, für Carlos einen ausführlichen Bericht zu schreiben, benutzte jedoch vorsichtshalber die gruppeninternen Decknamen. »Liebster Michel«, begann er den Brief an Carlos, seinen Chef, »Ziad [El Sibai] hat dir das meiste sicher schon erzählt; er hat sich ausgezeichnet verhalten.« Lobend äußert er sich auch über die »solidarische Hilfe von Nabil« [Chretah]. Der syrische Botschaftssekretär habe dankenswerterweise den Sprengstoff verwahrt und wisse über die Aktion Bescheid, allerdings sei der Diplomat »offiziell nicht beteiligt« gewesen.

Danach schilderte Weinrich ausführlich seinen Ärger mit dem MfS. »Helmut hat uns immer vor einer Operation im Westen gewarnt, bei der wir direkt aus dem Osten kommen und wieder dorthin zurückkehren. Wir haben es immer geleugnet und haben heimlich die Taschen in den Westen transportiert«, berichtet Weinrich sichtlich Stolz. »Auch nach der Operation schienen sie nicht sicher, ob wir es gemacht haben oder die *ASALA*. Und ich verbreitete die Version, dass die *ASALA* sich nie zu einer Operation bekennt, wenn sie sie nicht auch ausgeführt hat.«

Weinrich freute sich erkennbar, dass es ihm gelungen war, die Staatssicherheit auszutricksen und eine Operation ohne jede Panne über die Bühne zu bringen. Er verwies aber auch darauf, dass er nun »für lange, lange Zeit nicht mehr Berlin nutzen« könne. Voller stolz legte er dem Brief noch Fotos bei, die das Ausmaß der Verwüstung dokumentierten. »Die Operation selbst hatte eine größere Wirkung als von mir erwartet. Ich schicke dir einige Fotos.«

Am 31. August 1983 erstattete Voigt seinem obersten Chef ebenfalls einen ausführlichen Bericht über die Hintergründe des Anschlages.

Äußerst zurückhaltend deutete er an, dass ihnen die Gruppe »Separat«, wie die Carlos-Organisation beim MfS genannt wurde, etwas aus dem Ruder gelaufen wäre. Entgegen sämtlicher Absprachen hätte die Gruppe vom Staatsgebiet der DDR aus ein Attentat im Westen verübt und wäre danach umgehend in die DDR zurückgekehrt. Voigt räumte ein, dass »H. Schneider« – wie der Codename von Weinrich lautete – zwar eine Beteiligung an dieser Aktion kategorisch abgestritten hätte, »weil die Gruppe die Beziehungen zur DDR nicht belasten und sich die vorhandenen Arbeitsmöglichkeiten erhalten« möchte. Allerdings wäre dies inzwischen als Lüge offenbar geworden. Detailliert schilderte Voigt, wie die Gruppe mit Hilfe der syrischen Botschaft den Bombenanschlag durchgeführt hatte. Als Resümee konstatierte er: »Es ist erforderlich, die notwendigen Kontroll- und Überwachungsmaßnahmen zu verstärken und weiter disziplinierend auf die Gruppe einzuwirken.«

Tags darauf kam der Bericht zurück. Stasi-Chef Mielke hatte handschriftlich eine Bemerkung auf das als »Streng geheim« klassifizierte Papier geschrieben: »Soweit möglich, politisch einwirken. Verhältnis polit. Schaden & operativer Nutzen (s. 3-letzter Absatz) ständig beachten! Mielke, 1. IX. 83.«

Im besagten drittletzten Absatz seines Berichtes hatte Voigt geschrieben: »Durch verschiedene, unabhängig voneinander arbeitende inoffizielle Quellen wurde übereinstimmend berichtet, dass sowohl die ›Separat‹-Gruppe als auch die *ASALA* gegenwärtig keine Terroranschläge gegen sozialistische Staaten durchführen will.« Nur das schien den Stasi-Chef wirklich zu interessieren. Die geplanten Anschläge im Westen, die Voigt mit aufgelistet hatte, bereiteten Mielke offenbar keine Sorgen, sondern kamen im Kalten Krieg durchaus gelegen. Nicht ohne Grund hatte das MfS in der Vergangenheit der »Separat«-Gruppe immer wieder unter die Arme gegriffen, sei es bei der Beschaffung von Visa, der Errichtung von Basislagern oder dem Schmuggel von Waffen. Einmal hatten sie den Carlos-Leuten sogar eine Garage zur Verfügung gestellt, wo sie in Ruhe ihr schweres Gerät wie Panzerabwehrraketen umladen konnten. Dass sie ihre Waffen auch einsetzen würden, daran gab es keinen Zweifel.

Am selben Tag äußerte sich auch Carlos schriftlich zu dem Bombenattentat. In einem Brief an den deutschen Bundesinnenminister Friedrich Zimmermann (CSU) übernahm er am 1. September 1983 offiziell die Verantwortung für den Anschlag: »Verehrte Exzellenz … diese Operation ist Teil des bewaffneten Kampfes, den uns die französische Regierung aufgezwungen hat«, erklärte er. »Dass wir Westberlin gewählt haben, soll Ihnen als Warnung dienen.«

Als Beleg dafür, dass seine Gruppe (und nicht die *ASALA*) für den Anschlag verantwortlich war, legte er Skizzen und Erläuterungen zur Bombe im Maison de France bei. Abschließend unterzeichnete er das Schreiben wieder mit seinen Daumenabdrücken und dem Vermerk: »Für die Organisation der bewaffneten arabischen Kämpfer – Arm der arabischen Revolution – Carlos.« Es war das erste Mal in seiner zwischenzeitlich langen Karriere als Auftragskiller, dass er sich persönlich zu einem Attentat bekannte.

Berlin, 23. Juni 1991

Böttcher traut zunächst seinen Augen nicht, als ihm Helmut Voigt aus dem Fernsehen entgegenblickt. Obwohl sie mit internationalem Haftbefehl nach ihm fahnden, ließ sich der frühere Stasi-Offizier in seinem Versteck von »Spiegel-TV« interviewen.

Voigt erzählt den Fernsehleuten, wie er einst herausfand, dass Carlos 1979 mit einem jemenitischen Diplomatenpass und einem Koffer voller Waffen, Munition und Granaten nach Ostberlin eingereist war. »Die Feststellung, dass Carlos in der DDR ist, war eine …«, sagt Voigt und zögert einen Moment das Wort in die Länge, als müsse er kurz nachdenken, »… eine Riesensensation! Auch im Ministerium für Staatssicherheit. Das war die Topinformation.«

Voigts Stimme ist rau wie Schmirgelpapier. Böttcher überlegt, ob er sie verstellt oder ob Voigt einfach erkältet ist. Er ist sich nicht ganz sicher. Aber vermutlich versucht der Stasi-Mann sich zu verstellen. Dies würde jedenfalls zu seiner lächerlichen Maskerade passen. Voigt trägt ein cremefarbenes Blouson, eine bunte Krawatte und eine beige Schirmmütze, die er tief ins Gesicht gezogen hat. Zudem ist das Zimmer, in dem das Interview stattfindet, so ausgeleuchtet, dass sein Gesicht nicht richtig zu erkennen ist.

Böttcher muss schmunzeln. Es ist Sommer, und überall in Europa ist es warm. Aber Voigt ist gekleidet, als würde er sich in nördlichen Gefilden aufhalten. Dabei sind seine Hände und sein Hals braun gebrannt. Zudem scheint Voigt unter seiner Maskerade kräftig zu schwitzen. Dicke Schweißperlen laufen über die Wangen zum Hals hinunter und bilden dunkle Flecken auf dem Hemdkragen.

Böttcher ist sich sicher, dass sich der Stasi-Mann irgendwo im Süden versteckt. Offensichtlich genießt er die Sonne und verdient sich noch ein paar Mark mit Exklusivinterviews.

Konzentriert verfolgt Böttcher den weiteren Verlauf des Interviews. Es geht vor allem um den Anschlag auf das Kulturzentrum Maison de France. Voigt beteuert seine Unschuld. Er will von den Vorbereitungen nichts gewusst haben: »Wir haben bis zum Zeitpunkt des Anschlages gegen das Maison de France keine glaubhafte Kenntnis über einen solchen Anschlag gehabt. Dann hätten wir sofort reagiert, und es wäre auf keinen Fall eine Übergabe des Sprengstoffes erfolgt. Es ist richtig, dass wir im Hotel Metropol der damaligen DDR-Hauptstadt, ein Valuta-Hotel, Weinrichs Unterlagen kopieren konnten. Die Auswertung war aber so kompliziert, dass wir dafür einen langen Zeitraum brauchten. Wir wären sehr froh gewesen, wenn wir das vorher gehabt hätten. Dann hätten wir anders handeln können.«

Nun werden Filmsequenzen eingeblendet, die das Maison de France nach dem Anschlag zeigen. Die gesamte Front des Gebäudes fehlt. Überall liegen Schutt und Gesteinsbrocken. Feuerwehrleute schieben einen zerstörten Pkw über die mit Staub bedeckte Straße. Dazu sagt eine Stimme aus dem Off: »Für den flüchtigen Helmut Voigt ist es von eminenter Bedeutung, ob der Sprengstoff in Kenntnis des geplanten Attentates zurückgegeben wurde oder ohne dieses Wissen. Allein darauf gründet der Haftbefehl.«

Danach wird Voigt wieder ins Bild gerückt, der mit Reibeisenstimme beteuert: »Ich habe weder den Befehl dazu gegeben noch habe ich den Sprengstoff selber dort hingetragen.«

Schlagartig wird Böttcher klar, dass sich Voigt weniger vor dem Haftbefehl der Generalbundesanwaltschaft fürchtet. Darin wird ihm lediglich Beihilfe zu einem letztlich gescheiterten Anschlag in Heidelberg auf US-General Kroesen vorgeworfen. Voigt ist vielmehr wegen der Ermittlungen des Berliner Staatsanwaltes geflohen. In dem Fall Maison de France geht es schließlich um Mord.

Böttcher weiß jetzt, was er zu tun hat.

»Ich würde Sie gerne einmal kennen lernen«, beginnt Böttcher ohne große Umschweife.

»Wieso?«, antwortet die Stimme am anderen Ende der Telefonleitung.

»Ich denke, es kann nichts schaden. In unser beider Interesse.«

»Wenn Sie meinen«, sagt Detlev Mehlis. Sie verabreden sich zum Mittagessen.

Böttcher ist gespannt. Der Staatsanwalt hat Mumm bewiesen. Nachdem er Voigt ursprünglich nur als Zeuge hatte vernehmen wollen, wertete er dessen Flucht kurzerhand als Schuldeingeständnis und erließ einen Haftbefehl wegen Beihilfe zum Mord. Er ist offensichtlich wild entschlossen, den Fall aufzurollen. Und Böttcher kann ihm dabei helfen. Er besitzt die nötigen Hintergrundinformationen dazu.

Aber der Anschlag auf das französische Kulturzentrum am Ku'damm ist nicht der einzige Fall, den Mehlis mit Hilfe von Stasi-Unterlagen endlich zur Anklage bringen will. Seit dem Auftauchen des OV »Lux« kümmert er sich auch wieder verstärkt um den La-Belle-Fall.

Als am 5. April 1986 morgens gegen 1.30 Uhr auf die Westberliner Diskothek La Belle ein Bombenattentat verübt wurde, hatte Mehlis erst wenige Wochen zuvor seine neue Stelle im so genannten Brand- und Sprengstoffreferat der Staatsanwaltschaft beim Berliner Kammergericht angetreten.

Das Attentat fiel in seine Zuständigkeit. Mehlis, damals 35 Jahre alt, begann zu ermitteln. 220 Hinweisen ging er nach, 266 Personen ließ er vernehmen, ohne letztlich entscheidende Ergebnisse zu erhalten. An die Eröffnung eines Hauptverfahrens war nicht zu denken. Nach Jahren erfolgloser Ermittlungen kapitulierte er schließlich und versah die Akten mit einen »Weglegevermerk«. Das bedeutet, dass die Papiere für die nächsten zwanzig Jahre aufgehoben werden müssen. Mehr konnte er damals nicht tun.

Seit der Wende sieht die Sache wieder anders aus. Die Aussagen des Stasi-Überläufers Wiegand waren für Mehlis Anlass, das Verfahren wieder aufzunehmen. Als auch noch die Stasiunterlagen aus dem Operationsvorgang »Lux« auftauchten und die Aussagen des Überläufers bestätigten, wonach das libysche Volksbüro in Ostberlin eine Schlüsselrolle bei der Vorbereitung des Anschlages gespielt hatte, ermittelt Mehlis wieder mit Hochdruck.

Mehlis ist irritiert, als ihm Böttcher in der Kantine der Staatsanwaltschaft beim Kammergericht Berlin gegenübersitzt. In den vergangenen Jahren hatte er es mit einer ganzen Reihe von Ermittlern zu tun gehabt, sowohl vom LKA als auch vom BKA. Aber Böttcher entspricht überhaupt nicht dem Bild eines Kriminalbeamten. Als Böttcher ihn in seinem kleinen Büro abholte, trug er einen schwarzen Schlapphut und hatte eine Umhängetasche um, wie sie Bundesbahnschaffner benutzen. Die Tasche ist eine Spezialanfertigung aus der »Zauberwerkstatt des BND«. Sie enthält einen »Container«, ein Geheimfach, in dem man Pässe oder Dokumente verstecken kann. Aber das konnte Mehlis natürlich nicht wissen. Böttcher erschien Mehlis von der ersten Minute als dubiose Gestalt. »Der Typ ist nie und nimmer vom BKA«, dachte sich der Staatsanwalt.

In der Kantine bestellen beide Erbsensuppe. Zur Überraschung von Mehlis ordert Böttcher dazu ein Bier. Für Böttcher ist nämlich bald Feierabend. Er war die ganze Nacht unterwegs, hatte sich wieder mit einem seiner »aufgebohrten« Stasi-Leute getroffen. Mehlis jedoch ist befremdet. Er runzelt die Stirn. Ein BKA-Beamter, der während der Dienstzeit schon beim Mittagessen Alkohol zu sich nimmt, ist ihm noch nie untergekommen.

Schweigend löffelt Böttcher seine Erbsensuppe aus. Er sagt nicht viel, nur gelegentlich stellt er eine Frage zum Fall Maison de France und zum Stand der Ermittlungen gegen Voigt. Mehlis ist mehr und mehr irritiert. Normalerweise stellt er die Fragen. Schließlich ist er der Staatsanwalt und Polizeibeamte arbeiten ihm zu. Aber dieser Böttcher scheint sich um Zuständigkeiten nicht sonderlich zu scheren.

Zum Schluss des einseitig verlaufenen Gesprächs bittet Mehlis darum, Böttcher möge ihm eine Telefonnummer hinterlassen. Böttcher murmelt daraufhin etwas, er sei momentan sehr schwer zu erreichen. In Berlin hat er kein Büro und die Privatnummer von Maria möchte er nicht herausrücken, zumal er dort unter normalen Dienstzeiten nicht zu erreichen ist. Dem verdutzt schauenden Staatsanwalt versichert er beim Abschied, dass er sich zur gegebenen Zeit melden würde.

Mehlis überlegt, ob er sich beim BKA über Böttcher erkundigen soll. Er befürchtet, dass dieser bunte Vogel so viel mit dem Bundeskriminalamt zu tun hat wie Carlos, der Schakal, mit der Heilsarmee.

Die Skepsis von Mehlis kommt nicht von ungefähr. Er hat allen Grund, vorsichtig zu sein. Seine Ermittlungen werden nicht überall gern gesehen. Besonders im Auswärtigen Amt in Bonn verfolgt man mit Argwohn die Arbeit des Berliner Staatsanwaltes.

Nach der Sichtung des OV »Separat« war Mehlis zu der Überzeugung gelangt, dass sich Carlos, Kopp und Weinrich nur in Syrien aufhalten können. Den Stasi-Unterlagen nach zu urteilen, war das Terror-Trio in der Vergangenheit meist mit syrischen Diplomatenpässen unterwegs gewesen. Zudem hatte die syrische Botschaft in Ostberlin eine nicht unwesentliche Rolle beim Anschlag auf das Maison de France gespielt. Weinrich hatte dort den Sprengstoff gelagert. Die Aufzeichnungen des OV »Separat«, darunter Kopien von handschriftlichen Briefen von Weinrich, lassen darüber keinerlei Zweifel zu.

Mehlis fragte deshalb im Auswärtigen Amt an, ob es die Möglichkeit gebe, ein Rechtshilfeersuchen nach Syrien zu schicken. Daraufhin gab man ihm deutlich zu verstehen, dass seine Ermittlungen nicht gerade förderlich für die außenpolitischen Interessen der Bundesrepublik seien. Mehlis verstand. Er war dem Terror-Trio gefährlich nahe gekommen. Vermutlich ging man in Bonn ebenfalls davon aus, dass Syrien die Terroristen beherbergt. Eine entsprechende Anfrage der Bundesregierung würde jedoch Syrien als »Schurkenstaat« desavouieren und das deutsch-syrische Verhältnis nachhaltig stören.

Wenig später erschien jedoch unter der Überschrift »Der Pate des Terrors« eine groß aufgemachte Story über die Carlos-Gruppe im »Stern«. »Heute lebt Carlos, der meistgesuchte Terrorist der Welt, mit seiner deutschen Frau, einem Kind und einem deutschen Leibwächter als Geschäftsmann getarnt in Syrien«, hieß es im Vorspann der Reportage.

Zwei Reportern der Hamburger Illustrierten war es gelungen, das Terror-Trio in Damaskus aufzustöbern. Der umfangreiche und detaillierte Bericht war garniert mit zahlreichen Dokumenten und Fotos, die keine Zweifel mehr zuließen, dass sich Carlos, Kopp und Weinrich in Syrien aufhalten. Der deutsche Botschafter in Damaskus war jedoch von den Recherchen des »Stern« nicht sonderlich angetan. Auf Nachfrage der Reporter erklärte er: »Wir gehen davon aus, dass es einen Herrn Carlos nicht gibt.«

Die Nachricht über den Aufenthaltsort der Terroristen ging um die Welt – und der »Stern« kam mit der Lufthansa sogar bis nach Damaskus. Zwei Mitarbeiter von Daimler Benz, die dort in der Niederlassung des deutschen Automobilherstellers arbeiteten, erkannten auf einem der Fotos ihren Kunden »Peter Schmidt«, der bei ihnen hin und wieder Ersatzteile kaufte und ein Faible für schnittige Autos hatte. Angeblich kümmerte er sich um den Fuhrpark einer syrischen Behörde. Gelegentlich war man sich sogar auf Partys begegnet, zuletzt beim Oktoberfest der Lufthansa. Aus dem »Stern« erfuhren sie nun, dass der Mann in Wirklichkeit Johannes Weinrich hieß und ein gefährlicher Terrorist war. Die beiden Mercedes-Mitarbeiter informierten sofort die deutsche Botschaft.

Die Diplomaten, die vorgeblich immer noch keine Ahnung hatten, mussten nun handeln. Sie sandten eine entsprechende Depesche nach Deutschland. Doch im Auswärtigen Amt in Bonn wollte man die Angelegenheit möglichst klein halten. Syrien hatte sich gerade im zu Ende gegangenen Golfkrieg als Verbündeter des Westens erwiesen, und da wollte man den neu gewonnenen Partner nicht gleich vor den Kopf stoßen und ihm Kollaboration mit Terroristen unterstellen. Diskret wurden der Bundesnachrichtendienst, das Bundesamt für Verfassungsschutz und das Bundesinnenministerium informiert.

Während die Geheimdienste still hielten, schaltete das Innenministerium das Bundeskriminalamt ein. Zwei Beamte aus der Terrorismusabteilung des BKA machten sich umgehend auf den Weg nach Damaskus, um die »Stern«-Story zu überprüfen, denn nur mit stichhaltigen Belegen aus offiziellen Ermittlungen war das Auswärtige Amt bereit, aktiv zu werden. Während die deutsche Botschaft wieder blockte, erwiesen sich die zwei Mercedes-Mitarbeiter als höchst kooperativ. Sie besorgten eine leere Zigarettenschachtel der Marke »Lucky Strike«, die Weinrich in einen Papierkorb geworfen hatte. Sie war voller Fingerabdrücke des deutschen Terroristen. Damit erhielt das BKA den hundertprozentigen Beweis, dass sich Weinrich tatsächlich in Damaskus aufhielt. Die deutsche Justiz konnte endlich ein entsprechendes Rechtshilfeersuchen an Syrien richten, das Oberstaatsanwalt Mehlis längst vorbereitet hatte.

Währenddessen zog der »Stern«-Bericht weiter Kreise. Als der österreichische Bundespräsident Kurt Waldheim auf Staatsbesuch in Syrien weilte, nutzen die mitreisenden Journalisten die Gelegenheit, gegenüber syrischen Regierungsstellen den Carlos-Fall zur Sprache zu bringen. Der syrische Informationsminister Mohammad Salman dementierte vehement den »Stern«-Bericht und sprach von »haltloser und zionistischer Verleumdung«.

Mitte Juni 1991 kam es dann in Bonn zu einem Treffen von Vertretern des Bundesinnenministeriums, des Auswärtigen

Amtes, des BND und des BKA. Es ging um das Thema Carlos/Weinrich. Ein Vertreter der Justiz war nicht geladen.

Das Auswärtige Amt machte in dieser Runde deutlich, dass es sich weiterhin weigern werde, der Sache energisch nachzugehen. Die Ergreifung der Terroristen und ihre Auslieferung an die Bundesrepublik könne zu unkalkulierbaren Folgen führen, von Anschlägen bis zu Geiselnahmen. Bei Carlos müsse man mit allem rechnen. Man wolle versuchen, das Problem auf andere Weise zu lösen.

Staatsanwalt Mehlis sind seitdem die Hände gebunden. Umso mehr wundert er sich über den Besuch von Böttcher. Dieser vermeintliche BKA-Beamte interessierte sich auffällig stark für den Carlos-Komplex. Mehlis wird den Verdacht nicht los, dass Böttcher gar nicht vom BKA kommt. Er geht davon aus, dass Böttcher für eine andere Behörde arbeitet und ihm auf den Zahn fühlen sollte, ob er im Fall Maison de France auch in Richtung Syrien ermittelt.

Mehlis nimmt davon Abstand, sich in Wiesbaden danach zu erkundigen, ob es dort einen Kriminalbeamten namens Böttcher gibt. Nach dem Hickhack in Bonn will er keinen unnötigen Wirbel verursachen. Er beschließt jedoch, im Fall Maison de France künftig noch vorsichtiger zu sein.

Die Fahndung nach Helmut Voigt läuft auf Hochtouren. Der Fall hält die Zielfahnder des BKA in Atem. Sie verwenden viel Kraft und Energie bei der Suche nach dem untergetauchten Stasi-Offizier.

Obwohl ihn die Sache eigentlich nichts angeht, schaltet sich Böttcher ein. Schließlich ist er der einzige im BKA, der Voigt persönlich kennt. Zudem hat er eine Menge nützliche Informationen über den Stasi-Mann von dessen früheren Kollegen erhalten. Neben Essen und Trinken hat Voigt eine weitere Leidenschaft: seine zweite Frau Klara. Sie ist wesentlich jünger als Voigt und ausgesprochen hübsch. Voigt würde alles unternehmen, um sie nicht zu verlieren. »Ihr müsst euch an die Frau hängen«, sagt Böttcher immer wieder zu den Zielfahndern. Er ist sich sicher, dass Voigt zu ihr Kontakt hält.

Aber die Überwachung von Klara Voigt stellt sich als äußerst aufwändig und kompliziert heraus. Sie geht offensichtlich davon aus, dass sie observiert wird, was wiederum Böttcher nicht verwundert. Schließlich ist Klara Voigt vom Fach. Sie arbeitete ebenfalls für die Stasi, wo Voigt sie kennen lernte. Und als Geheimdienst-Profi weiß sie, wie man Bewacher abschüttelt. Sie lockt die Zielfahnder in große Kaufhäuser, die sie urplötzlich durch eine Seitentür verlässt, um im Straßengewühl unterzutauchen. Auch beim Telefonieren trifft sie Sicherheitsvorkehrungen. Sie benutzt vorzugsweise öffentliche Fernsprecher und achtet darauf, dass sie noch nicht digitalisiert sind, wodurch nachträglich nicht die Verbindungsdaten erhoben werden könnten.

Aber die Zielfahnder des BKA lassen sich nicht entmutigen. Als die Bewacher wieder einmal den Kilometerstand ihres Ladas überprüfen, fällt ihnen auf, dass die frühere Stasi-Frau seit der letzten Kontrolle eine längere Strecke gefahren sein muss. Nun kontrollieren sie den Kilometerstand öfter. Sie stellen dabei fest, dass mit dem Wagen in unregelmäßigen Abständen ausgiebige Spritztouren unternommen werden. Ist Klara Voigt etwa mit dem Auto zum Versteck ihres Mannes gefahren? Die Zielfahnder können sich das nicht so recht vorstellen. Den gefahrenen Kilometern nach zu urteilen, müsste sich demnach Voigt in einem Umkreis von 600 Kilometern aufhalten.

Aber Böttcher ist sich mit den Zielfahndern darin einig, dass sich Voigt viel weiter weg versteckt halten muss, vermutlich irgendwo im Mittelmeerraum. Entweder Portugal, Spanien, Italien oder Griechenland. Die Zielfahnder beschließen, modernste Technik einzusetzen. Über eine Satellitenpeilung verfolgen nun die BKA-Fahnder den Lada. Dabei stellen sie fest, dass Klara Voigt bei ihren ausgiebigen Spritztouren nach Polen fährt, nach Warschau. Erst nach mehreren Tagen kehrt sie zurück.

Der Schlinge beginnt sich so langsam zuzuziehen. Die Fahnder schließen wohl aus, dass sich Voigt in Polen aufhält. Aber sie gehen davon aus, dass seine Ehefrau von Warschau aus in das Land fliegt, in dem der Stasi-Offizier sich versteckt hält. Nach siebzehn Monaten erfolgloser, manchmal nervtötender Fahndung glauben sie endlich eine heiße Spur zu haben.

Sie lassen Klara Voigt nun nicht mehr aus den Augen. Fester denn je glauben die Zielfahnder daran, dass Böttcher Recht behält und die Frau sie zu Voigt führen wird. Schließlich stellen die Fahnder fest, dass Klara Voigt ein Billigflugticket der polnischen Fluggesellschaft LOT gekauft hat. Demnach will sie am 5. September 1992 ab Warschau nach Athen fliegen. Der Rückflug ist für den 22. September gebucht. Der Flugschein ist auf den Namen »Vogl, N.« ausgestellt.

Die Zielfahnder bleiben der Ehefrau von Voigt auf den Fersen. Aber gleich nach der Ankunft in Athen verlieren sie Klara Voigt. Den BKA-Beamten bleibt nichts anderes übrig, als die griechische Polizei um Hilfe zu bitten. Mit einem Riesenaufwand durchkämmen örtliche Polizisten die Hotels von Athen nach Klara Voigt alias N. Vogl. In den frühen Morgenstunden scheinen sie fündig geworden zu sein. Im Hotel Balasca, Zimmer 510, ist ein deutsches Pärchen, auf das die Beschreibung passt, für 45 Mark die Nacht abgestiegen.

Gegen sechs Uhr morgens wird das Pärchen aus dem Schlaf gerissen. Die Frau räumt sofort ein, Klara Voigt zu sein. Hingegen behauptet der Mann, der neben ihr im Bett liegt, eisern, dass er Alfred Herrmann heißt und in Hamburg wohnt. Er scheint Humor zu haben und sich über die Verwechslung köstlich zu amüsieren. Laut lachend zeigt er seine Papiere vor. Sie scheinen echt zu sein und sind ausgestellt auf den Namen Alfred Herrmann. Die Athener Polizisten sind verunsichert.

Die deutschen Zielfahnder kommen in Erklärungsnot. Sie haben keine Beweise, dass der Mann von Zimmer 510 der mit internationalem Haftbefehl gesuchte Helmut Voigt ist. Von dem früheren Stasi-Oberstleutnant liegen weder Fingerabdrücke noch Fotos vor, anhand deren er zweifelsfrei identifiziert werden kann. Die Griechen verlangen aber einen eindeutigen Beweis. Die Zielfahnder rufen ihren Chef in Wiesbaden an.

In Wiesbaden will man es zuerst nicht glauben. Fieberhaft überlegt man dort, wie sie das Dilemma lösen können. Schließlich kommt ihnen die rettende Idee. Böttcher kann Voigt identifizieren. Er ist der Einzige im BKA, der Voigt von Angesicht zu Angesicht kennt. Er muss umgehend nach Athen fliegen und vor einem Richter bezeugen, dass es sich bei dem Festgenommenen um Helmut Voigt handelt. Der Chef der Zielfahnder greift zum Telefonhörer und wählt Böttchers Privatnummer. Aber niemand nimmt ab. Es ist Sonntag, der 6. September 1992, früher Vormittag. Der Zielfahnder flucht.

Böttcher ist in Amsterdam, zusammen mit Maria. Vor sechs Wochen haben sie geheiratet, aber noch keine Zeit gefunden für Flitterwochen. Nun haben sie sich ein paar Tage in den Niederlanden gegönnt. Als sie gegen 21 Uhr wieder in Wiesbaden sind, hört Böttcher bereits beim Aufschließen der Wohnungstür das Telefon klingeln. Ihm schwant nichts Gutes. Zuerst will er gar nicht abheben, aber letztlich greift er doch zum Hörer.

Der Chef der Zielfahnder instruiert ihn kurz. Noch bevor das Telefongespräch beendet ist, weiß Böttcher, was auf ihn zukommt. Er braucht seinen Koffer erst gar nicht auspacken. Am nächsten Morgen muss er mit der ersten Maschine nach Athen.

Das Polizeipräsidium in Athen befindet sich mitten in der Stadt, in einem Hochhaus. Voigt sitzt dort in einem spartanisch eingerichteten Vernehmungszimmer. Böttcher beobachtet ihn durch einen venezianischen Spiegel. Voigt wirkt äußerlich gelassen. Er ist braun gebrannt und hat einen Vollbart. Böttcher geht davon aus, dass der Stasi-Mann weiter behaupten wird, nicht Helmut Voigt zu sein.

Böttcher überlegt, wie er ihn am besten dazu bringt, sich als Voigt zu erkennen zu geben. Er geht davon aus, dass der Stasi-Mann nicht mit seinem Auftauchen rechnet. Diesen Vorteil muss er nutzen. Er muss ihn überrumpeln. Kurz entschlossen betritt er das Vernehmungszimmer und sagt: »Hallo, Helmut, dumm gelaufen, wie?«

Als ihn Voigt sieht, klappt ihm der Unterkiefer herunter. Böttcher schaut ihn unschuldig an. Mitunter ist er ein Bluthund mit Dackelblick. Dann unterläuft Voigt ein folgenschwerer Fehler. Er springt vom Stuhl auf und ruft: »Diesen Herrn vom BKA kenne ich nicht, habe ich nie gesehen.«

Böttcher grinst. Aus dem Nebenzimmer dringt schallendes Gelächter herüber. Böttcher schaut kurz hinüber zum Spiegel und nickt unmerklich. Voigt hat sich verplappert. Woher sollte er wissen, dass Böttcher vom BKA ist, wenn er der unbescholtene Mann aus Hamburg wäre, für den er sich ausgibt.

Voigt bemerkt seinen Fehler. Die Farbe weicht schlagartig aus seinem Gesicht. Er ist jetzt leichenblass. Er fängt zu zetern an. Böttcher sagt nur: »Mensch, Helmut, was soll der Scheiß.«

Für Böttcher ist die Sache gelaufen. Er wird gegenüber einem griechischen Richter noch eine schriftliche Aussage ablegen. Danach wird die aufwändigste Zielfahndung in der Geschichte des BKA ein unspektakuläres Ende gefunden haben.

Böttcher klopft kurz auf den Tisch, an dem Voigt nun zusammengekauert sitzt. »Das war's wohl. Wir sehen uns bald wieder in Deutschland«, sagt Böttcher zum Abschied.

Er sollte sich irren.

Athen, 14. Januar 1993

Als Böttcher am Airport der griechischen Hauptstadt in ein Taxi steigt, begleiten ihn zwei Kollegen vom Landeskriminalamt Berlin. Seit der Verhaftung von Voigt sind mittlerweile vier Monate vergangen. Die griechischen Behörden müssten den früheren Stasi-Offizier längst ausgeliefert haben. Aber nichts ist passiert. Böttcher lässt das Gefühl nicht mehr los, dass in dieser Angelegenheit irgendetwas faul ist. Die Griechen haben nicht einmal die Gründe mitgeteilt, warum sich die Auslieferung verzögert.

Eigentlich geht Böttcher die ganze Sache mal wieder überhaupt nichts an. Der Fall ist allein die Angelegenheit des LKA Berlin. Aber Böttcher schert sich selten um Formalitäten. Voigt ist sein Fall. Er will partout, dass der Kerl nach Deutschland ausgeliefert und ihm dort der Prozess gemacht wird. Deshalb hat er sich mit zwei Kollegen vom LKA zusammengetan und beschlossen, sich vor Ort über den Stand der Dinge zu erkundigen.

Offiziell begleitet Böttcher die beiden LKA-Beamten, die einen Termin im griechischen Innenministerium in Athen vereinbart haben. In Wirklichkeit ist es umgekehrt. Die beiden haben keine Erfahrung mit Auslandseinsätzen. Böttcher hingegen kennt die griechische Hauptstadt wie seine Westentasche. In den vergangenen Jahren hat er sich dort immer mal wieder mit Informanten getroffen. Allerdings gehört Athen nicht zu seinen bevorzugten Trefforten. Der Smog in der Drei-Millionen-Stadt raubt einem fast den Atem.

In dem beengten Besprechungszimmer im Innenministerium ist die Luft zum Schneiden. Zigarettenrauch nebelt Michalis Nistikakis und seine zwei Adjutanten ein. Nistikakis ist der stellvertretende Polizeichef von Griechenland, im Range eines Drei-Sterne-Generals. Er steckt sich eine Zigarette nach der anderen an.

Weil die beiden LKA-Beamten kein Englisch sprechen, übernimmt Böttcher die Rolle des Verhandlungsführers. Vorsichtig erkundigt er sich, bis wann sie mit der Auslieferung von Voigt rechnen dürfen. Radebrechend gibt ihm der General zu verstehen, dass weder er noch seine Adjutanten ausreichend Englisch sprechen. Gestenreich entschuldigt sich der General dafür, dass kein Dolmetscher zur Verfügung steht. Die Unterredung wird teilweise zur Farce. Jedenfalls bekommen Böttcher und seine Kollegen keine konkrete Aussage von den Griechen, wann Voigt ausgeliefert wird.

Für Böttcher ist es kein Zufall, dass kein Dolmetscher zur Verfügung steht. »Voigt kommt noch nicht so schnell nach Deutschland«, raunt einer der LKA-Beamten Böttcher zu. Böttcher befürchtet, dass der Kollege damit nicht ganz falsch liegt. Angestrengt überlegt er, wie sie weiter verfahren sollen. Ihnen bleibt jedoch nichts anderes übrig, als sich vorerst zu verabschieden.

Gegen Abend wird Böttcher im Hotel eine Nachricht zugesteckt. Nistikakis will ihn sprechen. Und zwar allein. Gegen Mitternacht würde ihn der General in der Lobby des Athener Nobelhotels Hilton erwarten.

Böttcher stimmt dem Treffen zu. Er findet nichts Ungewöhnliches daran, dass ihn der General ausgerechnet in einer Hotellobby unter vier Augen sprechen will. Hotels sind in seiner Branche ein beliebter Ort für vertrauliche Gespräche. Außergewöhnlich ist lediglich der Zeitpunkt. Um Mitternacht hatte er bislang noch nie eine konspirative Verabredung. »Öfter mal was Neues«, denkt sich Böttcher.

Das Hilton liegt in der Vassilissis Sofia Avenue. Das bogenförmige Gebäude hatte bei seiner Errichtung für hitzige Debatten gesorgt. Mit 54 Metern verstieß die Höhe gegen die damaligen Baugesetze, die dann einfach geändert wurden, damit das Hotel nicht wieder abgerissen werden musste. Bis zur Erbauung des Hilton bestimmte allein der Parthenon die Skyline Athens.

Obwohl es bereits Mitternacht ist, herrscht reges Treiben im Hilton. Das Hotel ist Treffpunkt der Athener High Society, die vorzugsweise im dreizehnten Stock in der Galaxy-Bar verkehrt, wo man einen atemberaubenden Blick auf die Akropolis hat.

Böttcher lässt suchend seinen Blick kreisen. Ein Page schiebt klirrend einen Gepäckwagen zu den Aufzügen. Amerikanische Touristen stehen laut lachend an der Rezeption. Aber vom General keine Spur.

Böttcher durchschreitet die Lobby. Schließlich sieht er ihn. Der General hat es sich in einer Sitzecke hinter einer der dicken goldenen Säulen bequem gemacht. Zu seiner Überraschung ist er nicht allein. Ein Mann ist bei ihm. Als Böttcher auf die beiden zugeht, erhebt sich der Mann und begrüßt ihn auf Deutsch.

Es ist ein Vertrauter des Generals, der vor seiner Karriere bei der Polizei eine Zeit lang in Stuttgart lebte. Böttcher weiß dies zu deuten. Der General will wohl nicht länger mehr um den heißen Brei herumreden, sondern Klartext mit ihm sprechen. Böttcher ist dies nur recht. Das zähe Hin und Her der vergangenen Stunden hatte ihn mürbe gemacht.

»Voigt bekommt ihr nicht«, beginnt der General die Unterredung.

»Warum nicht?«

»Er hat uns angeboten, dabei zu helfen, unser Terrorismusproblem zu lösen.«

»Welches Terrorismusproblem?«

»Die *Revolutionäre Organisation 17. November.*«

Böttcher kratzt sich lächelnd am Kopf. Er hat sich so etwas schon gedacht. Voigt ist eben mit allen Wassern gewaschen. Wie so viele in seinem Gewerbe ist Voigt ein Musterbeispiel für gespaltene Loyalität oder besser für die Unerheblichkeit jeglicher Loyalität. Der frühere Stasi-Offizier hat den Griechen vermutlich irgendeinen faulen Handel vorgeschlagen. Politisches Asyl und Papiere gegen Informationen über den *17. November.*

Die griechische Terrororganisation trat erstmals im Dezember

1974 in Erscheinung. Damals wurde Richard Welsh, der Athener Bürochef der CIA, vor den Augen seiner Frau mit einem Kopfschuss aus einem 45er Revolver liquidiert. In einem Bekennerschreiben mit dem Titel »Gegen Faschismus und amerikanischen Imperialismus« bekannte sich zu dem Mord eine bis dahin unbekannte Gruppe mit dem Namen *Revolutionäre Organisation 17. November.* Sie beschuldigte den CIA-Mann, die Junta nach Kräften unterstützt zu haben.

Der Name der Terrororganisation erinnert an den Studentenaufstand gegen die Militärjunta vom 17. November 1973. Damals stürmten Polizeieinheiten, unterstützt von Panzern des Militärs, das Athener Polytechnikum, wo sich Studenten verbarrikadiert und das Ende des Obristenregimes gefordert hatten. Vierunddreißig Studenten wurden getötet, mehr als achthundert verletzt.

Die Ermordung des Athener CIA-Chefs fand die stille Zustimmung in Großteilen der Bevölkerung. Viele Griechen gaben den USA und insbesondere der CIA Mitschuld an der Zypern-Krise von 1974 und warfen der Weltmacht zudem vor, mit den Obristen zusammengearbeitet zu haben.

Seit der Gründung vor zwei Jahrzehnten haben Mitglieder des *17. November* an die 200 Anschläge verübt und 20 Menschen getötet. Die »gerechtfertigte revolutionäre Gewalt«, wie *17N* seine Hinrichtungen beschönigend umschreibt, richtete sich hauptsächlich gegen US-Diplomaten, Soldaten und Niederlassungsvertreter amerikanischer Multikonzerne sowie konservative griechische Politiker.

Über kaum eine zweite Terrororganisation auf der Welt ist weniger bekannt als über diese Gruppe. Bei keinem einzigen der Anschläge konnten bislang die Attentäter gefasst oder zumindest identifiziert werden. Der *17. November* ist eine gesichtslose, geheimnisvolle Organisation, die mittlerweile zum Mythos geworden ist.

Böttcher will nicht ausschließen, dass Voigt tatsächlich im Besitz von Informationen über den *17. November* ist. Schließlich unterhielt die Stasi zu allen möglichen Terrorgruppen Kontakt. Es würde ihn also nicht überraschen, falls auch Mitglieder vom *17. November* vom Geheimdienst in der DDR beherbergt und ausgebildet wurden.

Er weiß nur nicht, warum sich dann der griechische General mit ihm mitten in der Nacht trifft, wenn er die Informationen über die Terrororganisation von Voigt erhält.

»Wir vernehmen ihn seit drei Monaten. Alles wird auf Tonband aufgezeichnet«, sagt der General.

»In Deutschland werden die Verantwortlichen das nicht sonderlich lustig finden, wenn Sie Voigt nicht ausliefern«, sagt Böttcher.

»Ich glaube nicht, dass uns dadurch große Schwierigkeiten entstehen.« Der General lächelt selbstgefällig über etwas, das ihm wohl gerade durch den Kopf geht.

Böttcher hebt wie zur Abwehr die Hände, um damit zum Ausdruck zu bringen, dass sich der General da mal nicht so sicher sein soll. Aber der General scheint Böttcher zu durchschauen und weiß, dass dies nur ein verzweifelter Versuch ist zu bluffen. Und dann macht der General seinen nächsten Zug, wissend, Böttcher damit schachmatt zu setzen.

»Euer Bundeskanzler hat zugestimmt, dass wir trotz des internationalen Haftbefehls Voigt behalten können.«

»Das wüssten wir aber ...«, sagt Böttcher und bricht mitten im Satz ab. Ein leichter Schauer läuft ihm über den Rücken. So eine Geschichte könnte ihm der General nicht auftischen, wenn sie nicht wahr wäre. Böttcher kann nicht ausschließen, dass auf politischer Ebene ein Handel stattgefunden hat, von dem gemeine Terrorfahnder nicht einmal etwas ahnen.

Der General genießt noch einen Augenblick die Wirkung seiner Worte. Schließlich erzählt er Böttcher, was sich vor dreieinhalb Monaten, im Oktober 1992, auf dem Begräbnis von Willy Brandt zugetragen hatte.

Zur Beisetzung des früheren Bundeskanzlers und SPD-Vorsitzenden waren Regierungschefs aus aller Herren Länder angereist. Auch Konstantinos Mitsotakis war da, der griechische Regierungschef und ein persönlicher Freund des Generals. Mitsotakis stand bei der Zeremonie nicht weit weg von Bundeskanzler Kohl, der seinem sozialdemokratischen Vorgänger die letzte Ehre erwies. Mitsotakis hatte einst in München studiert und spricht deshalb noch etwas Deutsch. Also sprach er Kohl wegen Voigt an. Vermutlich zwischen Tür und Angel fragte er ihn, ob Kohl etwas dagegen einzuwenden hätte, falls die griechische Justiz Voigt nicht ausliefere. Ohne den Vorgang vermutlich zu kennen, soll Kohl auf der Trauerfeier damit einverstanden gewesen sein. Mit dem Wort unter politischen Freunden war für die Griechen die Sache besiegelt. Sie gehen davon aus, Voigt behalten zu können.

Böttcher kratzt sich wieder am Kopf. »Das wird immer komplizierter«, denkt er. Zunächst weiß er gar nicht, was er sagen soll. Die Geschichte scheint damit für ihn mindestens eine Kragennummer zu groß zu sein. Es ist mehr Verlegenheit, als er den General nun fragt: »Kann ich Voigt sehen?«

Der General nickt. »Das lässt sich arrangieren.«

Böttcher ist überrascht. Eigentlich gibt es keinen Anlass, dass ihm der General irgendwie entgegenkommt. Er weiß noch immer nicht, warum ihn der General überhaupt treffen wollte. »Was wollen Sie eigentlich von mir? Oder haben Sie mich nur hierher bestellt, um mir mitzuteilen, dass Sie Voigt nicht ausliefern werden?«

Der General setzt wieder sein Grinsen auf. Aber diesmal ist es eine Spur weniger selbstsicher. »Vielleicht können Sie uns ebenfalls helfen, unser kleines Terrorismusproblem zu lösen«, sagt der General.

Böttcher weiß nicht, auf was der General hinaus will. Aber er deutet an, dass er sich durchaus vorstellen kann, mit ihm zu kooperieren.

»In den Stasi-Akten sind sicherlich wertvolle Hinweise auf Personen vom *17. November* zu finden«, sagt der General.

Böttcher kann sich nicht daran erinnern. Aber die Wahrheit bringt ihn jetzt auch nicht weiter. Er blufft: »Die Stasi hat über alles und jeden Informationen zusammengetragen, sicherlich auch über den *17. November.*«

»Dann kommen wir vielleicht doch noch ins Geschäft«, sagt der General.

Böttcher ist ein leidenschaftlicher Kartenspieler. Er weiß, dass er nun sehr hoch reizt. Aber er sieht keinen anderen Ausweg. Er kann nur hoffen, mit den verdeckten Karten noch den entscheidenden Stich machen zu können. »Die Stasi-Akten liegen im Stahlschrank in meinem Büro. Ich müsste nachsehen.«

»Tun Sie das«, sagt der General und macht Anstalten, die Besprechung beenden zu wollen. »Ich gehe allerdings davon aus, dass Sie unsere Unterredung vertraulich behandeln.«

Böttcher nickt. Er sieht keine Notwenigkeit, seine Berliner Kollegen informieren zu müssen. Am nächsten Tag fliegt er mit seinen Kollegen zurück.

In seinem Büro in Wiesbaden durchkämmt Böttcher die Stasi-Akten nach irgendwelchen Hinweisen zum *17. November.* Die griechische Terrororganisation beschäftigte ihn bislang so wenig wie die tamilischen Rebellen oder der *Leuchtende Pfad* in Peru. Solange ausländische Terrororganisationen nicht in Deutschland zuschlagen oder Bundesbürger im Ausland entführen oder ermorden, sind sie für Böttcher kein großes Thema.

Allerdings ist er sich ziemlich sicher, dass die Stasi auch Interesse am *17. November* hatte. Schließlich kannte ihre Sammelwut keine Grenzen.

Seine Hoffnung wird nicht enttäuscht. Als er in einem Ordner des OV »Separat« auf Hinweise zu griechischen Terrorgruppierungen stößt, muss Böttcher schmunzeln. »Auf die Stasi ist einfach Verlass«, sagt er halblaut.

Nach den Aufzeichnungen des DDR-Geheimdienstes sind griechische Terrororganisationen wie *17N* oder *Revolutionärer Volkskampf (ELA)* viel mehr in das Netzwerk des internationalen Terrorismus eingebunden, als Böttcher bislang dachte. Besonders der *17N* spielte in derselben europäischen Terrorliga wie die *RAF* oder die *Revolutionären Zellen (RZ)*.

Auffallend sind auch die Ähnlichkeiten zwischen der *RZ* und *17N*. Über beide Terrororganisationen weiß man verhältnismäßig wenig, beide sind gesichtslos und haben die gleiche konspirative Vorgehensweise. Wie bei der *RZ* leben auch die Mitglieder des *17N* in der Legalität, gehen wohl bürgerlichen Berufen nach und tauchen nur für die Durchführung ihrer Attentate kurzfristig ab. Ihre Anschläge wiederum erinnern mehr an die Vorgehensweise der *RAF* oder der *Roten Brigaden* in Italien. Um »Kollateralschäden« zu verhindern, verüben sie gezielte Mordanschläge gegen einzelne Personen.

Im OV »Separat« stößt Böttcher schließlich auf Berichte, die fortan seine ganze Aufmerksamkeit in Anspruch nehmen. Demnach besaß die Stasi Aufzeichnungen von Weinrich, die die enge Zusammenarbeit zwischen der Carlos-Gruppe und der *ELA* dokumentieren. Mühsam arbeitet er sich durch das Aktenkonvolut, bis er den entscheidenden Beleg in der Hand hält. Es handelt sich um die Kopie eines handschriftlichen Briefes von Weinrich an Carlos. Demnach hatten drei *ELA*-Aktivisten dem deutschen Carlos-Stellvertreter Johannes Weinrich am 13. April 1983 bei einem Bombenanschlag in Athen assistiert.

Im Auftrag des libyschen Geheimdienstes sollte Weinrich den saudi-arabischen Botschafter umbringen. Mit Hilfe der *ELA* hatte der deutsche Terrorist die Strecke ausgekundschaftet, die der saudische Diplomat auf dem Weg zur Botschaft benutzte, und dort eine Autobombe platziert. Als die Limousine des Botschafters vorbeifuhr, wurde die Bombe per Fernzündung zur Explosion gebracht.

Dem saudischen Botschafter wurde jedoch kein Haar gekrümmt. Er hatte sich noch etwas die Füße vertreten wollen und deshalb ein paar Straßenzüge vor der Botschaft seinen Chauffeur angewiesen, ihn aussteigen zu lassen.

Gegenüber Carlos versuchte Weinrich die Panne als Erfolg darzustellen. In dem Brief an seinen Boss schrieb er: »Die Operation war viel größer, als wir glaubten. Unser Sprengstoff ist vollständig hochgegangen, von unserem Auto ist nichts übrig geblieben. Warum die beiden in dem ersten Auto nicht auf der Stelle getötet wurden, ist merkwürdig.« Griechische Zeitungen berichteten, dass die beiden »mit schweren Verbrennungen« ins Krankenhaus kamen, was Weinrich veranlasste, seiner Hoffung Ausdruck zu verleihen, dass sein Anschlag doch noch zum erhofften Ergebnis führen könnte: »Wie dem auch sei, vielleicht sind sie gestorben«, schrieb er an Carlos.

Aber Weinrich hielt sich nicht lange mit dem Fehlschlag auf und berichtete Carlos von den nächsten Mordplänen. Die *ELA* bat ihn um Unterstützung für einen Anschlag auf einen französischen Konzernvertreter: »Sie wollen, dass wir den französischen Vertreter von Pechiney, einem sehr wichtigen französischen Konzern, der in Griechenland eine wichtige Rolle spielt, umbringen.« Weinrich setzte noch hinzu: »Ich mag das …«

Böttcher schüttelt angewidert den Kopf. Der Brief ist das beste Zeugnis, wie menschenverachtend Weinrich zu Werke geht. Aus jeder Zeile ist die pure Mordlust herauszulesen. Diesem eiskalten Killer würde er lieber heute als morgen das Handwerk legen. Aber seinen Drang, sich auf die Suche nach Weinrich zu machen, muss er noch zügeln. Vorerst geht es darum, den Griechen genügend Material liefern zu können, um sie dazu bewegen zu können, Voigt doch noch nach Deutschland auszuliefern.

Dazu muss er mit aller Macht verhindern, dass Voigt in Griechenland politisches Asyl und neue Papiere bekommt. Und nach dem Aktenstudium weiß er auch, wie er das anstellt. Der OV »Separat« enthält genügend Informationen, die den griechischen

Behörden bei ihren Ermittlungen von Nutzen sein müssten. Beispielsweise hatte sich Weinrich bei seinen griechischen Handlangern für deren Hilfe erkenntlich gezeigt und ihnen Sprengstoff überlassen. Damit wiederum verübten seine hellenischen Genossen 1988 in Glyfada einen Anschlag auf eine von US-Amerikanern frequentierte Bar namens »Oscar«.

Zudem fand Böttcher in den Stasi-Unterlagen einen Vermerk, mit dessen Hilfe vielleicht die griechischen Handlanger von Weinrich zu identifizieren sind. Bei den Aufzeichnungen des Carlos-Stellvertreters hatte die Stasi einst auch griechische Telefonnummern von Kontaktleuten mit den Decknamen »Phillipe«, »George« und »Andrew« gefunden. Böttcher geht davon aus, dass es sich dabei um Mitglieder der *ELA* oder *17N* handelt. Er hat keine Ahnung, ob die Telefonanschlüsse nach all den Jahren noch geschaltet sind. Aber zumindest sind sie eine Spur. Er sieht seine Chancen wachsen, Voigt doch noch ausgeliefert zu bekommen.

Böttcher greift zum Telefonhörer und erkundigt sich nach Flügen nach Athen.

Athen, 29. Januar 1993

Froh gelaunt kommt Böttcher im Besuchertrakt des Hochsicherheitsgefängnisses Korydallos, westlich von Athen, ein braun gebrannter Helmut Voigt entgegen. Der frühere Stasi-Oberstleutnant begrüßt ihn, als wären sie alte Freunde. Böttcher hat Mühe, seine Überraschung zu verbergen. Als sie sich letztes Mal sahen, wollte ihn Voigt nicht einmal kennen.

Überhaupt scheint es Voigt in den fünf Monate in dem Gefängnis nicht gerade schlecht ergangen zu sein. Dabei ist Korydallos berüchtigt. Bis zu ihrer Hinrichtung waren dort die Führer der griechischen Militärjunta untergebracht. Hier sitzen nur die ganz schweren Jungs. Aber Voigt scheint das nichts auszumachen. Ihm geht es bestens. Die gesunde Bräune, erklärt er Böttcher, komme vom täglichen Hofgang unter griechischer Sonne.

Über seinen Zellennachbarn kann Voigt auch nicht klagen. Er teilt sich eine Zelle mit einem Reedereibesitzer, der eine Gefängnisstrafe absitzen muss, weil seine Tanker im Mittelmeer große Mengen Altöl verklappt haben. Der Reeder sei jedoch ein kultivierter Mann, sagt Voigt. Durch die vielen Gespräche mit ihm, habe er die Möglichkeit, sein Englisch aufzubessern.

Sie plaudern noch ein Weilchen, als sich Voigt plötzlich in einem beiläufigen Ton nach Stasi-Akten erkundigt: »Sag mal, wo sind eigentlich die Unterlagen unserer Abteilung abgeblieben?«

Böttcher lässt sich nichts anmerken. Aber ihm ist nicht entgangen, dass Voigt etwas im Schilde führt. »Ach, die liegen zum Teil in meinem Büro in Wiesbaden.«

»Im OV ›Separat‹ geht es auch mal um die Verbindungen von Weinrich zu griechischen Gruppen. Meist ist da von Decknamen die Rede. Aber es sind auch ein paar Kontakttelefonnummern verzeichnet. Kannst du dich vielleicht an Näheres erinnern?«

Böttcher wird blitzartig klar, dass Voigt den Griechen gegenüber die ganze Zeit blufft. Außer ein paar wagen Informationen hat er nichts Substanzielles zum *17. November* zu bieten. Vermutlich war einmal eine Akte zu der griechischen Terrororganisation über seinen Tisch gegangen und Voigt hatte darin herumgeblättert. Von daher weiß er, dass in den Unterlagen der Stasi konkrete Hinweise auf den *17. November* existieren. Aber Voigt kennt keine Einzelheiten. Als Referatsleiter der HA XXII/8 konnte er sich damals nicht um alle Details kümmern. Dafür hatte er seine Sachbearbeiter.

Mit einem Gefühl des Triumphes verabschiedet sich Böttcher von Voigt. Er weiß nun, dass er alle Trümpfe in der Hand hat. Er muss sie nur noch geschickt ausspielen.

»Ich habe Ihnen einen Vorschlag zu machen«, sagt Böttcher zum General. Gespannt schaut ihn der griechische Vizepolizeichef an.

»Ich bin bereit, mich gegen Voigt austauschen zu lassen.« Der General ist sich nicht ganz sicher, ob er Böttcher richtig verstanden hat. Irritiert blickt er zwischen Böttcher und dem Dolmetscher hin und her. Offensichtlich denkt er, dass ein Übersetzungsfehler vorliegt.

»Voigt und ich haben viel gemeinsam. Wir sind beide seit Ende der 70er Jahre in diesem Geschäft. Wir kennen uns ganz gut aus im internationalen Terrorismus. Allerdings habe ich zwischenzeitlich den großen Vorteil, dass ich zum einen nicht im Knast sitze und zum anderen im Besitz der Stasi-Akten bin.«

Böttcher macht eine kurze Pause, um seine Worte wirken zu lassen. Der General gibt ihm zu verstehen, dass er fortfahren soll. Augenscheinlich beginnt er zu ahnen, auf was Böttcher hinaus möchte.

»Ich unterstütze euch bei euren Ermittlungen. Im Gegenzug bekomme ich Voigt ausgeliefert, und zwar frei Haus. Von mir aus muss das nicht sofort sein. Der soll ruhig noch ein Weilchen bei euch schmoren. Allerdings möchte ich jederzeit zu ihm Zugang haben.«

Der General kneift die Augen zusammen. Böttcher sieht ihm an, wie er überlegt. Nach einem kräftigen Zug aus seiner Zigarette nickt der General zustimmend mit dem Kopf. »Okay«, sagt er.

Böttcher sieht nun den Augenblick gekommen, seinem Forderungskatalog noch den einen oder anderen Punkt hinzuzufügen. »Ich will als Erstes die Mitschnitte von euren Vernehmungen mit Voigt hören. Dann brauch ich ein offizielles Schreiben, in dem Sie um meine Hilfe bitten. Sozusagen ein offizielles Amtshilfeersuchen.«

»Kein Problem! Sonst noch was?«

»Ja«, sagt Böttcher und erzählt, wie Voigt ihn froh gelaunt im Gefängnis empfing. »Euer Knast scheint das reinste Erholungsheim zu sein. Voigt ist braun gebrannt. Zudem ist er mit einem Reeder auf der Zelle, mit dem er sich prächtig über Gott und die Welt unterhalten kann. So kommen wir aber nicht weiter. Er wird sich gegen seine Auslieferung nach Deutschland sträuben und vor einem Athener Gericht dagegen klagen. Und das können wir doch nicht wollen.«

»Ich verstehe«, sagt der General lachend. »Voigt wird umgehend andere Gesellschaft bekommen.«

Athen, 12. Mai 1993

Helmut Voigt ist wie ausgewechselt. Er wirkt niedergeschlagen. »Ich will hier raus«, sagt der frühere Stasi-Oberstleutnant und blickt Böttcher flehend an.

»Helmut, was ist los?«

»Stell dir vor, ich hatte doch diese große Zelle mit diesem Reeder. Jetzt sitze ich in so einem Loch mit drei anderen, einem Junkie und zwei Palästinensern.«

Böttcher hat Mühe, eine mitfühlende Miene aufzusetzen.

»Die scheißen dir das Klo zu. Mir wird dauernd schlecht«, sagt Voigt.

Böttcher ist zufrieden. »Ich schau mal, was ich da machen kann«, sagt er. Bald hat er Voigt dort, wo er ihn haben will. Alles läuft nach Plan. Voigt wird sich nicht gegen eine Auslieferung wehren.

Seit sich der griechische General vor drei Monaten in Wiesbaden mit BKA-Präsident Hans-Ludwig Zachert traf, weilt Böttcher mit dem Segen der Amtsleitung regelmäßig in Athen und unterstützt die griechischen Behörden bei ihren Ermittlungen gegen den *17. November* wie auch gegen die *ELA*, die teilweise kooperierten. Böttcher macht dies nicht nur, weil ihm die Griechen für seine Hilfe eine reibungslose Auslieferung von Voigt in Aussicht stellten. Vielmehr interessieren ihn die Verbindungen der griechischen Terrororganisation zu der Carlos-Gruppe. Immerhin hatte die *ELA* Weinrich bei dem Anschlag in Athen assistiert.

Mit dem Assistenten des Generals durchforstet Böttcher die Stasi-Akten. Es ist klassische Polizeiarbeit. Sie vergleichen Telefonnummern und prüfen, ob die Anschlüsse noch existieren. Sie haben Glück. Die Anschlüsse sind noch immer geschaltet. In der bald zwanzigjährigen Geschichte des *17. November* sind dies die ersten konkreten Spuren, die zu mutmaßlichen Mitgliedern der griechischen Terrororganisation führen.

Sie lassen fortan die Telefonanschlüsse überwachen und die Wohnungen observieren. Es ist ein mühsames Geschäft. Aber sie sehen keine andere Möglichkeit, den Terroristen endlich auf die Schliche zu kommen. Dabei müssen sie äußerst vorsichtig zu Werke gehen, weil sie damit rechnen, dass *17N* noch immer über ein dichtes Netz von Sympathisanten verfügt, unter Umständen auch in den Behörden oder in der Justiz, wo teilweise die Terroristen noch immer als »hellenische Robin Hoods« verklärt werden.

Anfangs vergriffen sich die Killer des *17N* auch nur an den Foltermeistern der Junta und an Amerikanern, die ihrer Überzeugung nach tatkräftig das Militärregime in Griechenland stützten. Sie exekutieren beispielsweise 1976 mit Evangelos Mallios einen der übelsten Folterer der Polizei. Mit Morden wie diesem verschaffte sich die Gruppe internationale Aufmerksamkeit. Und als Rächer der politisch Entrechteten konnte der *17N* zumindest in seiner Generation mit Nachsicht rechnen.

Zudem beeindruckte *17N* durch seine Chuzpe. Einmal bauten die Terroristen ein gestohlenes Fahrzeug zum Polizeiauto um, fuhren damit unbemerkt auf den Hof einer Polizeiwache, um es dort auftanken zu lassen. Der Terrororganisation gelang es immer wieder, die griechische Polizei als unfähig bloßzustellen, die ihnen nie auf die Schliche kam.

Aber den Nimbus der Rächer der Entrechteten verlor *17N* spätestens im September 1989 mit der Ermordung des Abgeordneten Pavlos Bakoyannis, der selbst im studentischen Widerstand gegen die Junta engagiert war, bevor er enttäuscht die Seiten wechselte und der konservativen Nea Dimokratia beitrat. Als Abgeordneter der bitterarmen Region Evritania im Westen Griechenlands, schaffte Bakoyannis bald den Sprung ins Parlament. Der politische Seitenwechsel von Bakoyannis war für *17N* Anlass genug, den Politiker nach bekanntem Muster zu ermorden: mit einem Kopfschuss aus einem 45er Revolver.

Seit Ministerpräsident Konstantin Mitsotakis im Amt ist, hat der General alle Freiheiten, um die Terroristen zu fassen. Der Ministerpräsident hat ein persönliches Motiv. Bakoyannis war sein Schwiegersohn.

Als Böttcher davon erfährt, ist ihm klar, warum sich der Ministerpräsident persönlich beim Bundeskanzler dafür verwendete, Voigt trotz internationalem Haftbefehl nicht an die deutschen Behörden ausliefern zu müssen. Allerdings macht er sich deswegen keine Sorgen mehr. Mittlerweile kennt er den General so gut, dass er sich sicher sein kann, Voigt ausgeliefert zu bekommen, so bald er es für nötig erachtet.

Allerdings kommt es im Sommer in Griechenland zur Verschiebung der Machtverhältnisse. Die Regierung von Ministerpräsident Konstantin Mitsotakis verliert nach Wahlen die Mehrheit im Parlament. Die Panhellenische Sozialistische Union (PASOK) kommt an die Regierung. Angeblich hat die PASOK dafür zwei konservative Abgeordnete bestochen.

Kurz danach erhält Böttcher einen Anruf in Wiesbaden.

»Ich bekomme Schwierigkeiten«, hört er den General sagen.

»Was heißt das genau?«, fragt Böttcher nach.

»Ich weiß nicht, wie lange ich noch im Amt bin. Man will mir etwas anhängen.«

Böttcher kapiert. Sofort fliegt er nach Athen. Am Flughafen wird er entgegen der sonstigen Gepflogenheiten nicht vom General abgeholt, sondern nur von dessen Adjutanten.

Der General ist bereits nicht mehr im Amt. Er hat den politischen Machtwechsel nicht überlebt. Offiziell wird ihm Waffenhandel und der Schmuggel von Antiquitäten vorgeworfen. Böttcher geht davon aus, dass er vielmehr der *17N* zu nahe gekommen ist. Die neue Regierung unter Papandreou steht unter dem Verdacht, die Verfolgung der Terroristen nicht allzu ernst zu nehmen. Es gibt sogar Stimmen, die der PASOK unterstellen, mit der *17N* verflochten zu sein.

Der Adjutant ist auffällig einsilbig. Zuerst führt Böttcher dies auf die Suspendierung des Generals zurück. Aber schließlich rückt der Adjutant mit der Sprache heraus. Er wurde bedroht. Zunächst hatte er eine Bombenattrappe unter seinem Auto gefunden, ein paar Tage später wurde ihm ein Molotow-Cocktail in den Hauseingang geworfen. Kurz darauf erhielt er einen anonymen Anruf. Darin wurde ihm mitgeteilt, dass es besser für ihn und seine Familie wäre, nicht länger mit dem Deutschen nach Mitgliedern des *17. November* zu suchen.

Böttcher weiß, was das bedeutet. Es muss jetzt alles ganz schnell gehen. Er lässt sich umgehend zur Deutschen Botschaft fahren und organisiert von dort aus die Auslieferung für Voigt. Er hat keine Zeit mehr zu verlieren. Das Pflaster in Athen ist ihm eindeutig zu heiß geworden. Es tut ihm Leid für den General und dessen Adjutanten. Aber er kann nichts für sie tun.

Voigt wird binnen 48 Stunden von Zielfahndern des BKA in Athen abgeholt.

Berlin, 27. Juli 1993

»Können Sie sich vorstellen, nach Helmut Voigt auch noch Johannes Weinrich in Berlin-Moabit vor Gericht zu stellen?«, fragt Böttcher den Staatsanwalt Detlev Mehlis.

Böttcher ist sich bewusst, dass sein Ansinnen etwas verrückt klingen mag. Andererseits ist er davon überzeugt, dass der Staatsanwalt ebenso das Verlangen verspürt, Weinrich endlich das Handwerk zu legen. Immerhin war Mehlis dem Terroristen schon einmal ganz dicht auf den Fersen, wurde aber in allerletzter Minute vom Auswärtigen Amt ausgebremst, das wegen Weinrich keinen Streit mit Syrien riskieren wollte.

»Warum nicht! Wenn es Ihnen gelingt, Weinrich zu finden und festnehmen zu lassen, werde ich ihn anklagen«, sagt Mehlis. Seine anfänglichen Vorbehalte gegen Böttcher hat er längst abgelegt. Es hat ihn beeindruckt, wie Böttcher die Auslieferung von Voigt gedeichselt hatte, obwohl er dafür eigentlich gar nicht zuständig war. Die meisten Beamten achten nur darauf, dass sie karrieremäßig vorankommen. Sie sind damit zufrieden, wenn der Täter gefasst ist. Danach interessieren sie sich nicht mehr für den Fall. Es ist ihnen letztlich egal, ob der Täter auch ausgeliefert und verurteilt wird. Bei Böttcher scheint das anders zu sein.

»Vielleicht ist Weinrich ja noch in Syrien. Carlos und Kopp haben jedenfalls das Land verlassen«, sagt Böttcher.

»Und wo sind die jetzt?«

Böttcher zuckt mit den Achseln. Er weiß nur, dass Carlos und Kopp Syrien verlassen haben. Ein Informant hatte ihm Kopien von Pässen des Terroristenpärchens verkauft. Dem Einreisestempel nach zu schließen, waren die beiden nach Libyen gereist. Böttcher hat allerdings keine Ahnung, ob sie sich dort noch aufhalten. Überraschen würde ihn dies jedoch nicht. Der libysche Diktator Gaddafi hatte schließlich jahrelang eine ganze Reihe von Terroristen unterstützt und finanziert, darunter auch Carlos.

Vermutlich spekuliert nun der Venezolaner darauf, dass Gaddafi ihm und seiner deutschen Frau Unterschlupf gewährt. Nach Ende des Kalten Krieges hat das Terroristenpärchen jedenfalls nicht mehr allzu viele Optionen. Mit dem Niedergang des Eisernen Vorhangs ist ihnen eine ganze Reihe von Unterstützerstaaten verloren gegangen.

Böttcher ist allerdings aufgefallen, dass Carlos und Kopp nicht allein nach Libyen reisten. Sie wurden begleitet von Carlos' Mutter sowie der gemeinsamen Tochter Rosa, die sechs Jahre alt ist. Interessanterweise fehlte jedoch Johannes Weinrich. Böttcher schließt daraus, dass sich die Gruppe mittlerweile trennte. Eine Erklärung dafür könnte sein, dass die Terroristen Syrien nicht ganz freiwillig verließen.

Böttcher kann sich jedenfalls gut vorstellen, dass nach der Veröffentlichung im »Stern« die Terroristen dem Regime in Damaskus lästig geworden waren. Der Artikel über den Aufenthaltsort der Terroristen hatte damals für ziemlich viel Wirbel gesorgt. Syrien war dadurch mal wieder in den Ruf geraten, ein »Schurkenstaat« zu sein und international gesuchte Terroristen zu beherbergen.

Mehlis hört aufmerksam zu. Sie sitzen bei ihm zu Hause auf der Terrasse. Er hat es für besser empfunden, sich mit Böttcher außerhalb der Dienstzeit zu treffen. Böttcher nimmt einen Schluck von seinem Bier. Mehlis muss lächeln. Er ahnt bereits, auf was dieser verrückte BKA-Beamte hinaus will.

»Die Sache hat nur einen Haken. Das BKA hat keine Zuständigkeit für Weinrich«, wirft Mehlis ein. Ermittlungen im Zusammenhang mit dem Anschlag auf das französische Kulturzentrum Maison de France, wofür Weinrich verantwortlich gemacht wird, sind allein die Angelegenheit des LKA Berlin.

»Genau«, sagt Böttcher und erzählt dem Staatsanwalt von seinen Ermittlungen in Athen, wo er eine Reihe von Dokumenten sichern konnte, die belegen, dass Weinrich hinter dem Athener Anschlag auf den saudi-arabischen Botschafter steckte. Obwohl bei dem Bombenattentat letztlich niemand getötet wurde, erfüllt es den Straftatbestand des Mordversuches.

Böttcher verweist Mehlis auf die Aufzeichnungen von Weinrich in den Stasi-Unterlagen des OV »Separat«, worin der Terrorist in einer widerlichen Art und Weise seinem Boss von dem Anschlag in Athen berichtet. Mehlis erinnert sich daran. Er hat mittlerweile unzählige Male den OV »Separat« studiert. Wie Böttcher ist ihm dabei besonders der Brief von Weinrich im Gedächtnis haften geblieben.

Mehlis muss nicht lange überlegen. Der Fall scheint klar zu sein. Wenn man die Athener Ermittlungsergebnisse von Böttcher und die Stasi-Unterlagen zusammennimmt, gibt es an der Schuld von Weinrich wohl nichts mehr zu rütteln.

»Obwohl diese Tat im Ausland stattgefunden hat, wurde sie doch eindeutig von einem deutschen Staatsbürger begangen. Es wäre deshalb sinnvoll, dass BKA zu bitten, in diesem Fall zu ermitteln«, sagt Mehlis.

Böttcher grinst. »Seh ich genauso.«

»Sie müssen mir das alles einmal aufschreiben. Möglichst schnell. Dann kann ich umgehend einen internationalen Haftbefehl beantragen und das BKA mit der Fahndung nach Weinrich beauftragen.«

Böttcher stöhnt. Seine Abneigung gegen Schreibarbeiten hat sich sehr zum Missfallen seiner Vorgesetzten im Laufe der Jahre eher noch verstärkt. Aber diesmal kommt er nicht umhin. Schließlich liegt es in seinem Interesse, dass er einen offiziellen Auftrag erhält, gegen Weinrich zu ermitteln. Er weiß nicht woran er es festmachen soll, aber irgendwie wird er das Gefühl nicht los, Weinrich über kurz oder lang zu erwischen.

Am 10. August 1993 bittet Mehlis auf Grundlage eines internationalen Haftbefehls das BKA darum, nach Weinrich zu fahnden.

Mehlis hatte einmal eine Liste erstellt über die Anschläge der Carlos-Gruppe. Demnach hat die Terrorbande mehr als ein Dutzend Tote auf ihrem Gewissen, wovon nach Schätzung des Staatsanwaltes die meisten auf das Konto von Weinrich gehen.

Aber es sind nicht nur die Toten, weshalb Mehlis den Terroristen hinter Gitter bringen will. Bei den Anschlägen, die nach Aufzeichnungen der Stasi eindeutig Weinrich zuzurechnen sind, hatte es mehr als hundert Verletzte gegeben. Meist handelt es sich um Opfer, die bis zum Ende ihrer Tage gezeichnet sind. Etwa jene junge Frau, die in München bei dem Bombenanschlag auf den Sender Freies Europa schwer verletzt wurde.

Am 21. Februar 1981 detonierte um 21.47 Uhr vor dem Münchener Rundfunkgebäude eine Fünfzehn-Kilo-Bombe. Sie war direkt an der Ostseite des Hauses, zwanzig Meter neben der besetzten Telefonzentrale, platziert worden. Von der Druckwelle wurde die Außenwand achtzehn Meter weit aufgerissen, Betonpfeiler knickten wie Streichhölzer zusammen. Die Wucht der Bombe war so heftig, dass sogar Mobiliar in die Äste nahe stehender Bäume flog und in der Umgebung Hunderte von Fensterschreiben barsten. Es entstand ein Sachschaden von vier Millionen Mark. Acht Mitarbeiter des Radiosenders wurden zum Teil schwer verletzt.

Mehlis kennt aus den Ermittlungsakten die Fotos der Opfer, teils aufgenommen unmittelbar nach dem Anschlag. Seitdem weiß er, was Metallteile anrichten, die durch den Druck der Detonation einer Bombenexplosion ausgewalzt und dünn wie eine Rasierklinge, mit einer Geschwindigkeit von Tausenden von Metern pro Sekunde durch die Luft schießen. Der jungen Frau riss ein Metallgeschoss den Unterkiefer weg. Sie überlebte nur knapp und blieb für ihr Leben entstellt, trotz mehr als zwanzig Operationen.

Bei dem Bombenanschlag tappte die Polizei fast zehn Jahre lang völlig im Dunkeln. Es gab, von drei offensichtlichen Trittbrettfahrern einmal abgesehen, kein glaubwürdiges Bekennerschreiben. Ein politischer Hintergrund wurde zwar nicht ausgeschlossen, war aber nicht klar zu erkennen.

Erst nach der Wende wurde durch die Stasi-Akten bekannt, wer den Anschlag auf den Radiosender verübt hatte. Angeführt von Johannes Weinrich, hatte die Carlos-Gruppe das Bombenattentat im Auftrag des rumänischen Geheimdienstes Securitate verübt.

Dem rumänischen Diktator Nicolae Ceausescu war der Sender Radio Freies Europa (RFE) ein Dorn im Auge gewesen. RFE wurde damals finanziert von den USA und war im »Kalten Krieg« ein wichtiges Propagandainstrument der CIA. Der Sender sollte von München aus der Bevölkerung in den Ostblockstaaten »ein Fenster zum Westen öffnen« und erreichte über dreißig Millionen regelmäßige Hörer jenseits des »Eisernen Vorhangs«. Für viele Rumänen war dies die einzige Chance, in ihrer Sprache an Informationen zu gelangen, die ein Gegenstück zur heimischen Propaganda darstellten. Daher sollte die rumänische Sektion des Senders in die Luft gesprengt werden.

In seiner für ihn typischen Art hatte sich Weinrich nach Erhalt des Auftrages an die Vorbereitung des Anschlages gemacht. Mit Bleistift und Lineal fertigte er unzählige Skizzen von der Lage des Radiosenders an. Außerdem zeichnete er das Gebäude am Rande des Englischen Gartens, von allen Seiten und versah die neuralgischen Punkte mit Zahlen. Auf einem anderen Blatt notierte er dann alles Beachtenswerte zu jedem Abschnitt.

Es wurde festgehalten, wo sich die tschechische und wo die rumänische Sektion des Senders befand, wann die Wachposten ihre Runden drehten und wie das Gebäude ab 21 Uhr besetzt war. Besonders vermerkte er, dass der Parkplatz nachts nicht bewacht und die Straße wie ausgestorben war. Das Observationsteam hatte ganze Arbeit geleistet. Die Fotos und Lageskizzen von dem Gebäude, die Bedarfslisten für die Ausrüstung und Sprengstoffmenge sowie zahlreiche alternative Fluchtpläne füllten letztlich über siebzig DIN-A-4-Seiten.

Die Aufzeichnungen fielen später der Stasi in die Hände. Sie bekamen sie vom ungarischen Geheimdienst AVH. Weinrich,

Carlos und dessen Lebensgefährtin lebten damals zusammen in einer Villa in Budapest und wurden vom AVH überwacht. Neben umfangreichen Abhöraktionen gehörte auch dazu, dass der ungarische Geheimdienst hin und wieder die Villa durchsuchte, sobald das Terror-Trio außer Haus war. Dabei wurden auch Kopien von Weinrichs Anschlagsplänen angefertigt.

Die Ungarn nannten Weinrich wegen dessen akribischen Aufzeichnungen »Ingenieur«. Dennoch war dem Buchhalter des Todes letztlich ein entscheidender Fehler unterlaufen. Statt vor der rumänischen Sektion des Senders hatten sie die Bombe vor der tschechoslowakischen Abteilung deponiert.

Während die Securitate mit der Ausführung des Auftrages nicht zufrieden war, feierten Carlos und Weinrich das Attentat als Erfolg. Mehlis war fassungslos, als er davon in den Geheimdienstberichten las. Für ihn ist Weinrich einer der übelsten Terroristen, dem es offensichtlich egal ist, wen er tötet oder verletzt. Er legt Bomben, und nach dem Zufallsprinzip werden zahlreiche Menschen getötet, verstümmelt, verletzt.

Für den Staatsanwalt ist das die feigste Tatausführung, die man sich bei Mord überhaupt vorstellen kann. Er hofft nur, dass es Böttcher gelingen möge, diesen hinterhältigen Killer ausfindig zu machen.

Paris, 3. Dezember 1993

Die Büros der französischen Geheimpolizei Direction de la surveillance du territoire (DST) befinden sich ganz in der Nähe des Eiffelturms, in einem der historischen Prachtbauten rechts der Seine. Doch Böttcher ist froh, dass er hier nicht arbeiten muss. Der Arbeitsplatz seines französischen Kollegen ist äußerst beengt und die alten Möbel drohen unter der Last der Papiere und Akten zusammenzubrechen.

Böttcher sitzt im Büro von Pierre Degelle, leitender Beamter der DST. Böttcher hatte ihm einst einen Tipp gegeben, der die französische Polizei zu »Ali, dem Tunesier« und jeder Menge Flüssigsprengstoff führte. Somit konnte damals in allerletzter Minute ein Anschlag verhindert werden. Seitdem stehen für Böttcher bei der DST die Türen weit offen. In den letzten Wochen war er wegen seiner Ermittlungen in Sachen Carlos-Gruppe schon einmal in Paris.

»Um was geht es diesmal, Richard?«, fragt Pierre Degelle. Sie sind nicht allein. Drei weitere DST-Mitarbeiter sitzen noch mit am Tisch. Sie schauen gespannt zu Böttcher.

»Es geht wieder um Carlos«, sagt Böttcher. Er spürt förmlich, wie vier Augenpaare erwartungsvoll an seinen Lippen kleben.

»Was ist mit diesem Scheißkerl?«

»Er ist im Sudan, genauer gesagt in Khartum«, antwortet Böttcher.

Es wird still um den Tisch herum. Alle im Raum wissen, dass Böttcher ein Ass aus dem Ärmel gezogen hat. Seit seinem brutalen Privatkrieg gegen Frankreich ist Carlos an der Seine der Staatsfeind Nummer eins. Und die DST hat mit dem Venezolaner ebenfalls noch eine mehr als zwanzig Jahre alte Rechnung zu begleichen. Zu Beginn seiner blutigen Karriere ermordete er kaltblütig zwei DST-Beamten. Er schoss ihnen aus kürzester Distanz einfach ins Gesicht. Ein dritter überlebte schwer verletzt.

Die Information über den Aufenthaltsort des Terroristen hat Böttcher erst vor einer Woche erhalten. Ein zuverlässiger Kontaktmann hatte es ihm verraten. Böttcher beriet sich sofort mit Mehlis, was nun zu tun sei. Ein internationaler Haftbefehl existiert wohl, aber weder Böttcher noch der Berliner Staatsanwalt sahen eine Chance, Carlos im Sudan festnehmen zu lassen. Mehlis war sich nicht einmal sicher, ob es mit dem Sudan überhaupt einen Rechtsverkehr gibt. Böttcher schlug vor, die Franzosen ins Boot zu holen. Seine Kollegen von der DST haben andere Möglichkeiten. Vermutlich muss viel Geld den Besitzer wechseln, damit die Sudanesen den Terroristen hochnehmen.

»Es ging bei den Anschlägen von Carlos eigentlich nie um Politik, sondern nur darum, dass er seine Geliebte wiederhaben wollte«, beginnt er. Böttcher erzählt den vier DST-Beamten von den Stasi-Unterlagen, den Abhörprotokollen und vielen Spitzelberichten, wonach die Anschläge der Carlos-Gruppe in einem ganz anderen Licht zu sehen sind.

»Als ihr damals Magdalena Kopp festgenommen und wegen Sprengstoffbesitzes in Paris den Prozess gemacht habt, ist Carlos ausgerastet. Wir alle haben doch damals gerätselt, warum der Kerl Himmel und Hölle in Bewegung setzte, diese Frau aus dem Knast zu bomben. Wir wissen jetzt warum.« Böttcher erklärt ihnen, dass Magdalena Kopp damals schon die Lebensgefährtin von Carlos war und sie mittlerweile eine sechsjährige Tochter namens Rosa haben.

Böttcher berichtet von den handschriftlichen Aufzeichnungen Weinrichs sowie dessen Briefen an Carlos, die er in den Stasi-Akten fand. »Teilweise geht daraus detailliert hervor, wer alles an den Anschlägen beteiligt war.«

Neben dem Bombenattentat auf das französische Kulturzentrum Maison de France in Berlin hatte die Carlos-Gruppe vor allem in Frankreich zugeschlagen. Neben einem Bombenattentat in Paris hatte sie zwei Eisenbahnzüge bei Marseille in die Luft gesprengt. Es gab mehrere Tote.

Keiner der Männer rührt sich. »Gut so«, denkt Böttcher. Er hat noch immer ihre volle Aufmerksamkeit. »Interessanterweise hatte Carlos die Anschläge gar nicht selber verübt. Er saß im sicheren Damaskus oder in Budapest, während Weinrich, dem Carlos die Kopp ja ausgespannt hatte, die Anschläge plante, organisierte und teils selbst durchführte.«

Die Franzosen starren ihn entgeistert an. »Wir stellen euch gerne die ganzen Unterlagen zur Verfügung. Ihr müsst nur ein Rechtshilfeersuchen an die Berliner Staatsanwaltschaft schicken.« Allerdings stellt er eine Bedingung: »Ihr könnt Carlos haben, aber lasst uns Weinrich. Einverstanden?«

Böttcher hat keine Ahnung, wo Weinrich abgeblieben sein könnte. Er schließt jedenfalls aus, dass er sich bei Carlos im Sudan aufhält. Ebenso kann er es sich nicht vorstellen, dass ihn die Syrer weiter beherbergen. Allerdings geht er davon aus, dass die Syrer wissen, wo Weinrich sich mittlerweile versteckt hält. Für Böttcher stellt sich nun die Frage, wie man sie dazu bekommt, darüber zu plaudern.

Er kommt schließlich zu der Überzeugung, dass es die beste Strategie ist, die Syrer einfach so lange zu ärgern, bis sie freiwillig mit der Information herausrücken. So als würde man jemanden einen kleinen Stein in den Schuh legt. Anfangs ist er nur lästig, aber bald erzeugt er eine offene Wunde. Und bleibt das Steinchen lange genug im Schuh, wird es bald heftige Schmerzen auslösen und man will es, koste es, was es wolle, wieder loswerden.

Böttcher hatte sich das »Steinchen« für seinen Plan bereits vor zwei Monaten beschafft. Er hatte Mehlis überzeugt, einen internationalen Haftbefehl gegen den syrischen Diplomaten Nabil Chretah zu besorgen. Der Sekretär der syrischen Botschaft in Ostberlin hatte in der Botschaft den Sprengstoff aufbewahrt, mit dem Weinrich in Westberlin das französische Kulturzentrum Maison de France zerstörte. Der Haftbefehl, ausgestellt am 7. Oktober 1993 vom Amtsgericht Berlin-Tiergarten, lautet deshalb auf Beihilfe zum Mord. Böttcher bat jedoch Mehlis, den Diplomaten vorerst nicht international zur Fahndung auszuschreiben. Die Syrer sollten so lange nichts von dem Haftbefehl erfahren, bis es Böttcher irgendwie gelungen ist, Chretah aus Damaskus herauszulocken, um ihn verhaften zu können.

Böttcher ist sich darüber im Klaren, dass das Zurückhalten des Haftbefehls gegen die Regeln verstößt. Aber eine andere Möglichkeit sieht er nicht. Schließlich muss er davon ausgehen, dass die Syrer nie und nimmer den Haftbefehl vollziehen und ihren Diplomaten an die Deutschen ausliefern würden.

Er hat sich deshalb etwas einfallen lassen, wie er Chretah dazu bringen kann, nach Europa zu kommen. Über den Mittelsmann eines alten Freundes, einem Wiener Geschäftsmann mit besten Kontakten in den Mittleren Osten, lässt er Chretah folgende Botschaft zukommen: »Schöne Grüße von Peter. Müssen uns dringend sehen. Treffpunkt Budapest.« In Syrien lebte Weinrich als »Peter Schmidt«, wie Böttcher nach der »Stern«-Veröffentlichung über den geheimen Aufenthaltsort des Terror-Trios erfuhr. Böttcher geht davon aus, dass Chretah neugierig genug ist, wissen zu wollen, was Weinrich nach all den Jahren von ihm will. Und Budapest ist für den Syrer ein unverdächtiger Treffpunkt. Neben Damaskus hatte dort die Carlos-Gruppe jahrelang ihr Hauptquartier. Böttcher ist gespannt, ob Chretah den Köder schluckt. Es ist der 15. Dezember 1993.

Weihnachten verbringt Böttcher mit seiner Frau und seiner kleinen Tochter in Wiesbaden. Am ersten Feiertag fährt er jedoch ins Büro. Er will wissen, ob es Nachrichten aus Wien gibt. Sein Anrufbeantworter blinkt. Nach Informationen seines Wiener Freundes hat Chretah bereits ein Visum für Ungarn beantragt. Böttcher ist zufrieden. Es kommt Bewegung in die Sache. Der Syrer scheint den Köder geschluckt zu haben.

Über Silvester verreist Böttcher. Zusammen mit der Familie und befreundeten Kollegen macht er einen Segeltörn in der

Ägäis. Als er wieder zurück ist, hat Böttcher noch Urlaub. Vorsichtshalber schaut er aber im Büro vorbei. Es ist der 6. Januar 1994. Sein Anrufbeantworter blinkt wieder. Es sind mehrere Nachrichten drauf. Die meisten stammen von seinem Wiener Freund. »Chretah ist bereits in Budapest, zusammen mit meinem Mittelsmann. Sie erwarten dich am 7. Januar, gegen 20 Uhr im Hotel Forum«, sagt eine nervöse Stimme.

Böttcher schaut auf seine Uhr. Bis dahin sind es nicht einmal 36 Stunden. Nicht gerade viel Zeit, um solch eine Operation vorzubereiten. Zudem ist Feiertag, und er weiß nicht, woher er auf die Schnelle eine Genehmigung für diese Operation bekommen soll. Seit Beginn des neuen Jahres hat die Abteilung einen neuen Chef, der aber seinen Posten erst in den nächsten Tagen antreten wird. Böttcher bleibt nichts anderes übrig, als mit seinem Antrag nach oben zu gehen, zum Leiter der Abteilung TE.

Manfred Klink ist ein unauffälliger Mann von 51 Jahren, mit dünnem grauen Haar und einer schlichten Metallbrille. Er sieht nicht aus wie einer der leitenden Kriminalbeamten des BKA, sondern eher wie ein Sachbearbeiter einer Finanzbehörde. Aber der Eindruck täuscht. Klink ist einer der renommiertesten Polizisten im Amt. Er ist zuständig für die Bereiche Staatsschutz, Personen- und Zeugenschutz und hat sich vor allem in der Terrorismusbekämpfung einen Namen gemacht.

Klink hat nichts gegen eine Operation in Budapest einzuwenden. Er verlangt aber, dass Böttcher die ungarischen Behörden ins Boot holt, um somit diplomatische Verwicklungen auszuschließen. Böttcher ist nicht wohl dabei. Vor mehr als drei Jahren, am 23. Oktober 1989, wurde zwar die »Republik Ungarn« ausgerufen. Aber Böttcher vermutet, dass gerade bei Polizei und Geheimdiensten noch eine ganze Reihe von Beamten des früheren Regimes in Amt und Würden sind. Und wie die Stasi in der DDR unterstützte auch der ungarische Geheimdienst AVH eine Zeit lang die Carlos-Gruppe und ließ sie auf ihrem Gebiet gewähren. Die Chance, an den Falschen zu geraten, ist also groß.

Böttcher versucht zunächst, den BKA-Verbindungsbeamten an der deutschen Botschaft in Budapest zu erreichen. Vielleicht kennt er einen geeigneten Ansprechpartner bei der ungarischen Polizei. Aber der BKA-Verbindungsbeamte ist im Urlaub, angeblich irgendwo am Plattensee. Es bleibt ihm nichts anderes übrig, als aufs Geratewohl bei den Ungarn anzurufen und sie über seine geplante Operation zu informieren. Nach längerem Hin und Her hat er endlich einen Beamten an der Strippe, mit dem er sich auf Englisch verständigen kann. Böttcher merkt sofort, dass dem ungarischen Polizisten die Causa Carlos nur allzu sehr vertraut ist. Der ungarische Kollege verspricht jedoch, ihn bei seiner Operation zu unterstützen und will ihn am Flughafen abholen.

Budapest, 7. Januar 1994

Es ist kurz nach 18 Uhr, als Böttcher auf dem Budapester Flughafen Ferihegy bei der Passkontrolle seine Papiere vorlegt. Es gibt keine Probleme, auch nicht beim Zoll. Böttcher reist nur mit Handgepäck.

Als er die Ankunftshalle betritt, sucht Böttcher unter den Wartenden nach einem Augenpaar, das nach ihm, einem deutschen Polizeibeamten, Ausschau hält. Aber er kann niemand entdecken, der auf ihn wartet. Er schaut auf die Uhr. Es ist 18.25 Uhr. Der ungarische Verbindungsbeamte hat sich offensichtlich verspätet.

Gegen 19.15 Uhr ist der Verbindungsbeamte noch immer nicht erschienen. Böttcher fängt an, unruhig zu werden. Er sucht sich ein Telefon und ruft ihn an. Vielleicht hat er einfach ihren Termin vergessen oder ihm ist etwas dazwischen gekommen. Es gibt unzählige Möglichkeiten, denkt Böttcher und wählt die Nummer des Verbindungsbüros.

Der Verbindungsbeamte ist allerdings nicht da. Er hat auch keine Nachricht hinterlassen, und seine Kollegen wissen nichts davon, dass Böttcher im Namen des BKA um Amtshilfe gebeten hat. Böttcher bedankt sich und drückt auf die Gabel des Telefons. Er hält noch eine Weile den Hörer in der Hand. Er ist unschlüssig, was er als Nächstes tun soll. Dasitzen und warten bringt nichts. Aber was kann er tun? Nervös blickt er auf seine Armbanduhr. Es ist 19.45 Uhr. In 15 Minuten ist er mit Chretah in der Innenstadt, im Hotel Forum, verabredet.

Er geht seine Optionen durch. Die Zeit drängt. Er sieht keine andere Möglichkeit, als das Ding auf eigene Faust durchzuziehen. Ohne jegliche Rückendeckung durch die ungarischen Behörden oder die Deutsche Botschaft. Er winkt ein Taxi herbei. Hotel Forum, sagt er zum Fahrer und gibt ihm mit einer Geste zu verstehen, dass er es eilig hat.

Als das Taxi auf die Schnellstraße nach Budapest einbiegt, ist es bereits 20 Uhr. Es ist längst dunkel. Die Scheinwerfer der entgegenkommenden Autos tauchen das Gesicht des Taxifahrers abwechselnd in Licht und Schatten. Böttcher hat keine Ahnung, wie weit es bis in das Stadtzentrum ist. Nervös schaut er wieder auf seine Uhr. Es ist mittlerweile 20.20 Uhr.

Böttcher kann nur hoffen, dass es dem Mittelsmann gelingt, Chretah hinzuhalten. Unter Umständen geht der syrische Diplomat noch immer davon aus, dass er Johannes Weinrich alias Peter Schmidt trifft. Böttcher fragt sich, wie der Syrer reagiert, wenn er nun plötzlich vor ihm steht und ihm den Haftbefehl unter die Nase hält. Böttcher muss sich eingestehen, dass er den Syrer überhaupt nicht einschätzen kann.

Als sie sich dem Stadtzentrum nähern, ist es bereits 20.40 Uhr. Böttcher kennt sich in Budapest nicht sonderlich gut aus. Die Straßennamen sagen ihm nichts. Sie sind nur eine wirre Ansammlung von Buchstaben. Einziger Anhaltspunkt ist die Donau. Auf der einen Seite des Flusses, der »budaer Seite« befindet sich die Burg. Sie ragt wie ein Fels über der Stadt.

Das Forum-Hotel liegt auf der anderen, auf der »Pester Seite« in der Apáczai Csere János utca 12–14. Es ist ein Vier-Sterne-Hotel und befindet sich ganz in der Nähe der St.-Stefan-Basilika, einem imposanten Sakralbau mit einer 96 Meter hohen Kuppel.

Es ist kurz vor 21 Uhr, als Böttcher das Foyer des Hotels betritt. Bereits beim Hereinkommen erblickt er einen jungen Araber. Er steht an der Rezeption. Böttcher hatte noch nie mit dem Mittelsmann seines Freundes zu tun. Er kennt ihn überhaupt nicht. Aber er geht davon aus, dass es der Araber an der Rezeption ist. »Ich glaube, Sie warten auf mich«, sagt Böttcher und nennt den Namen seines Wiener Freundes.

Ein Lächeln huscht über das Gesicht des Arabers. Offensichtlich hat er nicht mehr mit dem Auftauchen von Böttcher gerechnet.

»Wo ist er?«, fragt Böttcher

»Oben, Zimmer 215.« Der Araber deutet an, dass er sich gegenüber Chretah als Offizier eines deutschen Sicherheitsdienstes ausgegeben hat. Böttcher verdreht kurz die Augen. Der Syrer weiß also, dass ihn nicht Weinrich hierher bestellt. Der Überraschungseffekt ist damit hinüber. Aber das lässt sich nun nicht mehr ändern.

»Dann wollen wir mal«, sagt Böttcher und steuert den Aufzug an. Der Araber drückt ihm Ausweispapiere in die Hand. Es ist der Diplomatenpass von Chretah, den er dem Syrer irgendwie abgeknöpft hat. Böttcher blättert darin herum. Erleichtert stellt er fest, dass Chretah so unvorsichtig war und mit einem Privatvisum eingereist ist. Er genießt damit keine diplomatische Immunität. Das erleichtert die Sache ungemein. Die erste gute Nachricht seit langem.

Der Araber klopft kurz an die Tür des Hotelzimmers. Ohne auf eine Antwort zu warten, drückt er die Türklinke und tritt einfach ein. Böttcher folgt ihm. Das Zimmer ist klein. Es hat nicht gerade den Standard, den man von einem Vier-Sterne-Hotel erwartet. Chretah sitzt auf dem Bett.

»Ich brauche Ihnen wohl nicht zu sagen, warum ich hier bin«, beginnt Böttcher. Er weiß, dass der Syrer perfekt Deutsch spricht. Er hat in Leipzig Germanistik studiert, bevor er in den diplomatischen Dienst eintrat und schließlich an die Ostberliner Botschaft versetzt wurde. Mittlerweile ist er Botschaftsrat und enger Mitarbeiter des syrischen Vizepräsidenten und Ex-Außenministers Abd el-Halim Chaddam.

»Nein, nein«, sagt Chretah und hebt abwehrend die Hände.

Böttcher überlegt kurz. Er beschließt, mit der Tür ins Haus zu fallen. »Die Staatsanwaltschaft in Deutschland wirft Ihnen Beihilfe zum Mord vor. Sie wissen, dass bei dem Anschlag auf das Maison de France …«

»… ich bin unschuldig. Ich musste das machen«, fällt ihm der Syrer ins Wort.

»Das mag ja sein. Aber was machen wir jetzt? Sie sind mit einem Privatvisum hier.« Böttcher schaut sich nach einer Sitzgelegenheit um. Als er keinen freien Stuhl oder Sessel entdecken kann, geht er zum Fenster hinüber und setzt auf den Sims.

»Sie genießen damit keinerlei diplomatische Immunität«, fährt Böttcher fort. Er wirft einen Blick aus dem Fenster. Vor dem Hotel steht überall Polizei. Böttcher hat keine Ahnung, woher die Beamten plötzlich kommen. Er nimmt an, dass sich im Hotel irgendein prominenter Politiker aufhält. Das Café des Forum-Hotels, das Bécsi Cávéház, ist Treffpunkt der Budapester High Society.

Böttcher kommt eine Idee. Er winkt Chretah ans Fenster und zeigt auf die Polizeibeamten am Eingang. »Ich habe einen internationalen Haftbefehl gegen Sie in der Tasche. Ich muss nur noch meinen Kollegen dort unten rufen und dann wandern Sie in den Knast. Allerdings habe ich keine Ahnung, wie es in einem ungarischen Gefängnis zugeht. Vermutlich ist das kein Zuckerschlecken. Und bis Sie endlich nach Deutschland ausgeliefert werden, können Monate vergehen. Vielleicht ist es besser, wenn Sie sich stellen und mit mir freiwillig nach Deutschland kommen. Ich lege beim Staatsanwalt ein gutes Wort für Sie ein. Und wenn Sie auch noch bereit sind, beim Prozess gegen Helmut Voigt als Zeuge auszusagen, kommen Sie sicherlich mit einer geringen Strafe davon.«

Die Miene des Syrers spiegelt Angst und Verzweiflung wider. Chretah sorgt sich um seine Familie. Seine Frau und seine beiden Kinder leben in Syrien. Falls er als Kronzeuge über die Terrorverflechtungen seines Landes aussagt, würde es für ihn kein Zurück mehr geben. Er würde seine Familie nie mehr sehen. Böttcher legt ihm die Hand auf die Schulter. »Bevor die Geschichte öffentlich wird, dürfen Sie Ihre Familie anrufen, damit die noch rechtzeitig das Land verlassen kann.« Der Syrer scheint über sein Angebot nachzudenken. Böttcher sieht es seinen Augen an, wie er das Für und Wider abwägt. Schließlich willigt er ein. Zum ersten Mal seit seiner Ankunft in Budapest spürt Böttcher ein wenig Erleichterung. Er hat das Gefühl, als hätte jemand ein Sicherheitsventil in seinem Kopf geöffnet, damit ein Teil des angestauten Drucks entweichen kann. Ein kleiner Hoffnungsschimmer am Horizont, für den er einen hohen Preis zahlen wird. Er rechnet mit Konsequenzen daheim. Aber ihm bleibt nichts anderes übrig, wenn er diesen Terroristenhandlanger vor ein deutsches Gericht zerren will.

Zwei Tage später fliegen sie zusammen nach Berlin. Chretah wird noch auf dem Flughafen Tegel verhaftet. Er gibt an, freiwillig nach Deutschland gekommen zu sein, um einen Schlussstrich unter seine Vergangenheit als Terrorhelfer zu ziehen.

Bereits 48 Stunden später hagelt es Proteste. Auf dem Neujahrsempfang, des Bundespräsidenten kommt es zum Eklat. Der syrische Botschafter beschwert sich lautstark und behauptet, einer ihrer Diplomaten sei von einem BKA-Beamten in Ungarn gekidnappt und nach Deutschland verschleppt worden.

Das Verhältnis zwischen Syrien und der Bundesregierung ist nachhaltig gestört. Im Bundesinnenministerium wird überlegt, ein Disziplinarverfahren gegen Böttcher einzuleiten. Ein Abteilungsleiter der Berliner Staatsanwaltschaft will Böttcher sogar wegen Nötigung verhaften lassen, was Mehlis im letzten Moment noch verhindern kann.

Böttcher wird dies alles zu viel. Er geht vorsichtshalber für eine Weile auf Tauchstation. Für solche Situationen hat er immer einen alten Fall in der Schublade, der eine Auslandsreise erforderlich macht. Er geht davon aus, dass sich auf deutscher Seite die Gemüter bald wieder beruhigen werden. Chretah hat immerhin ein umfangreiches Geständnis abgelegt. Der Verurteilung von Voigt, dem ehemaligen Stasi-Offizier, steht damit nichts mehr im Wege. Allein deshalb war die Operation Chretah ein voller Erfolg.

Wiesbaden, 15. August 1994

Es gibt Montage, die beginnen mit einer guten Nachricht. Der 15. August ist so ein Montag. Carlos wurde vergangene Nacht im Sudan verhaftet und an die Franzosen übergeben. In den Zeitungen ist darüber noch nichts zu finden, aber in den Mittagsnachrichten wird bereits ausführlich darüber berichtet. In einer Militärmaschine wurde der Schakal sofort nach Frankreich ausgeflogen. Noch heute soll er dem Ermittlungsrichter vorgeführt werden.

Böttcher ruft sofort seinen Bekannten bei der DST an: »Kompliment«, sagt er zu Pierre Degelle. Der DST-Beamte schildert ihm die Umstände der Verhaftung.

Nachdem die Franzosen von Böttcher erfahren hatten, dass sich Carlos im Sudan aufhielt, wurde auf den nordafrikanischen Staat politischer Druck ausgeübt. Hinter den Kulissen kam es zum Gerangel verschiedener Geheimdienste. Auch die CIA hatte Wind vom Aufenthalt des Terroristen im Sudan bekommen und eine aufwändige Operation gestartet. Schließlich waren sich alle Parteien einig, dass es das Beste wäre, Carlos nach Frankreich zu verfrachten, wo er bereits in Abwesenheit zu einer lebenslangen Gefängnisstrafe verurteilt wurde.

Nach langwierigen Verhandlungen war auch der Sudan unter der Bedingung, dass die Verhaftung von einheimischen Kräften vorgenommen werde und keine französischen Spezialeinheiten ins Land kämen, bereit, Carlos auszuliefern. Am 7. August 1994 verständigten sich beide Seiten auch über den genauen Ablauf der Auslieferung. Es sollte nur noch eine günstige Gelegenheit abgewartet werden, um den gefährlichen Terroristen ohne großes Blutvergießen zu verhaften.

Bereits am 10. August 1994 schien sich eine solche Möglichkeit abzuzeichnen. Beobachter meldeten, dass sich Carlos zu einer Voruntersuchung ins Ibn-Khalmood-Krankenhaus von

Khartum begeben habe. Wie sich herausstellte, litt der alternde Terrorist an einer schmerzhaften Varikozele, an Krampfadern im Hodensack. Da dies unter Umständen auch zur Unfruchtbarkeit führen könnte, entschied sich Carlos zu einer kleinen Operation. Als Termin dafür vereinbarte er den 14. August 1994.

Der ambulante Eingriff war an sich keine große Sache, aber die sudanesischen Sicherheitskräfte hatten dafür gesorgt, dass ihm die Ärzte eine deutlich höhere Dosis an Schmerz- und Beruhigungsmitteln verordneten als nötig. Carlos sank zu Hause in einen tiefen, seligen Schlaf. Als gegen drei Uhr morgens Sicherheitskräfte in die Wohnung eindrangen, hatten sie mit dem gefürchteten Killer keinerlei Probleme. Er wurde direkt zum nahe gelegenen Flughafen gebracht und in eine Sondermaschine gesetzt, die um 10.15 Uhr auf der Militärbasis Villacoublay bei Paris landete. Die Gangway hinunter kam ein völlig zerknittert wirkender Carlos. Bekleidet war der legendäre Schakal lediglich mit einem Pyjama.

Böttcher muss schmunzeln, als ihm sein französischer Kollege die Umstände der Verhaftung von Carlos schildert. Er fliegt danach sofort nach Paris. Als einer der ersten ausländischen Fahnder darf Böttcher die Utensilien in Augenschein nehmen, die man bei Carlos fand. Er hofft, darunter einen Hinweis über den Verbleib von Weinrich zu finden. Aber Böttcher wird enttäuscht.

Wien, Oktober 1994

Der Ärger nach der Operation in Ungarn hält Böttcher nicht davon ab, die Syrer so lange zu piesacken, bis sie endlich ausspucken, wo sich Weinrich aufhält. Deshalb hat er Mehlis ermutigt, einen Haftbefehl gegen den Syrer Faisal Sammak zu erwirken.

Sammak war syrischer Botschafter in Ostberlin und damit der Vorgesetzte von Chretah. Er hatte Chretah auch angewiesen, Weinrich den Sprengstoff auszuhändigen. Mittlerweile arbeitet er als Manager in der Tabakindustrie. Die Geschäfte führen ihn oft nach Europa, zum Beispiel zur alljährlichen Tabakmesse nach Wien.

Für Böttcher ist es ein Kinderspiel, herauszufinden, in welchem Hotel Sammak absteigt. Als er Gewissheit über die Anwesenheit in Wien hat, ruft er Mehlis an, der umgehend den Haftbefehl samt Auslieferungsersuchen aufs Fax legt und an die österreichischen Behörden schickt. Sammak wird verhaftet, ohne dass diesmal Böttcher ein Disziplinarverfahren riskiert.

Allerdings wird der Syrer auch nicht ausgeliefert. Vielmehr kommt er nach fünf Wochen überraschend wieder auf freien Fuß – wegen angeblicher diplomatischer Immunität. Syriens Präsident Assad hat die österreichische Regierung unter Druck gesetzt. Flugs verwandelte sich daraufhin Sammak, der als Geschäftsmann nach Österreich eingereist war, nachträglich in einen offiziellen Gesandten der Arabischen Republik.

Böttcher durchschaut wohl die Wiener Mauscheleien. Er ist dennoch zufrieden, zumal Mehlis mit seiner Beschwerde vor dem obersten Verfassungsgericht in Wien Recht bekommt. Die nachträgliche Akkreditierung von Sammak als Diplomat war nicht rechtmäßig. Er hätte nicht wieder freigelassen werden dürfen.

Damit ist Sammak als Geschäftsmann erledigt. Er kann nicht mehr nach Europa reisen, wenn er nicht eine erneute Verhaftung riskieren will. Denn der internationale Haftbefehl, den Mehlis erwirkte, hat weiter Bestand.

Das »Steinchen«, das sie den Syrern damit in die Schuhe geschoben haben, schmerzt mittlerweile nicht nur, sondern hat für eine klaffende Wunde gesorgt. Sammak ist schließlich nicht irgendwer, sondern der Schwager von Staatspräsident Assad. Gerüchten nach war Sammak für einen Posten als Botschafter in London oder gar in Washington vorgesehen. Aber die Diplomatenkarriere ist nun ebenfalls beendet.

Böttcher ist nicht sonderlich überrascht, als Ende November 1994 die Syrer dem BND die Information zukommen lassen, dass sich Weinrich im Jemen aufhält. Dies ist der Startschuss für die Operation »Bacchus«. Über nachrichtendienstliche und diplomatische Kanäle gilt es nun, den Jemen dazu zu bewegen, Weinrich festzunehmen und nach Deutschland auszuliefern.

Niemand weiß, ob dies gelingt. In der »Republik Jemen«, die erst vor vier Jahren nach der Vereinigung Nord- und Südjemens ausgerufen wurde, tobt bereits wieder ein Bürgerkrieg. Böttcher weiß deshalb gar nicht, woher er die Zuversicht nimmt. Aber vorsichtshalber besorgt er sich am 29. Dezember bei der jemenitischen Botschaft in Bonn ein Visum.

Wiesbaden, 1. Juni 1995

Gedankenverloren beobachtet Böttcher die spielenden Kinder auf dem Parkplatz des BKA-Standortes II. Die etwas älteren Kinder posieren stolz auf den Motorrädern der hessischen Bereitschaftspolizei, während sie von ihren Eltern fotografiert werden. Die kleineren toben in der Hüpfburg herum, die eigens für das Sommerfest des BKA aufgebaut wurde. Böttcher muss daran denken, dass er in zehn Wochen zum zweiten Mal Vater wird. Maria ist schwanger. Sie freuen sich auf das Kind.

Der Standort II befindet sich in der Äppelallee 45 auf einem alten Kasernengelände. Vor zehn Jahren hatte das Amt die alte Kaserne übernommen. Dort ist auch die Abteilung Organisierte Allgemeine Kriminalität (OA) untergebracht, der Böttcher mittlerweile angehört. Er soll helfen, eine operative Einheit aufzubauen. Mit der Terrorismusbekämpfung hat er nichts mehr zu tun, zumindest formal. Die Abteilung Terrorismus (TE) gibt es nicht mehr. Sie wurde vor einem halben Jahr aufgelöst und der Staatsschutzabteilung in der BKA-Außenstelle in Meckenheim integriert.

Die Zerschlagung der TE war die Folge des Desasters in Bad Kleinen. Auf dem Bahnhof des Städtchens in Mecklenburg-Vorpommern war es am 24. Juni 1993 zu einer Schießerei gekommen, als eine Sondereinheit der GSG 9 versuchte, dort die beiden *RAF*-Terroristen Birgit Hogefeld und Wolfgang Grams festzunehmen.

Grams und ein GSG-9-Beamter kamen dabei ums Leben. Schnell wurde von einigen Medien das Gerücht zur Tatsache erklärt, Grams sei von den Einsatzkräften liquidiert worden, nachdem er ihren Kameraden erschossen habe.

Die Republik hatte ihren Skandal. Bundesinnenminister Rudolf Seiters trat zurück. Zehn hochrangige Beamte verloren ihre Jobs, unter anderem Generalbundesanwalt Alexander von Stahl.

Im BKA wurden fünf leitende Beamte versetzt, darunter Gerhard Köhler, der Vizepräsident des BKA, sowie der Leiter der Abteilung TE und drei Einsatzleiter. Der »Blut-Sonntag« von Bad Kleinen gilt seitdem als eines der schwärzesten Kapitel in der Geschichte des BKA.

Böttcher steht neben den Lautsprechern der Musikanlage und hängt seinen eigenen Gedanken nach. Während die meisten Kollegen mit ihrer Familie gekommen sind, ist er alleine. Maria ist über Pfingsten zu ihrer Mutter nach Bielefeld. Nicole, seine Tochter aus erster Ehe, ist bei ihrer Mutter. Er genießt trotzdem das Fest. Das Alleinsein macht ihm nichts aus. Es ist eine gute Gelegenheit, seine neuen Kollegen etwas besser kennen zu lernen.

Böttcher hat schon zwei oder drei Bier getrunken. Es ist ausgesprochen warm an diesem Donnerstagnachmittag, und er spürt bereits den Alkohol. Bierselig schaut er der Aufführung einer Jazztanzgruppe zu. Plötzlich tritt ein junger Kollege an ihn heran. »Man sucht dich. Du wurdest schon über Lautsprecher ausgerufen«, sagt Dietmar Sprecher. Sie kennen sich aus gemeinsamen Zeiten in der Abteilung Terrorismus (TE). Mittlerweile arbeitet Sprecher im Stab des Abteilungsleiters OA.

»Was?«, Böttcher versteht kaum sein eigenes Wort. Die Jazztanzgruppe hat ihre Aufführung beendet und der Discjockey, der nun wieder an der Reihe ist, hat sich anscheinend vorgenommen, das Letzte aus der Musikanlage herauszuholen.

»Du sollst dich im Büro von Schuster melden«, schreit Sprecher. Leo Schuster ist Leiter der Abteilung OA, der im früheren Offizierstrakt der Kaserne sein Büro hat.

»Warum das denn?«

»Keine Ahnung. Jedenfalls haben die schon zwei Mal wegen dir eine Durchsage gemacht.«

»Hm«, seufzt Böttcher, stellt sein Bier auf einem Lautsprecher ab und trottet gemächlich Richtung Bürotrakt.

Am Eingang kommt ihm Manfred Klink entgegen. »Da sind Sie ja«, sagt der leitende BKA-Beamte. Sein Tonfall ist freundlich, aber Böttcher weiß es besser. Es ist eine Mahnung, nicht weiter Zeit zu verschwenden. Böttcher überlegt krampfhaft, was es denn so Dringendes geben könnte, dass Klink ihn persönlich auf dem Sommerfest suchen wollte. Es fällt ihm nichts ein. Böttcher hofft, dass er nicht zu sehr nach Bier riecht.

Aber Klink hat andere Sorgen. Auf dem Weg zum Aufzug raunt er Böttcher zu: »Weinrich ist im Jemen festgenommen worden. Sie wollen ihn ausliefern.«

Schlagartig hat Böttcher wieder einen klaren Kopf. Das ist es also, Operation »Bacchus« war erfolgreich. Er verspürt einen Anflug von Genugtuung. Schließlich musste er einige Prügel einstecken, bis er die Syrer so weit hatte, den Aufenthaltsort von Weinrich zu verraten.

Im Aufzug schildert ihm Klink die Einzelheiten. Gegen 13.40 Uhr Ortszeit hat die deutsche Botschaft in Sanaa ein verschlüsseltes Fernschreiben nach Deutschland gekabelt. Darin teilte Botschafterin Helga Gräfin von Strachwitz mit, dass der jemenitische Staatspräsident Saleh sie heute zu einem 40-minütigen Gespräch einbestellt hatte. Nach einer »Tour d'horizon über erfreulich guten Stand bilateraler Beziehungen« habe er der Gräfin mitgeteilt, die jemenitischen Behörden hätten Weinrich dingfest gemacht. »Sobald wir dies wünschen, werde Weinrich in Sanaa zuständigen deutschen Stellen übergeben werden«, habe die Gräfin an das Auswärtige Amt, das Justizministerium, Innenministerium, BKA Meckenheim, BKA Wiesbaden und BfV in Köln gekabelt.

»Wir müssen ihn schnellstens abholen. Sie machen das. Klären Sie, wer noch alles mitfährt«, sagt Klink. Sie sind mittlerweile im Vorzimmer des OA-Abteilungsleiters angekommen. Klink verschwindet in dessen Büro. Böttcher schaut sich derweil nach einem Telefonapparat um. Schließlich setzt er sich an den verwaisten Platz der Sekretärin, die vermutlich auf dem Sommerfest ist, und ruft in Meckenheim bei der Staatsschutzabteilung an. Er bespricht sich mit seinem Kollegen Heinz Simons, den er noch bestens aus gemeinsamen Zeiten in der Abteilung TE kennt. Simon hat die Statur eines Kleiderschrankes. Er ist der richtige Mann, falls Weinrich auf dem Rückflug Schwierigkeiten macht. Danach ruft er die Kollegen vom LKA Berlin. Von der Staatsschutzabteilung will er auch einen mit dabei haben. Zum Schluss informiert er Mehlis.

Den Berliner Staatsanwalt zählt Böttcher mittlerweile zu seinen allerengsten Freunden. Spätestens seit der Geschichte in Ungarn, als ihm Mehlis den Kopf rettete, weiß Böttcher, dass er sich bei allem auf ihn verlassen kann. Mehlis hat ihm auch schon versprochen, dass er sich um seine Familie kümmern würde, falls ihm einmal bei einer Operation etwas zustößt.

Nach zehn Minuten kommt Klink wieder heraus. »Was schlagen Sie vor?«, will er von Böttcher wissen.

»Wir sollten das LKA Berlin einbinden. Die haben die ganze Arbeit gemacht. Die ganzen Ermittlungen, die Vernehmungen.« Klink ist einverstanden und winkt Böttcher in das Büro. Dort sitzen drei Männer um einen Besprechungstisch. Es handelt sich um Leo Schuster, Abteilungsleiter OA, und um Rudolf Atzbach, Chef der Verwaltung und seit 1971 beim BKA. Daneben erkennt Böttcher Bernhard Falk, den Vizepräsidenten des BKA.

Böttcher ist beeindruckt. In dem Zimmer ist der gesamte Leitungsstab des BKA versammelt. Es fehlt nur noch der Präsident. Böttcher ist plötzlich stocknüchtern. Das Adrenalin scheint den Alkohol im Blut zu verdrängen.

Schuster und Atzbach kennt Böttcher seit eineinhalb Jahrzehnten. Mit Falk hingegen hatte er bislang kaum zu tun. Allerdings geht er davon aus, dass Falk über ihn Bescheid weiß. Das politische Nachbeben seiner Ungarn-Operation wird auch dem Vizepräsidenten nicht entgangen sein.

Falk ist seit eineinhalb Jahren im Amt. Er wurde nach dem Desaster von Bad Kleinen auf den Posten berufen. Böttcher weiß, dass Falk keiner der üblichen Karrierebeamten ist. Er ist vielmehr vom Fach, hat selbst jahrelang im operativen Bereich gearbeitet, bevor er in den höheren Dienst der Kriminalpolizei aufstieg. Zuletzt war er Direktor der hessischen Kriminalpolizei.

Falk steht im Ruf, mehr Zeit mit dem Studium von Operativakten zu verbringen als er eigentlich müsste. Im BKA hat es sich jedenfalls schon herumgesprochen, dass man dem neuen Vize so schnell nichts vormachen kann. In Lagebesprechungen verblüfft er seine nachgeordneten Polizeibeamten mit präzisen Detailkenntnissen über laufende Operationen.

Während Klink zu der Sitzecke hinübergeht, bleibt Böttcher vor dem Führungsquartett stehen. Nachdem sich Klink auf seinen Platz gesetzt hat, fordert er ihn auf, seine Einschätzung abzugeben. Böttcher wiederholt, was er bereits Klink im Vorzimmer sagte. Allerdings fügt er noch eines hinzu: »Wir brauchen ein eigenes Flugzeug.«

Atzbach stöhnt leise. »Wie stellen Sie sich das vor? Das kostet ein Vermögen.« Böttcher erlaubt sich ein knappes Lächeln. »Eine Linienmaschine können wir nicht nehmen. Es gibt keinen Direktflug, und wir müssen in Kairo zwischenlanden. Das ist zu riskant, falls die Behörden dort mitbekommen, dass Weinrich an Bord ist.«

»Das leuchtet ein«, sagt Falk, der bislang geschwiegen hat, aber aufmerksam zuhörte. »Sie sollen Ihr Flugzeug haben.«

Für Böttcher ist damit die Besprechung beendet. Er verabschiedet sich und geht zurück auf das Sommerfest. Schließlich ist am nächsten Tag noch Zeit genug, sich um ein Flugzeug zu kümmern. Jetzt hat er andere Sorgen. Angestrengt überlegt er, wo er sein Bierglas abgestellt hat.

Am nächsten Morgen macht sich Böttcher missmutig im Privatwagen auf den Weg zur BKA-Nebenstelle in Meckenheim. Er ist noch etwas verkatert. Es war eine kurze Nacht. Er war nur Zuhause, um andere Klamotten anzuziehen. Zudem kann er Meckenheim nicht leiden. Die Stadt liegt zwischen Köln und Bonn. Sie hat 25 000 Einwohner. In den Augen von Böttcher ist dort der Hund begraben. Er hat sich deshalb mit Händen und Füßen gewehrt, nicht dorthin versetzt zu werden.

Die BKA-Nebenstelle befindet sich außerhalb von Meckenheim am Rande einer Lichtung. Es ist eine siebenstöckige Betonburg, die Anfang der 80er-Jahre erbaut wurde und damals eine der modernsten Polizeizentralen der Welt war. Anfangs gab es Proteste der Anwohner. Sie fürchteten um ihre Ruhe und auch ein bisschen um ihre Sicherheit. Es hatte sich wie ein Lauffeuer herumgesprochen, dass dort neben der Spionageabwehr auch Terroristenjäger untergebracht sind.

Böttcher liest sich als Erstes das Fernschreiben der Botschafterin durch. Es hat die Laufnummer 122 und beginnt: »Betreffzeile: deutsch-jemenitische Beziehungen; hier: 1) Festnahme des Terroristen Weinrich in Aden, 2) offizieller Besuch Staatspräsident Salehs in Deutschland, 3) Unterstützung jemenitisches Wirtschaftsprogramm.«

Bereits nach diesen Zeilen ist sich Böttcher darüber im Klaren, dass die Auslieferung von Weinrich an ein paar Bedingungen geknüpft ist. »Weinrich sei in der Nähe von Aden von Angehörigen extremer jemenitischer Linke versteckt und unterstützt worden«, kabelte die Botschafterin. »Da ihm, [dem jemenitischen Präsidenten] Saleh bekannt sei, dass Weinrich dringend von Bundesregierung gesucht werde, habe er angeordnet, diesen aufzuspüren, dingfest zu machen und an uns auszuliefern. Er bat mich, Bundeskanzler Kohl hiervon zu unterrichten und mitzuteilen, dass der Jemen auch in Zukunft bereit sein werde, bei Terrorismusbekämpfung eng mit Deutschland zusammenzuarbeiten.«

Schließlich nennt die Botschafterin auch den Preis, den die Bundesregierung für Weinrich zahlen muss: »Im weiteren Gesprächsverlauf bat Präsident darum, seinen schon vor langer Zeit geplanten offiziellen Besuch in Deutschland machen zu können und bat um Festlegung Besuchstermins, der ganz in unser Belieben gestellt sei.«

Böttcher klemmt sich nun hinters Telefon, um zusammen mit seinem Kollegen Simons die Auslieferung zu organisieren. Simons ruft zunächst die Flugbereitschaft der Bundeswehr an. Prompt erhält er eine Abfuhr. Ohne Erlaubnis des Verteidigungsministers gibt es kein Flugzeug.

Als Böttcher von dem Hickhack hört, ruft er beim BND an. Er weiß, dass der Auslandsnachrichtendienst über ein eigenes Flugzeug verfügt. Die Existenz des »D-Bird«, wie das BND-Flugzeug genannt wird, sei geheim und soll durch einen offiziellen Einsatz nicht enttarnt werden, heißt es aus Pullach.

Böttcher sitzt der Vorabend noch in den Knochen. Er muss sich zwingen, nicht die Geduld zu verlieren. Andererseits ist es unglaublich. Auf dem Silbertablett bekommen sie den »dienstältesten und gefährlichsten Terroristen Deutschlands« serviert, aber niemand will ihnen ein Flugzeug zur Verfügung stellen.

Böttcher schildert das Dilemma einem befreundeten Kollegen vom BND, der über einen guten Kontakt nach Bonn verfügt. Der BND-Mann ruft direkt beim Kanzleramtsminister an. Es ist Freitag und damit Parlamentssitzung. Die Kabinettsmitglieder sitzen auf der Regierungsbank. Als Kanzleramtsminister Friedrich Bohl der Anruf durchgestellt wird, spricht er umgehend den Verteidigungsminister Volker Rühe darauf an, ob die Bundeswehr für die Auslieferung von Weinrich unbürokratisch eine Maschine zur Verfügung stellt. Rühe nickt.

Wenig später bekommt Böttcher die Nachricht, dass am nächsten Morgen auf dem Kölner Militärflughafen eine Maschine der Flugbereitschaft der Bundeswehr zur Verfügung steht.

Er atmet auf.

Sanaa, Jemen, 4. Juni 1995

Es ist bereits dunkel, als sie in Sanaa landen. Böttcher kann dennoch beim Ausrollen des Bundeswehrflugzeuges erkennen, dass ein größeres Empfangskomitee auf sie wartet. Auf dem Rollfeld stehen mehrere Fahrzeuge. Zu seiner Überraschung sind auch mehrere Militärfahrzeuge darunter.

Böttcher verlässt als Erster die Maschine. Ein Mitarbeiter der Botschaft kommt ihm entgegen. Böttcher schaut noch einmal hinüber zu den Fahrzeugen. Auf den Militärfahrzeugen sitzen Soldaten mit schweren Waffen.

»Was hat das hier zu bedeuten?«, fragt Böttcher und deutet mit einem Kopfnicken zu dem Militär hinüber.

»Das ist zu Ihrem Schutz!«, sagt der Botschaftsmitarbeiter.

»Was heißt hier zu unserem Schutz?«

»Wir können nicht ausschließen, dass eine Entführung geplant ist.«

»Entführung?«

»Vergessen Sie nicht, Sie sind hier im Jemen.«

Böttcher ist froh, dass er kurzerhand noch eine Kollegin als vierte Begleitperson mitgenommen hat. Dies war notwendig geworden, weil ihnen die Bundeswehr aus unerfindlichen Gründen keine Bordwache mitgeschickt hatte.

Also hat er die Kollegin, die sie zum Flughafen gefahren hat, mehr oder weniger zwangsverpflichtet, mitzufliegen. Die Kollegin war verständlicherweise auf so etwas nicht vorbereitet, hatte weder Wäsche zum Wechseln noch eine Waffe dabei, weshalb sie sich schnellstens von einem Kollegen dessen Dienstpistole lieh, eine SIG-Sauer P6, die Standardwaffe des BKA.

Die Kollegin soll damit das Flugzeug sichern. Schließlich können sie die Maschine über Nacht nicht unbewacht lassen. Böttcher kann nicht ausschließen, dass jemand versucht, ihnen einen Sprengsatz unterzuschieben. Aus dem Stegreif könnte er einige

Geheimdienste aufzählen, die nicht das geringste Interesse daran haben können, dass Weinrich ausgeliefert wird und womöglich über seine Auftraggeber plaudert.

Am nächsten Morgen sucht Böttcher mit den beiden anderen Kollegen zuerst die deutsche Botschafterin Helga Gräfin von Strachwitz auf. Die Botschafterin ist groß und schlank, aber vor allem energisch und durchsetzungsfähig. Anders könnte sie als Frau auch nicht in einem muslimischen Land bestehen, denkt sich Böttcher. Sie hat binnen vier Wochen die jemenitischen Sicherheitsbehörden dazu gebracht, Weinrich festzunehmen, wie sie bereits in ihrem Fernschreiben nach Deutschland hervorhob.

Böttcher ist beeindruckt. Schließlich ist die Situation in dem vom Bürgerkrieg gezeichneten Land äußerst instabil. Nach jahrelangem blutigem Bürgerkrieg zwischen dem kommunistischen Südteil und dem mehr oder weniger demokratisch ausgerichteten Norden ist der Jemen erst seit kurzem wieder vereint. Weinrich sei in der Nähe von Aden von Angehörigen einer linksextremen jemenitischen Gruppe versteckt und unterstützt worden, berichtet die Botschafterin.

Während sie sich mit der Botschafterin darüber unterhalten, welche Gegenleistungen die Jemeniten wohl für die Auslieferung erwarten, kommt der Flugkapitän in das Büro gestürzt. Er hat bereits am frühen Morgen die Bundeswehrmaschine für den Rückflug inspiziert. Dabei hat er festgestellt, dass sie es nicht ohne Zwischenstopp bis nach Deutschland schaffen. Sie müssen irgendwo landen und tanken.

Böttcher versteht die Welt nicht mehr. Auf dem Hinflug haben sie es schließlich auch ohne Zwischenlandung geschafft. Der Flugkapitän erklärt ihm das Problem. Sanaa liegt extrem hoch. Dazu kommt noch die Hitze. Der Treibstoff hat deshalb ein größeres Volumen, weshalb in den Tank nicht so viel hineingeht, wie unter normalen Bedingungen.

»Also! Wo soll ich zwischenlanden?«

»Was weiß ich«, sagt Böttcher. »Was liegt denn auf halber Strecke?«

»Na ja, der nächste Nato-Stützpunkt wäre in Tel Aviv.«

Böttcher will schon zu stimmen, als ihm die Gräfin vorsichtig die Hand auf die Schulter legt und ihn geradezu anfleht. »Herr Böttcher, wenn Sie nach Israel fliegen, kann ich die Botschaft hier dichtmachen.«

Böttcher versteht. Für die arabische Welt würde der Eindruck entstehen, der Jemen liefere einen Terroristen, der sich nach außen immer der palästinensischen Sache verschrieben hat, nach Israel aus. Die Folge wäre ein politischer Eklat.

»Okay. Tel Aviv geht nicht. Was haben wir noch im Angebot?«

»Kreta«, sagt der Flugkapitän.

Böttcher winkt ab. Wenn die Griechen Wind davon bekommen, dass sie Weinrich an Bord haben, ziehen sie ihn aus der Maschine. Immerhin hatte er zusammen mit griechischen Terroristen einen spektakulären Anschlag in Athen durchgeführt.

»Vielleicht reicht es bis Catania«, sagt der Flugkapitän.

Die Provinzhauptstadt im Osten Siziliens, wichtigster Handels- und Industriestandort der Insel, befindet sich am Fuß des Ätnas und verfügt über einen stark frequentierten Flughafen. Catania erachtet Böttcher als unproblematisch. »Wir fliegen einfach los und dann sehen wir, wie weit wir kommen.«

Der Flughafen ist bereits gesperrt. Es ist elf Uhr vormittags. Die Sonne steht hoch am Himmel. Weinrich soll ihnen eigentlich um diese Uhrzeit ausgeliefert werden.

Böttcher hält sich die Hand an die Augen, um bei dem gleißenden Sonnenlicht besser sehen zu können. Auf den Dächern des Flughafengebäudes sind Scharfschützen postiert. Die Jemeniten rechnen offensichtlich mit dem Schlimmsten.

Gegen zwölf Uhr ist immer noch nichts von Weinrich zu sehen. Böttcher muss sich eingestehen, dass er etwas nervös ist. Seit mehr als einer Stunde steht er in der sengenden Mittagshitze auf dem Rollfeld. Den Scharfschützen auf den Dächern scheint die Hitze nichts auszumachen.

Nach einer weiteren Stunde bemerkt Böttcher, dass etwas in Bewegung kommt. Hektisch positionieren sich Soldaten auf dem Gelände, die Scharfschützen haben nun ihre Gewehre wieder im Anschlag. Bevor Böttcher überhaupt weiß, was los ist, prescht ein Lastwagen auf das Rollfeld. Der Lkw hält direkt auf sie zu. Als er gegen die Sonnenstrahlen erkennen kann, was da los ist, traut er seinen Augen nicht. Auf der Ladefläche des Lastwagens sitzen gut und gerne zwanzig Personen, darunter eine Reihe von Uniformierten. Mittendrin sitzt Weinrich, umgeben von einem Kamerateam, das die ganze Szenerie filmt.

Dann geht alles ganz schnell. Die jemenitischen Soldaten zerren Weinrich von der Ladefläche herunter. Böttcher bittet seinen Kollegen, ebenfalls alles mit der Videokamera festzuhalten. Aber auf den ersten Blick scheint Weinrich in ganz guter Verfassung zu sein. Er trägt Jeans, weißes Hemd und darüber eine ärmellose Weste und hat einen Drei-Tage-Bart.

Die Jemeniten kümmern sich gar nicht um die deutschen Polizeibeamten. Ohne zu fragen schleppen sie Weinrich zum Flugzeug, zerren ihn die Gangway hoch und schieben den deutschen Terroristen in die Maschine. Böttcher und seine Kollegen gehen hinterher und kommen gerade noch hinzu, als sie Weinrich die Fesseln abnehmen.

Böttcher legt ihm sofort Handschellen an. Mit einem zweiten Paar kettet er ihn am Sitz an. »Falls du aufs Klo musst, dann jetzt. Während des Fluges mache ich die Handschellen nicht auf«, sagt er zu Weinrich. Böttcher hält den Terroristen für verrückt genug, ihnen irgendwelche Schwierigkeiten zu machen. Weinrich lehnt ab. Böttcher zuckt nur mit den Achseln. Schließlich werden sie acht oder neun Stunden unterwegs sein.

Nun kommt der Flugkapitän zu Böttcher. Er hat die nächste Hiobsbotschaft. Das Flugzeug springt nicht an. Böttcher hat so langsam den Eindruck, dass diesmal alles schief geht, was nur schief gehen kann. Falls sie eine Ersatzmaschine anfordern müssen, sitzen sie hier mindestens ein halben Tag lang mit dem »dienstältesten und gefährlichsten Terroristen Deutschlands« fest. Er hat das Gefühl, wahnsinnig zu werden.

Schließlich gelingt es dem Flugkapitän, die Maschine in Gang zu bringen. Als sie auf die Startbahn zurollen, atmet Böttcher etwas durch. Problemlos hebt die Maschine ab. Allerdings zieht der Pilot gleich nach dem Start das Flugzeug steil nach oben. Er will schnell an Höhe gewinnen, um möglichst bald außerhalb der Reichweite von Abwehrraketen zu sein.

Böttcher drückt es in den Sitz. Ihm bleibt die Luft weg. Was nun passiert, läuft außerhalb seines Zeitempfindens ab. Es wird schwarz vor seinen Augen. Für einen kurzen Moment ist er bewusstlos.

Die Kollegin, die neben ihm sitzt, bemerkt es als Erste. Fast zärtlich tätschelt sie seine Wange. »Richard«, sagt sie immer wieder. »Alles in Ordnung?«

Nach ein paar Sekunden ist er wieder bei sich.

»Ja. Alles in Ordnung.«

Die Kollegin lächelt.

Nach einer halben Stunde geht Böttcher ins Cockpit. Sie sind fast auf 45 000 Fuß. Er will telefonieren. Der Copilot macht ihm eine Leitung. Böttcher nennt ihm die Privatnummer von Mehlis, dem Berliner Staatsanwalt.

»Wir haben ihn«, sagt Böttcher.

»Wirklich?«, fragt Mehlis.

Dann reden sie in ihrer Euphorie durcheinander. Der Copilot schüttelt nur mit dem Kopf. »Das ist eine Gegensprechanlage. Da kann immer nur einer reden.« Sie beenden das Gespräch. Das Wesentliche ist gesagt. Böttcher geht davon aus, dass Mehlis das BKA informiert.

Die Stimmung an Bord ist ausgelassen. Die Kollegen leeren die Bar. Weinrich macht ebenfalls einen entspannten Eindruck. Neugierig erkundigt er sich nach der politischen und wirtschaftlichen Situation im vereinten Deutschland. Fast scheint es, als wäre er froh, dass es endlich vorbei ist. Das Leben auf der Flucht hat ihn gezeichnet. Er hat tiefe Furchen im Gesicht.

Böttcher bekommt von all dem kaum etwas mit. Er hat nie zu den Leuten gehört, die Siege feiern. Er weiß besser als die meisten, wie vergänglich Siege in der Welt der Geheimdienste und Polizei sein können. Manchmal sehen sie nach einiger Zeit gar nicht mehr wie Siege aus.

Er ist gedanklich ganz woanders. Mehr als fünf Jahre hat er an diesem Fall gearbeitet. Nun ist es zu Ende. Ein seltsames Gefühl stellt sich ein. Er kann es gar nicht richtig benennen. Es fühlt sich irgendwie an, als müsste er gegen seinen Willen in Ruhestand gehen. Wie in einem Film laufen schließlich die ganzen Ermittlungen noch einmal vor seinem inneren Auge ab. Anfänglich ganz deutlich, dann werden die Bilder immer verschwommener. Schließlich schläft er ein.

Böttcher wacht erst wieder auf, als sie über Ägypten sind. Er geht vor ins Cockpit und erkundigt sich danach, wie es mit dem Sprit aussieht. Der Flugkapitän gibt Entwarnung.

»Es könnte bis Catania reichen.«

»Was heißt hier ›könnte‹? Reicht es oder reicht es nicht?«

»Wenn wir nicht noch unerwarteten starken Gegenwind bekommen, müsste es nach meinen Berechnungen reichen.«

Böttcher geht zurück in den Passagierraum Er setzt sich wieder neben seine Kollegin. Mit Weinrich wechselt er kein Wort. Das sollen die anderen machen. Das ist nicht sein Job. Seine Aufgabe ist, Burschen wie Weinrich aufzuspüren und nach Deutschland zu bringen. Nur einmal schaut er nach, ob die Handschellen noch fest sitzen.

Der Kollege vom LKA Berlin versucht hingegen, mit Weinrich ins Gespräch zu kommen. Sie unterhalten sich übers Essen. Weinrich erzählt, dass er Kräuter züchtete. Die Jemeniten hatten ihn bei der Gartenarbeit festgenommen. Unter den Fingernägeln sind noch die dunklen Erdreste zu erkennen. Ansonsten sagt er nichts. Der Killer ist Profi genug, um zu wissen, wann es besser ist, zu schweigen.

Bei der Zwischenlandung in Catania schaltet Böttcher sein Handy ein und ruft noch einmal Mehlis an.

»So, mein Lieber, wir sind jetzt in Catania. In zwei Stunden sind wir dann in Berlin. Du bekommst Weinrich sozusagen frei Haus geliefert.«

»Kann ich was für dich tun? Irgendetwas vorbereiten?«, fragt Mehlis.

Böttcher überlegt einen Moment. »Ja! Du kannst mir zwei Flaschen Bier zum Flughafen bringen. Schön kühl bitte. Die Bordbar ist leer. Die haben hier alles niedergemacht. Ich habe einen Durst wie eine Bergziege.«

Mehlis lacht. Böttcher hat keine Zeit mehr, noch etwas zu sagen. Der Flugkapitän winkt ihn an Bord. Die Maschine ist aufgetankt. Es geht weiter.

Gegen zehn Uhr abends landen sie auf dem Flughafen Berlin-Tegel. Als die Maschine zum Stehen kommt, schaut Böttcher aus dem Fenster. Sie werden bereits erwartet. Neben dem Rollfeld steht ein Sondereinsatzkommando der Polizei, der Berliner Generalstaatsanwalt Dieter Neumann und Detlev Mehlis. Er hat etwas in der Hand. Es ist eine Kühltasche. Böttcher grinst. Er ahnt, was sich darin befindet.

Als die Kabinentür aufgeht, schließt Böttcher die Handschelle auf, mit der er Weinrich an den Sessel fesselte. Der Berliner LKA-Beamte, der sich während des Fluges so angeregt mit dem Terroristen über Essen unterhalten hatte, kommt hinzu und sagt grinsend zu Weinrich: »Ach übrigens, wir befinden uns jetzt auf deutschem Boden. Also bevor ich es vergesse: Du bist vorläufig festgenommen.«

Wiesbaden, Bundeskriminalamt, 6. Juni 1995

Böttcher tippt lustlos an seinem Bericht über das erfolgreiche Ende der Operation »Bacchus«. Das Gefühl der Leere, das ihn auf dem Rückflug ereilte, hat er noch nicht abschütteln können. Vielmehr verfestigt sich der Gedanke, dass nun eine wichtige Etappe in seinem beruflichen Leben zu Ende ist.

Zur Überraschung von Böttcher ist dies kein befreiendes, sondern eher ein beklemmendes Gefühl. Es überwiegt eine Art Orientierungslosigkeit. Vielleicht wird er nie wieder so einen Fall an Land ziehen, sondern sich bis zum Ende seiner Tage mit mehr oder weniger Belanglosigkeiten herumschlagen müssen.

Das Klingeln des Telefons reißt Böttcher aus seiner Trübsal. Einen Moment lang überlegt er, ob er überhaupt rangehen soll. Schließlich nimmt er den Hörer ab. Es ist die Sekretärin des Vizepräsidenten: »Herr Falk möchte Sie in seinem Büro sprechen.«

Böttcher ist überrascht, lässt sich aber nichts anmerken. Ein paar Minuten später steht er im Büro des Vizepräsidenten. Falk kommt hinter seinem Schreibtisch hervor und schüttelt ihm zur Begrüßung die Hand und bittet Böttcher Platz zu nehmen. Auf dem Tisch stehen zwei Thermoskannen.

»Kaffee oder Tee?«

Mit einem schnellen Blick auf die Tasse von Falk vergewissert sich Böttcher, dass der Vizepräsident offensichtlich Tee bevorzugt.

»Tee«, antwortet Böttcher. Es scheint eine längere Unterhaltung zu werden.

Zur Überraschung von Böttcher interessiert sich Falk für sämtliche Details seiner Ermittlungen im Fall Weinrich.

»Das ist aber eine längere Geschichte«, sagt Böttcher und erzählt, wie er nach der Wende damit begonnen hat, den gesamten Komplex Carlos aufzurollen.

Falk hört ihm aufmerksam zu. Böttcher entgeht jedoch nicht, dass der Vizepräsident über etwas grübelt. Schließlich fragt ihn Falk völlig unvermittelt: »Können Sie sich vorstellen, eine ähnlich lang angelegte Ermittlung im Bereich der *RAF* durchzuführen?«

Böttcher schweigt zunächst. Die *RAF* hat ihn nie sonderlich beschäftigt.

»Sie wissen, dass wir in diesem Bereich Defizite haben«, sagt Falk. Böttcher nickt nur. Schließlich ist es kein Geheimnis, dass das BKA bei den Ermittlungen gegen die *RAF* seit Jahren auf der Stelle tritt. Seit 1986 konnte kein Anschlag der Terrororganisation mehr aufgeklärt werden. Ebenso ist nichts bekannt über den Verbleib der neuen Generation der *RAF*.

Falk schaut Böttcher erwartungsvoll an. Böttcher überlegt. Die unterschiedlichsten Gedanken schießen ihm durch den Kopf. Es ist ein verlockendes Angebot. Bereits 36 Stunden nach der Auslieferung von Weinrich hätte er eine neue Aufgabe. Zudem ist es nicht üblich, eine persönliche Bitte der Amtsleitung auszuschlagen. Dabei ist es gleichgültig, ob man von dem Thema Ahnung hat oder nicht.

»Ihr Angebot ehrt mich, aber die *RAF* war nie meine Domäne. Ich habe auch keine Ahnung, wo man da den Hebel ansetzen kann«, hört sich Böttcher sagen.

Falk schaut ihn schweigend an. Böttcher steht auf. Nach über einer Stunde ist die Unterhaltung nun beendet. »Sie können sicher sein«, sagt Böttcher zum Abschied, »sobald ich einen Hebel habe, melde ich mich.« Er meint es ernst. Und er hat den Eindruck, Falk weiß das.

Teil 3

DER LANGE SCHATTEN DER RAF

Wiesbaden, Mitte April 1996

Es ist eine Stimme aus der Vergangenheit, die aus dem kleinen Lautsprecher seines Anrufbeantworters zu ihm spricht: »Hilfe, Hilfe, mir geht es schlecht! Melde dich!« Mehr hat der Anrufer nicht gesagt. Dies ist auch nicht nötig. Böttcher weiß, wem die Stimme gehört: Tarek Sabah, einem ehemaligen Informanten aus Beirut.

Böttcher überlegt, wie lange es her ist, dass sie miteinander zu tun hatten. Sabah war eine Zeit lang einer seiner besten Zuträger. Er verfügte über hervorragende Verbindungen in Beirut und versorgte ihn regelmäßig mit Informationen aus dem Innern palästinensischer Terrororganisationen. Mit Hilfe von Sabah hatte er den französischen Behörden einen entscheidenden Hinweis über einen Anschlag auf eine Synagoge in Paris geben können, bei dem es eine Reihe von Toten gegeben hatte.

Danach ließ Sabah etwas nach. Vielleicht war ihm die Sache auch einfach zu heiß geworden. Jedenfalls waren seine Informationen nicht mehr ihr Geld wert, und Böttcher beendete die Geschäftsbeziehung. Allerdings erfolgte die Trennung so, dass man sich noch in die Augen schauen konnte. Böttcher wollte sich und Sabah ein Hintertürchen offen lassen und verabschiedete sich damals mit den Worten: »Wenn du mal wieder etwas hast, meine Nummer kennst du.«

Es ist jedoch purer Zufall, dass die Telefonnummer noch funktioniert. Seit Böttcher ein Diensthandy hat, ist er dazu übergegangen, die alten Telefonanschlüsse nach und nach zu kappen. Es war einfach zu aufwendig, die Anrufbeantworter regelmäßig abzuhören. Einige waren in anderen Städten aufgestellt, damit die Telefonnummern keine Wiesbadener Vorwahl hatten und somit nicht gleich mit dem BKA in Verbindung gebracht wurden. Schließlich wissen nicht alle V-Leute, dass Böttcher beim BKA ist.

Böttcher schätzt, dass die Sache mit Sabah etwa sechs oder auch acht Jahre zurückliegt. Er ist sich nicht ganz sicher. Auf jeden Fall ist es ungewöhnlich, dass sich eine abgeschaltete Quelle nach so langer Zeit noch einmal meldet. Er rätselt deshalb über den Grund des Anrufs.

Angestrengt denkt er darüber nach, ob es sich um eine Falle handelt. In seinem Gewerbe kann man so etwas nicht ausschließen. Zumindest wäre es nicht das erste Mal, dass ihm eine langjährige Quelle plötzlich nach dem Leben trachtet. Böttcher erinnert sich mit Unbehagen daran, als ihm vor ein paar Jahren der Mossad eine Warnung hatte zukommen lassen, dass eine Quelle aus der *PFLP-SC* umgedreht worden sei und nun den Auftrag habe, ihn und Egon Schmitt, sein damaliges Alter Ego vom BND, umzulegen. Bis heute weiß er eigentlich nicht, ob an der Sache überhaupt etwas dran war.

Bei Sabah ist es nicht weniger komplizierter. Böttcher hat keine Ahnung, was der Palästinenser in den vergangenen Jahren so getrieben hat. Er weiß nicht, ob Sabah noch immer zu einer Terrororganisation gehört oder längst für eine andere Behörde oder einen Geheimdienst arbeitet.

Er drückt die Abspieltaste und hört sich noch einmal die Nachricht an. Die Stimme klingt keineswegs gekünstelt oder aufgesetzt. Sabah scheint Angst zu haben. Vielleicht steckt er tatsächlich in Schwierigkeiten.

Böttcher beschließt, der Sache nachzugehen. Zum einen aus Fürsorgepflicht gegenüber einem ehemaligen Informanten. Anders als beim Mossad, wo arabische Agenten nur Mittel zum Zweck sind, fühlt sich Böttcher seinen V-Leuten auch menschlich verpflichtet. Schließlich hatte er oft Stunden oder Tage mit ihnen verbracht, war auf Tuchfühlung gegangen, hatte sich Familienfotos angeschaut, kannte Namen und Alter ihrer Kinder. Da kann er sie nicht wegwerfen wie ein Paar alte Schuhe, wenn sie in ernsthaften Schwierigkeiten stecken.

Zum anderen gilt es aber auch abzuklären, ob die Schwierigkeiten von Sabah auch zu einem Problem für ihn werden können. Manchmal kommen alte Geschichten zu einem zurück wie ein Bumerang.

Böttcher lässt Sabah eine Nachricht zukommen, wo er sich mit ihm treffen will.

Beirut, 20. Mai 1996

Böttcher ist das erste Mal in der libanesischen Hauptstadt. Überall sind noch die Spuren vom Bürgerkrieg zu erkennen. Die Stadt ist ein einziges Trümmerfeld. Es herrscht das blanke Chaos. Zudem scheint jeder in Beirut ein Auto zu besitzen. Der Straßenverkehr bricht unter ständigem Gehupe dauernd zusammen. Verkehrsregeln gibt es keine und deshalb auch kaum ein Auto ohne Blessuren.

Trotz des Chaos ist ihm Beirut irgendwie vertraut. Jahrelang hatte er einen Stadtplan Beiruts in seinem Büro hängen. Böttcher weiß, welche Viertel in Westbeirut zum Einflussgebiet der schiitischen *Hisbollah* gehörten und wo die *Al Fatah* das Sagen hat. Und er weiß auch, dass es für Europäer besser ist, sich im Nordteil der Stadt aufzuhalten, in »Dbaye« oder in »Jounieh«, dem Vergnügungsviertel von Beirut, mit seinen Bordellen und Restaurants. Hier leben keine Schiiten, sondern vorwiegend Christen.

Entgegen seiner sonstigen Gepflogenheiten ist Böttcher diesmal nicht allein unterwegs. Manfred Katz, sein alter Freund und früherer Referatsleiter, begleitet ihn. Die Amtsleitung hatte darauf bestanden. Im Notfall gäbe es niemand in Beirut, der Böttcher unterstützen könnte. Bislang hat das BKA keinen Verbindungsbeamten in der Stadt. Die Situation im Libanon ist einfach zu gefährlich und zu undurchsichtig, auch sechs Jahre nach Ende des Bürgerkrieges.

Erst vor wenigen Tagen haben die Israelis im Süden des Landes eine Offensive gegen die Milizen der *Hisbollah* gestartet, die dort weiterhin ihren vom Iran unterstützten »Befreiungskrieg« führt. Die Operation der Israelis trägt den Codenamen »Früchte des Zorns«. Ersten Schätzungen nach sind dabei mehr als hundert Zivilisten getötet worden.

Böttcher und Katz sitzen im Auto. Sie haben den Mietwagen schräg gegenüber von einem Fischrestaurant geparkt, das Böttcher Sabah als Treffpunkt genannt hatte. Sie warten.

Sabah sträubte sich anfangs, hierher zu kommen. Das Restaurant liegt an einer Schnellstraße in »Dbaye«, also im christlichen Teil der Stadt. Sabah wollte sie lieber in Westbeirut, im muslimischen Teil, treffen. Das kam aber für Böttcher und Katz nicht in Frage. Letztlich gab Sabah klein bei. Schließlich wollte er etwas von Böttcher und nicht umgekehrt.

Katz ist alles andere als glücklich über den Einsatz. In zwei Tagen wird er zweiundvierzig, und er kann sich Schöneres vorstellen, als seinen Geburtstag in einer Stadt zu feiern, in der man jeden Moment an einer Straßensperre über den Haufen geschossen werden kann, falls man eine falsche Bewegung macht. Katz fühlt sich unwohl. Er steckt sich eine Zigarette nach der anderen an. Das Innere des Wagens ist regelrecht eingeräuchert. Böttcher ist genervt. Er hat viele Laster, der Genuss von Tabak gehört nicht dazu. Er muss husten und versucht mit den Händen, den Zigarettenqualm aus dem Fenster zu fächeln. »Eigentlich ist es scheißegal, ob du hier erschossen wirst oder nicht. Wenn du so weiterqualmst, wirst du sowieso nicht alt«, raunzt ihm Böttcher zu, macht die Autotür auf und steigt aus.

Böttcher hat den Treffpunkt mit Bedacht ausgewählt. Das Restaurant ist von der gegenüberliegenden Straßenseite gut einsehbar. Er geht zu der Telefonzelle, von wo er das Geschehen im Innern des Restaurants genau beobachten kann, ohne selber gesehen zu werden. Noch sitzt niemand im Gastraum. Böttcher schaut auf die Uhr. Sabah müsste jeden Augenblick auftauchen. Er ist gespannt, ob er allein kommt. Oder ob es doch eine Falle ist.

Als Sabah die Straße herunterkommt, erkennt ihn Böttcher schon von weitem. Der Palästinenser hat noch die gleiche Art, sich zu bewegen. Allerdings sind die vergangenen acht Jahre an ihm nicht spurlos vorbeigegangen. Die Haare sind ergraut. »Tja, wir werden alle nicht jünger«, denkt Böttcher, der bereits vor einem Monat seinen zweiundvierzigsten Geburtstag feierte.

Nachdem Sabah das Restaurant betreten hat, beobachtet Böttcher noch eine Weile aufmerksam die Straße. Aber dem Palästinenser scheint niemand gefolgt zu sein, weder zu Fuß noch mit dem Auto. Sabah ist alleine gekommen.

Böttcher geht in die Telefonzelle und ruft das Restaurant an. Durch die großen Fenster des Restaurants kann er beobachten, wie der Kellner zu Sabah geht und ihm mitteilt, dass er am Telefon verlangt wird. Sabah schaut zunächst verdutzt, steht aber gleich auf und geht zum Telefon.

»Hallo, ich bin's. Wir wollen uns woanders treffen«, sagt Böttcher und nennt Sabah ein anderes Restaurant in Laufweite.

»Okay«, sagt Sabah. Er nickt dabei unwillkürlich mit dem Kopf, obwohl er nicht wissen kann, dass Böttcher ihn beobachtet.

»Sagen wir in zwanzig Minuten«, sagt Böttcher und legt auf.

Er bleibt auf seinem Beobachtungsposten und schaut gespannt, ob Sabah nun jemand anruft und die Änderung des Planes durchgibt. Aber es passiert nichts dergleichen. Sabah verlässt schnurstracks das Restaurant und geht die Straße hinunter, ohne sich auch nur einmal umzudrehen.

Böttcher wartet noch einen Moment. Als er auch kein Auto aus einer Parklücke fahren sieht, das Sabah folgt, geht er zum Mietwagen zurück. Er reißt die Wagentür auf. Zigarettenrauch kommt ihm entgegen. Seufzend steigt er ein: »Okay, es geht los. Der Kerl ist sauber.«

»Na, dann wollen wir mal«, sagt Katz und wirft zur Erleichterung von Böttcher die Kippe aus dem Fenster.

Sabah wirkt verängstigt. Offensichtlich steckt er tatsächlich in Schwierigkeiten. Böttcher kommt gleich zur Sache: »Was gibt's?«

»Slim wurde verhaftet, und ich bin vermutlich der Nächste«, sagt Sabah.

Irgendwo hatte Böttcher diesen Namen schon einmal gehört. Er blickt kurz zur Decke, als durchsuchte er die Aktenschränke seines Gedächtnisses nach einer fernen Erinnerung an einen Slim.

Dann fällt es ihm wieder ein. Innerlich muss Böttcher grinsen, doch er lässt sich nichts anmerken. Es ist fünfzehn oder sechzehn Jahre her, dass jemand ihm gegenüber den Namen in einem bestimmten Zusammenhang erwähnte.

Anfang der 80er-Jahre hatte sich in der deutschen Botschaft in Beirut ein junger Palästinenser gemeldet und behauptet, brisante Informationen über steckbrieflich gesuchte deutsche Terroristen zu besitzen. Er deutete an, den Aufenthaltsort von führenden *RAF*-Mitgliedern wie etwa Brigitte Mohnhaupt zu kennen.

Als das BKA von der Beiruter Botschaft per Fernschreiben über den Selbstanbieter unterrichtet wurde, beschloss man, den Palästinenser einzufliegen und ihn gegebenenfalls ins Zeugenschutzprogramm aufzunehmen, falls sich seine Angaben verifizieren lassen.

Böttcher nahm den Burschen unter seine Fittiche. Er war kaum älter als zwanzig Jahre, schien aber keiner der sonst üblichen Spinner oder Märchenerzähler zu sein. Dafür waren seine Angaben einfach zu detailliert. Er kannte sogar körperliche Merkmale von *RAF*-Terroristinnen, die er nur kennen konnte, weil er ihnen wirklich sehr nahe gekommen war.

Der Palästinenser hatte jedoch nicht nur Bettgeschichten auf Lager, sondern wusste vielmehr auch, wer im Nahen Osten die schützende Hand über die *RAF* hielt. Bis dato war man im BKA immer davon ausgegangen, dass die *PLO* deutschen Terroristen im Libanon Unterschlupf gewährte. Aus diesem Grund hatte sich damals das BKA auf mühsame und komplizierte Geheimverhandlungen mit der *PLO* eingelassen, weil man hoffte, durch Zugeständnisse an die Arafat-Organisation, der *RAF* die Unterstützung im Nahen Osten entziehen zu können.

Die Angabe des jungen Palästinensers machten Böttcher schlagartig deutlich, dass sich das BKA jahrelang mit den Falschen an den Verhandlungstisch gesetzt hatte. Nicht die *PLO*, sondern eine andere palästinensische Terrororganisation, die *Volksfront für die Befreiung Palästinas – Spezialkommando* (*PFLP-SC*), unterstützte tatkräftig die deutschen Terroristen, unter anderem auch bei dem Versuch, die *RAF*-Ikone Andreas Baader und elf weitere Gefangene freizupressen. Als die Bundesregierung 1977 nach der Entführung des Arbeitgeberpräsidenten Hanns Martin Schleyer die inhaftierten Genossen nicht laufen ließ, versuchte ein Terrorkommando der *PFLP-SC* der Forderung der *RAF* Nachdruck zu verleihen und entführte kurz nach dem Start auf Palma de Mallorca die Lufthansa-Maschine »Landshut«.

Die Waffen und den Sprengstoff für die Flugzeugentführung soll eine Deutsche im Kinderwagen ihrer drei Monate alten Tochter, versteckt in einer Keksdose und in einem Radiogerät, nach Palma de Mallorca geschmuggelt haben. Böttcher wollte damals zunächst seinen Ohren nicht trauen.

Der junge Palästinenser kannte die deutsche Frau nur unter ihrem Kampfnamen »Amal«. Allerdings wusste er zu berichten, dass sie mit dem Vizechef der *PFLP-SC* verheiratet ist und zwei Kinder von ihm hat. Schließlich konnte er die Deutsche anhand einer Fotomappe mit Aufnahmen von Mitgliedern und Sympathisanten der *RAF* identifizieren. Es handelt sich um die Frankfurterin Monika Haas.

Böttcher war damals einigermaßen verblüfft. Seit Anfang der 70er Jahre war wohl Monika Haas den Behörden als Sympathisantin der *RAF* bekannt. Die Frankfurterin gehörte zu dem im Frühjahr 1973 gegründeten »Komitee gegen Folter an politischen Gefangenen in der Bundesrepublik«, das sich zur Aufgabe gemacht hatte, inhaftierte Angehörige der *RAF* zu unterstützen und die Ziele der Terrororganisation agitatorisch zu fördern. Zusammen mit Gleichgesinnten hatte sich Haas dann 1975 in den Südjemen abgesetzt. Danach verlor sich ihre Spur.

Dass die Frankfurterin mit dem Vizechef der *PFLP-SC* verheiratet ist, überraschte nicht nur Böttcher. Alle Experten rieben sich verwundert die Augen darüber, wie eng die *RAF* und ihr unmittelbares Umfeld mit der palästinensischen Terrororganisation verwoben war.

Der junge Palästinenser hatte noch mehr interessante Details zu berichten. Er wusste beispielsweise auch, dass Haas nicht allein die Waffen nach Palma de Mallorca geschmuggelt hatte. Sie wurde begleitet von einem Kämpfer der *PFLP-SC*, dem Verlobten von Souhaila Andrawes (alias Soraya Ansari), die einzige des Terrorkommandos, die die Befreiung der »Landshut« durch die Spezialtruppe GSG 9 in Mogadischu überlebte.

Der Name des Haas-Begleiters lautet: Slim – Said Ali Slim.

»Du musst mich hier rausholen«, fleht Sabah Böttcher an und reißt ihn aus seinen Gedanken. »Ich will nach Deutschland.« Die Angst ist ihm ins Gesicht geschrieben.

Die Libanesen werfen Slim vor, mit den Israelis kollaboriert und über seine Verbindungen zu palästinensischen Terrororganisationen ausgepackt zu haben. Als sie ihn festnahmen, hatten sie kurz danach auch Sabah abgeholt, ihn aber bald wieder laufen lassen.

»Ich will weg, ich will nach Deutschland«, wiederholt Sabah eindringlich.

»Das kommt überhaupt nicht in die Tüte«, denkt Böttcher. »Wenn die Libanesen etwas von dir wollten, hätten sie dich nicht laufen lassen«, versucht er Sabah zu beruhigen. »Du hättest also gar keine Gelegenheit mehr gehabt, mich anzurufen.«

Obwohl er die Information über die Festnahme von Slim eigentlich als wertlos erachtet, steckt er Sabah etwas Geld zu. Mehr kann er nicht tun. Es tut ihm ein bisschen Leid um seinen alten V-Mann. Aber eine Aufnahme in das Zeugenschutzprogramm in Deutschland kommt nicht in Frage. Das BKA ist schließlich nicht die Caritas.

Auf dem Rückflug müssen Böttcher und Katz einen Zwischenstopp auf Zypern einlegen, weil es von Beirut keine Direktflüge nach Deutschland gibt. Den Geburtstag von Katz feiern sie deshalb in Böttchers Stammkneipe in Larnaka, in »Akis Pub«.

Frankfurt, Anfang Juli 1996

Seit zwei Monaten muss sich Monika Haas im Saal II des Frankfurter Oberlandesgerichtes verantworten. Neunzehn Jahre nach der Entführung der »Landshut« glaubt die Bundesanwaltschaft endlich nachweisen zu können, dass es sich bei Haas um jene Deutsche handelt, die dem palästinensischen Terrorkommando zwei Pistolen, vier Handgranaten und ein Kilo Plastiksprengstoff hatte zukommen lassen.

Die Bundesanwälte stützen sich bei ihrer Anklage auf die Aussage von Souhaila Andrawes, jener einzig Überlebenden des Terrorkommandos, die vor zwei Jahren in Oslo festgenommen wurde. Als weiteren Beweis führen die Ankläger ein Dossier der Stasi an, das ein Mitarbeiter des Geheimdienstes der DDR in Anlehnung an die russische Fabel vom Hasen und vom Wolf einfach OV »Wolf« getauft hatte.

Böttcher ist ebenfalls zutiefst davon überzeugt, dass es Haas war, die damals Waffen und Sprengstoff nach Palma de Mallorca schmuggelte. Schließlich hatte er dies bereits vor eineinhalb Jahrzehnten durch den palästinensischen Überläufer bestätigt bekommen. Dem Bundesamt für Verfassungsschutz (BfV) liegen ebenfalls Informationen eines V-Mannes vor, die die Aussagen des Überläufers bestätigen. Im Frankfurter Prozess haben die Bundesanwälte auf die Existenz dieser Aussagen hingewiesen.

Allerdings sind im BfV wie auch im BKA die entsprechenden Akten mit einem Sperrvermerk versehen. Der Frankfurter Richter hat sich deshalb an das Bundesinnenministerium gewendet, um die Freigabe der Beweismittel zu bekommen. Nach Rücksprache mit dem BKA und dem BfV will Staatssekretär Kurt Schelter dies jedoch verweigern, weil »eine Offenlegung Rückschlüsse auf Personen zulassen und damit deren Gefährdung bedeuten« würde. In seinem Schreiben an den Richter weist der Staatssekretär darauf hin, dass Monika Haas noch immer mit dem Vizechef der *PFLP-SC* verheiratet ist und auch weiterhin Kontakt zu ihm habe. »Die Sicherheitsbehörden gehen davon aus, dass der Ehemann nach wie vor in der Lage ist, mittels ehemaliger Angehöriger der Gruppe oder mit Hilfe anderer radikaler Palästinensergruppen Mordaufträge zu organisieren und durchführen zu lassen.« Deshalb müsse bei einer Offenlegung der Identität der Vertrauenspersonen mit einem »Racheakt auf diese gerechnet werden«.

Böttcher ist zufrieden. Schließlich geht es um seine eigene Sicherheit, aber auch um die des Überläufers. Er ist sich jedoch darüber bewusst, dass die Sperrung der Akten bedeuten kann, dass Monika Haas frei gesprochen wird. Denn mittlerweile hat die wichtigste Belastungszeugin, die frühere Terroristin Andrawes, ihre Aussage zurückgezogen.

Böttcher bekommt einen Anruf von einem Bundesanwalt, den er seit Jahren kennt und schätzt und der offensichtlich weiß, dass es bei der Sperrung der Akten auch um Böttcher geht. Der Bundesanwalt fragt ihn jedenfalls ohne Umschweife, ob es nicht anderweitig eine Möglichkeit gibt, Beweise heranzuschaffen, die die Mitschuld von Haas belegen. Schließlich könne man Haas nicht ungeschoren davonkommen lassen. Bei der Flugzeugentführung habe es immerhin einen Toten gegeben, betont er. Böttcher verspricht, sich die Sache einmal durch den Kopf gehen zu lassen.

Das Telefonat mit dem Bundesanwalt ist kaum beendet, als er bereits eine Idee hat. Said Slim, der Haas damals bei ihrem Waffenschmuggel begleitete, sitzt mittlerweile in Beirut im Gefängnis, das weiß er von seinem letzten Treffen in Beirut mit Sabah, der von den libanesischen Behörden seither nicht weiter behelligt wird. Böttcher überlegt, ob es eine Möglichkeit gibt, an ihn heranzukommen. Vielleicht ist Slim zu einer Aussage zu bewegen. Schließlich hat er nichts mehr zu verlieren.

Er muss irgendwie zu dem Kerl in das Gefängnis kommen. Der Plan ist wohl verwegen. Aber gerade das reizt Böttcher.

Beirut, 20. September 1996

Als Böttcher das Flugzeug verlässt, ist er in Begleitung von Sven Eckert, einem Verbindungsbeamten des BKA. Eckert ist auf Zypern stationiert. Von dort aus regelt er auch die Zusammenarbeit mit der libanesischen Polizei. Es geht dabei meist um Rauschgiftdelikte oder Autodiebstahl. Der Libanon ist nicht nur einer der größten Haschischlieferanten, sondern auch einer der lukrativsten Umschlagplätze für gestohlene Autos aus Deutschland.

Eckert hat keine Ahnung über die Hintergründe der Mission von Böttcher. Im Bereich Staatsschutz hat er keinerlei Erfahrung, aber er weiß mit den Libanesen umzugehen. Nichts lieben sie so sehr, wie Waffen und Autos. Als ihn Böttcher darum gebeten hatte, für ihn eine Tür zu der libanesischen Polizeiführung aufzumachen, wusste Eckert, wie er dies am besten bewerkstelligt. Die BKA-Zentrale hatte ihm ohnehin eine so genannte Ausstattungshilfe bewilligt, wonach er der Interpol-Stelle in Beirut ein Polizeifahrzeug mit allem technischen Schnickschnack zukommen lassen soll. Nach eineinhalb Jahrzehnten Bürgerkrieg ist die libanesische Polizei bezüglich ihrer Ausstattung nicht gerade auf dem neusten Stand. Er hofft, mit dem Geschenk die Tür für Böttcher so weit als möglich aufstoßen zu können.

Bevor sie in Ashrafieh, im Ostteil von Beirut, das Büro des Generals der Internal Security Force (ISF) betreten, hält Eckert Böttcher kurz zurück. »Wenn wir gleich dem General gegenübertreten, darfst du auf keinen Fall ein amüsiertes Gesicht machen oder gar lachen«, warnt Eckert ihn.

»Wieso?«

»Der Kerl ist nicht größer als Louis de Funès und sieht auch so aus.«

Eckert hat nicht übertrieben. Der General ist dem französischen Komiker wie aus dem Gesicht geschnitten. Aber Böttcher lässt sich nichts anmerken. Er hält sich zunächst zurück und überlässt Eckert die Gesprächsführung. Böttcher schaut sich derweil etwas in dem Büro um. Dabei fallen ihm die gerahmten Fotos auf, die an einer Wand hängen. Auf einem ist der General zu sehen, wie er BKA-Vizepräsident Falk die Hand schüttelt. Offensichtlich war der General schon einmal auf Besuch in Wiesbaden.

Eckert öffnet währenddessen seinen Aktenkoffer und berichtet dem General, dass das BKA der libanesischen Polizei gerne ein VW-Bus zukommen lassen möchte. Dem General ist die Freude darüber anzusehen. Bevor er sich überhaupt zu dem in Aussicht gestellten Geschenk äußern kann, sagt Eckert: »Bevor ich es vergesse, mein Kollege hätte da noch ein Anliegen.«

Böttcher vergeudet selten Zeit mit Formalitäten. Er weiß, dass das nicht immer ratsam ist. Aber er kann nicht anders und kommt gleich zur Sache: »Ich würde gerne mit jemandem sprechen, der in Beirut im Gefängnis sitzt. Er heißt Said Ali Slim.«

Sofort verdunkelt sich die Miene des Generals. Die Freude über den in Aussicht gestellten VW-Bus weicht der Skepsis. Er will von Böttcher wissen, wer ihn eigentlich schickt. Offensichtlich ist er sich nicht sicher, ob Böttcher wirklich zum BKA gehört.

Böttcher dreht den Kopf zu der Wand mit den Fotos und zeigt auf die Aufnahme mit Falk und General. »Dieser Mann ist mein Chef. Er schickt mich«, sagt Böttcher und nimmt für sich in Anspruch, dass dies weitgehend der Wahrheit entspricht. Zumindest hat Falk den Reiseantrag unterschrieben.

Die Miene des Generals hellt sich wieder auf. Er gibt seinem Adjutanten, einem Oberst der ISF, zu verstehen, dass er die Akte von Said Ali Slim holen soll. Als der Oberst die Akte wenig später auf den Schreibtisch legt und der General sie aufschlägt, muss er feststellen, dass sie nur ein einziges Blatt Papier enthält. Daraus geht lediglich hervor, dass Slim wegen Kollaboration mit den

Israelis im Gefängnis von Roumieh einsitzt. Der General wird stutzig. Er will von Böttcher wissen, warum er unbedingt mit Slim reden will.

Böttcher weiß, dass er nun mit der Wahrheit herausrücken muss. Schließlich soll Slim eine gerichtsverwertbare Aussage machen. »Eine alte Geschichte. Liegt zwanzig Jahre zurück. Eine Flugzeugentführung. Dabei wurde der Flugkapitän erschossen.«

Der General schlägt den Aktendeckel zu. Er ist kreidebleich. »Es tut mir Leid. Ich kann in dieser Sache nichts für Sie tun. Das ist allein Angelegenheit des militärischen Nachrichtendienstes«, sagt er.

Bevor Böttcher überhaupt etwas entgegnen kann, ergreift Eckert das Wort. Theatralisch öffnet er wieder seinen Aktenkoffer, den er zwischenzeitlich geschlossen hatte, und nimmt ein Papier heraus. »Außer dem VW-Bus bestünde auch noch die Möglichkeit, Ihnen Funkgeräte und Observationstechnik zu überlassen.«

Der General versteht. Er greift zum Telefonhörer und macht ein paar Anrufe. Als er damit fertig ist, wendet er sich wieder Böttcher zu: »Es hat mich sehr gefreut, Sie kennen zu lernen. Der Oberst wird Sie nach Roumieh bringen. Sie können dort mit Slim reden.«

Im Wagen des Obersts rasen sie Richtung stadtauswärts. Den Schildern nach zu urteilen ist dies die Straße nach Damaskus. Roumieh liegt etwas außerhalb, auf einem Berg, erklärt der Oberst Böttcher. Die Straße dorthin führt über das Schuf-Gebirge.

Als sie am Stadtrand an einem Restaurant vorbeikommen, erzählt der Oberst, dass dort vor drei Jahren ein spektakulärer Mord passierte. Der Inhaber des Lokals sei erschossen worden. Die Mörder hatten Schnellfeuergewehre benutzt und insgesamt zweiundvierzig Schüsse abgefeuert. Sie müssen aus nächster Nähe geschossen haben, erklärt der Oberst, weil kein einziger

Schuss sein Ziel verfehlte. Die Leiche glich mehr einem Fleischklumpen als den sterblichen Überresten eines menschlichen Körpers.

Böttcher wird hellhörig. Er ist sich sicher, den Fall zu kennen. »Ein paar Monate vor dem Massaker ist bereits eine Bombe unter dem Auto des Restaurantbesitzers explodiert. Am Steuer saß allerdings seine deutsche Ehefrau, die Milch für ihr Baby holen wollte.«

Der Oberst schaut Böttcher verdutzt an. »Woher wissen Sie das? Ich ermittle seit drei Jahren in dem Fall und habe bisher nicht die geringste Spur.«

Böttcher lächelt gequält. »Ich glaube es ist besser, wenn Sie die Sache auf sich beruhen lassen. Außer sie wollen Scherereien mit der *Hisbollah*.«

Böttcher kannte den Ermordeten. Er hieß Gassan Habbas. Der Libanese hatte zunächst für die CIA gearbeitet, bevor ihn Böttcher auf seine Gehaltsliste setzte. Er hatte eigens eine Tarnfirma auf Zypern für ihn eingerichtet. Aber Habbas konnte den Rachen nicht voll bekommen. Er verkaufte seine Geschichte an eine Schweizer Zeitung. Böttcher blieb nichts anderes übrig, als ihn »abzuschalten«. Er ahnte, dass die Zeitungsveröffentlichung über kurz oder lang einem Todesurteil gleichkam. Die *Hisbollah* musste nur noch eins und eins zusammenzählen.

Das Klingeln eines Mobiltelefons reißt Böttcher aus seinen Gedanken. Er dreht sich zu Eckert hinüber, der in seiner Jackettasche hastig nach seinem Handy kramt. Als er es endlich gefunden und das Gespräch angenommen hat, beginnt er laut eine ellenlange Ziffernfolge zu notieren. Es ist die Fahrgestellnummer eines gestohlenen Autos, im Polizeijargon FIN (Fahrgestellidentifizierungsnummer) genannt.

Während der Autofahrt klingelt das Telefon von Eckert noch öfter. Jedes Mal werden ihm Fahrgestellnummernummern von irgendwelchen in Deutschland gestohlenen Autos durchgegeben, die Eckert an die libanesische Polizei weitergeben soll. »Der Job eines Verbindungsbeamten ist auch nicht gerade das reinste Vergnügen«, denkt Böttcher. Ihn nerven die ständigen Anrufe so langsam. Denn Eckert schreibt sich die siebzehnstelligen Nummern nicht einfach nur auf, sondern liest sie seinem Gesprächspartner noch einmal laut vor, um sich zu vergewissern, dass er alles richtig notierte. Böttcher schwirrt so langsam der Kopf vor lauter Zahlenkolonnen. Als sie auf die Straße nach Roumieh einbiegen und das Gefängnis bereits von weitem sehen können, klingelt das Telefon erneut. »Sven, tue mir einen Gefallen und stell das Ding aus«, sagt Böttcher.

Angestrengt überlegt Böttcher, wie er Slim dazu bewegen kann, eine Aussage zu machen, dass damals Monika Haas es war, die Waffen und Sprengstoff für die Entführung der »Landshut« nach Palma de Mallorca schmuggelte.

Er kann nur hoffen, dass es sich überhaupt um den richtigen Slim handelt. Der Name kommt im Nahen Osten so häufig vor, wie »Müller« oder »Maier« in Deutschland. Der einzige Anhaltspunkt ist ein altes Foto, das er in der Innentasche seines Jacketts hat. Auf dem Foto ist jener Slim zu sehen, der Monika Haas einst begleitete. Die Aufnahme ist zirka fünfzehn Jahre alt und wurde Böttcher einst von einer palästinensischen Quelle zugespielt. Sie ist an den Rändern bereits etwas vergilbt. Aber es wird ausreichen, Slim zweifelsfrei zu identifizieren.

Das Büro des Gefängnisdirektors ist an Kargheit kaum zu überbieten. Außer einem Schreibtisch, einem kleinen Elektroheizofen gibt es noch ein paar Stühle, auf denen sich Böttcher, Eckert und der libanesische Polizeioberst niederlassen. Einen Stuhl in der Mitte lassen sie frei. Böttcher möchte sich in Augenhöhe mit Slim unterhalten.

Böttcher fühlt eine Anspannung, die ihn immer heimsucht, wenn er keinen richtigen Plan hat und sich allein auf seine Intuition verlassen muss. Aber diese leichte Nervosität schärft seine

Sinne. Böttcher ist hellwach. Er weiß, dass ihm nichts anderes übrig bleiben wird, als zu improvisieren.

Es vergehen ein paar Minuten, bis die Bürotür aufgestoßen wird und ein Mann von einem Wärter in das Zimmer geleitet wird. Der Mann ist Mitte vierzig, für einen Libanesen relativ groß und hat volles, leicht ergrautes Haar.

Böttcher erkennt auf den ersten Blick, dass es sich um den richtigen Said Slim handelt. Er ist erleichtert. Er setzt sein gewinnendes Lächeln auf und fordert den Libanesen mit einer Handbewegung auf, ihm gegenüber auf dem freien Stuhl Platz zu nehmen.

»Sagen Sie ihm, wer ich bin«, bittet Böttcher den Oberst, der es Slim auf Arabisch erklärt.

Währenddessen studiert Böttcher eingehend Slims Miene. Er ist sich nicht ganz sicher, denn es ist nur ein flüchtiger Eindruck, aber er glaubt, einen Anflug von Überraschung in Slims Blick erkennen zu können.

Böttcher beschließt, ihn noch für einen kurzen Moment auf die Folter zu spannen. »Wie lange sind Sie schon im Gefängnis?«

Slim macht keine Anstalten, antworten zu wollen. Der Oberst fragt ihn erneut, diesmal im Ton aber deutlich schärfer.

»Sechs Monate«, sagt Slim schließlich.

Böttcher stellt zunächst noch ein paar Fragen, die an Belanglosigkeit nicht zu überbieten sind. Erst nach einer Weile fragt er ihn: »Wie war es denn damals auf Mallorca?«

Innerhalb von Sekunden wechselt bei Slim die Gesichtsfarbe wie bei einem Chamäleon. Böttcher fühlt, dass er ihn dort hat, wo er ihn haben will. Er zieht nun die alte Fotografie aus der Tasche. Slim starrt schweigend darauf. Einen kurzen Moment lang ist es still. Schließlich erhebt der Oberst wieder seine Stimme. Aber Böttcher fällt ihm ins Wort: »Sagen Sie ihm, dass er noch einmal in Ruhe darüber nachdenken soll, wer damals im Flugzeug nach Mallorca neben ihm saß und was sich in der Keksdose befand. Ich oder ein Kollege kommen bald wieder vorbei und dann kann er uns ja verraten, ob es ihm wieder eingefallen ist.«

Böttcher steht auf und gibt Eckert mit einem Kopfnicken zu verstehen, dass es hier für sie vorerst nichts mehr zu tun gibt. Manchmal muss man fortgehen, um wieder kommen zu können.

Am nächsten Tag fliegt Böttcher mit dem Gefühl zurück, dem Haas-Prozess vermutlich eine entscheidende Wendung gegeben zu haben. Die Bundesstaatsanwaltschaft muss nur umgehend in einem Rechtshilfeersuchen die libanesischen Behörden bitten, Slim offiziell vom BKA vernehmen zu lassen. Böttcher ist sich jedenfalls sicher, dass Slim gegen Monika Haas aussagen wird.

Nachdem Haas weiterhin vehement bestreitet, die Waffen damals nach Mallorca geschmuggelt zu haben und zwischenzeitlich sogar aus der U-Haft entlassen wird, bleibt der Bundesanwaltschaft letztlich nichts anderes übrig, als Böttchers Rat zu befolgen und die libanesischen Behörden um Hilfe zu bitten. Zwei Beamten des BKA reisen daraufhin nach Beirut und vernehmen Slim, der Haas überzeugend als die Waffenschmugglerin identifiziert.

Obwohl die Verteidiger von Haas alles versuchen, um die Aussage von Slim zu diskreditieren, sind die Richter von der Glaubwürdigkeit der Aussage überzeugt. Zwei Jahre später verurteilen sie Monika Haas wegen »Angriff auf den Luftverkehr und Geiselnahme« zu fünf Jahren Gefängnis.

Die »schöne Frau«, wie Haas von dem Überläufer einst beschrieben wurde, bleibt bis zum Schluss bei ihrer Darstellung. Sie hält sich für unschuldig. Böttcher hatte hingegen keine Sekunde an ihrer Schuld gezweifelt.

Berlin, 26. November 1996

Böttcher lässt sich auf die gepolsterte Sitzbank fallen und schaut sich nach einer Bedienung um. Er muss nicht lange warten, bis jemand zur Stelle ist. Mit einem freundlichen Lächeln hält sie ihm die Speise- und Getränkekarte hin. »Bringen Sie mir einfach ein schönes kühles Bier«, sagt Böttcher. Er reibt sich die Stirn mit der Hand. In den vergangenen Tagen hat sich etwas ereignet, das ihm erhebliches Kopfzerbrechen bereitet.

Zwölf Jahre nachdem Christoph Seidler abgetaucht war, stellte sich der mittlerweile 38-jährige vor vier Tagen der Bundesanwaltschaft in Karlsruhe. Seidler wird vorgeworfen, an einigen der schlimmsten Terroranschläge der deutschen Nachkriegsgeschichte beteiligt gewesen zu sein, darunter das Bombenattentat auf Alfred Herrhausen, den Vorstandssprecher der Deutschen Bank.

Der Bankier war am 30. November 1989 ums Leben gekommen, als sein 2,8 Tonnen schwerer gepanzerter Dienstwagen in Bad Homburg eine am Straßenrand installierte Lichtschranke passierte und dadurch die Explosion einer Sieben-Kilo-Bombe auslöste. Die *RAF* bekannte sich zu dem Anschlag.

Nun behauptet Seidler, nichts mit dem Attentat zu tun zu haben. Er beteuert sogar, niemals »bei der Truppe«, der *RAF*, gewesen zu sein. Vielmehr habe er sich, bedingt durch den Verfolgungsdruck der Behörden, die ihn immer der *RAF* zurechneten, Mitte der 80er-Jahre in den Libanon abgesetzt. Er sei dort von palästinensischen Gruppen aufgenommen worden und habe bei einer militärischen Einheit als Fahrer gearbeitet.

Seidler wurde zehn Stunden lang vernommen. Danach hob die Bundesanwaltschaft den Haftbefehl auf. Ihnen war nichts anderes übrig geblieben. Seidler hat für die Tatzeit des Attentats ein Alibi. Im besagten Zeitraum hatte er mehrere Zahnarzttermine im Libanon. Zudem kann eine Reihe von Personen bezeugen, dass er sich dort all die Jahre aufgehalten hat. Ein Beamter des Bundesamtes für Verfassungsschutz (BfV) hat dies überprüft und Seidlers Rückkehr nach Deutschland vorbereitet.

Für die Bundesanwaltschaft und das BKA kommen diese neuen Erkenntnisse einer Katastrophe gleich. Nirgendwo auf der Welt wurde vermutlich ein vergleichbarer Aufwand zur Bekämpfung des Terrorismus betrieben wie in Deutschland. Und in keinem anderen Bereich der Kriminalbekämpfung war das Verhältnis von Aufwand und Ertrag so ungünstig. Bis auf einen Bombenanschlag auf eine US-Air-Base in Frankfurt mit zwei Toten und dreiundzwanzig Verletzten konnte keines der seit 1985 der *RAF* zugerechneten Verbrechen aufgeklärt werden. Darunter befinden sich allein fünf Anschläge, bei denen sechs Menschen getötet wurden.

Die Rückkehr von Seidler hat die *RAF* nun zum Anlass genommen, Polizei und Justiz in einer Verlautbarung zu verhöhnen: »Sie wissen nicht viel über uns. Sie haben noch nie durchgeblickt, wie unsere Strukturen aussehen oder wer in der *RAF* organisiert ist«, schrieben die unbekannten Autoren. »BKA-Fahndungslisten sind keine ›Mitgliedslisten‹ der *RAF*.«

Böttcher muss sich eingestehen, dass dies nicht ganz von der Hand zu weisen ist. Gedankenverloren lässt er seinen Blick durch die Hotellobby schweifen. Die Bar dort gehört zu seinem bevorzugten Treffpunkt in Berlin. In den plüschigen Sitznischen kann man sich ungestört unterhalten. Das Plätschern des Brunnens in der gesichtslosen Säulenhalle verhindert, dass selbst die Tischnachbarn etwas vom Inhalt eines vertraulichen Gesprächs mitbekommen.

»Was hältst du von der Sache?«, fragt Böttcher sein Gegenüber.

»Du kennst meine Meinung dazu. Seidler wird nicht der Letzte sein, den man auf den Fahndungsplakaten streichen muss«, sagt Lothar Roth vom BfV. Seit sechsunddreißig Jahren arbeitet Roth für den Verfassungsschutz im Bereich Linksterrorismus. Zu seinem Spezialgebiet gehören die *RZ* und auch die

RAF. Roth hat sämtliche Veröffentlichungen der deutschen Terrororganisationen eingehend studiert und dabei die Schachtelsätze ihrer Schriften seziert wie ein Gerichtsmediziner eine Leiche. Für ihn sind die Grundsatzpapiere der Terroristen wie ein »linguistischer Fingerabdruck«.

Böttcher grinst. Er ahnt, worauf Roth hinaus will. Der Verfassungsschützer glaubt nicht daran, dass die Mehrheit der verbleibenden sieben Personen, nach denen seit mehr als einem Jahrzehnt noch steckbrieflich gesucht wird, etwas mit den Anschlägen der *RAF* oder mit der Terrororganisation zu tun hat.

»Im Umkehrschluss bedeutet dies: wir haben keinen blassen Schimmer, wer in Wahrheit die Attentate begangen hat, zu denen sich die *RAF* bekannte«, sagt Böttcher.

Roth nickt. Seiner Meinung nach hatte die Jagd nach den falschen Attentätern die fatale Folge, dass die wirklichen Attentäter alle Zeit der Welt hatten, ihre Spuren zu verwischen.

Böttcher seufzt. Er weiß, was das bedeutet. Falls nicht einmal einer der unbekannten Kämpfer der *RAF* auspackt, wird es vermutlich für immer ein Rätsel bleiben, wer für die Morde verantwortlich ist. Die Ermittlungsbehörden werden sich immer fragen müssen, wer am 1. Februar 1985 Ernst Zimmermann, den Chef des Rüstungskonzerns MTU ermordete? Wer hinter dem Mord an Siemens-Manager Karl-Heinz Beckurts und dessen Fahrer Eckhard Groppler im Juli 1986 steckte? Oder wer drei Monate später den Diplomaten Gero von Braunmühl erschoss? Genauso rätselhaft bleibt dann, wer die Bombe bastelte, die am 30. November 1989 den Vorstandssprecher der Deutschen Bank, Alfred Herrhausen, tötete? Und wer erschoss am 1. April 1991 Treuhandchef Detlev Karsten Rohwedder?

Böttcher schüttelt fassungslos den Kopf. Er kann nicht verstehen, warum Typen wie Seidler in den Untergrund gingen, wenn sie weder etwas mit den Morden zu tun haben noch zur *RAF* gehören. »Erkläre mir das mal bitte. Warum sind die abgehauen, wenn sie sich gar nichts zuschulden haben kommen lassen. Ein

Palästinenserlager im Libanon, wo sich Seidler angeblich aufgehalten hat, ist schließlich kein Ferienclub.«

»Ich habe nie gesagt, dass die nichts auf dem Kerbholz haben. Sie haben nur nichts mit der *RAF* und deren Anschlägen zu tun«, erwidert Roth.

Böttcher und Roth sind eng befreundet. Sie kennen sich seit einer halben Ewigkeit. Die Freundschaft und das Vertrauen, das zwischen ihnen herrscht, ist etwas so Selbstverständliches wie die Luft zum Atmen. Roth hat deshalb gegenüber Böttcher nie einen Hehl daraus gemacht, dass sich seiner Überzeugung nach in Sachen *RAF* die Dinge etwas anders verhalten, als allgemein angenommen.

»Denk nur an Rota«, sagt er zu Böttcher.

Böttcher nickt. Er weiß, was Roth ihm damit sagen will.

Im spanischen Rota war am 17. Juni 1988 ein Bombenattentat fehlgeschlagen. Es hatte dem Stützpunkt der VI. US-Flotte gegolten. Der Mordplan scheiterte, weil eine Zündkapsel vorzeitig explodierte und einen Höllenlärm verursachte. Die Terroristen, zwei Männer, eine Frau, flüchteten, lieferten sich aber eine Schießerei mit der herbeigeeilten, spanischen Polizei. Die drei Terroristen nahmen schließlich ein englisches Ehepaar und deren geistig behinderten Sohn als Geisel und konnten unerkannt nach Sevilla entkommen.

Später konnte eine der drei als die mutmaßliche *RAF*-Terroristin Andrea Klump identifiziert werden. In einer am Tatort zurückgelassenen Zigarettenschachtel und einem Notizzettel konnten Fingerabdrücke sichergestellt werden, die von Klump stammen.

Bei einem der anderen beiden geht man davon aus, dass es sich um Horst Ludwig Meyer handelte. Meyer soll nämlich seine Frau, die ebenfalls gesuchte Terroristin Barbara Meyer verlassen haben und nun mit Andrea Klump zusammen sein. Bei dem dritten Terroristen dürfte es sich ebenfalls um einen Deutschen gehandelt haben.

»Mir war eigentlich damals schon klar, dass die beiden nicht zur *RAF* gehören, sondern im Auftrag einer anderen Gruppe arbeiten«, sagt Roth. In seinen Augen war das fehlgeschlagene Attentat in Rota das vorläufig letzte in einer Reihe von insgesamt zwölf Anschlägen, zu denen sich in sieben Fällen eine *Antiimperialistische Internationale Brigade (AIIB)* bekannte.

Die *AIIB* hatte erstmals am 14. Mai 1986 mit Anschlägen auf die Botschaften Japans, der USA und Kanadas von sich reden gemacht. Mit Telefonanrufen bei den Nachrichtenagenturen »Kyodo« in Tokio, »UPI« in London sowie einem Bekennerschreiben an das Büro von »AFP« in Beirut nannte die *AIIB* die Gründe für ihre Attentate: »Wir führen einen Gegenschlag gegen den imperialistischen Staatsterrorismus und gegen die barbarischen staatsterroristischen amerikanischen Angriffe gegen das arabische Volk und dessen fortschrittliche Regierungen (Libyen, Syrien und Iran). (...) Wir formieren eine geeinte antiimperialistische Front in Asien, in den arabischen Ländern, in Afrika, in Lateinamerika und im Innern der USA.«

Wie die meisten seiner Kollegen konnte Roth diese neue Gruppe zunächst nicht einordnen. Allerdings nach den nächsten Anschlägen der *AIIB* begann sich für Roth ein Muster herauszuschälen. Die Terrorattacken waren meist gegen die USA gerichtet, beispielsweise gegen eine Einrichtung, die im Zusammenhang mit der VI. US-Flotte stand, die in der großen Syrte, der von Libyen beanspruchten Meerenge, patrouillierte.

Aber wer verbarg sich hinter der *AIIB*? Waren es die Libyer? Oder Palästinenser? Oder beide zusammen? Schließlich hatten sich in der Vergangenheit die Libyer schon öfter der Palästinenser bedient, vorzugsweise der *PFLP-SC*. Nur einmal hatte der libysche Geheimdienst bei seinem Kreuzzug gegen die USA selbst Hand angelegt und gleich bitter dafür bezahlen müssen. Nach dem Anschlag auf die von US-Soldaten frequentierte Diskothek

La Belle in Westberlin konnte Libyen sogleich als Verantwortlicher ausgemacht werden, worauf die USA umgehend mit Vergeltungsangriffen reagierten.

In ihrem Bekennerschreiben hatte die *AIIB* auch ausdrücklich Bezug genommen auf den Militärschlag der USA gegen Libyen. Es machte also Sinn, dass Libyen danach vorzog, Gruppen wie die *AIIB* zu finanzieren, damit sie die Drecksarbeit machten. Damit war aber noch immer nicht geklärt, wer die Akteure der *AIIB* waren.

Etwas später erfuhr Roth jedoch, dass bei einem der ersten Anschläge der *AIIB* Spuren sichergestellt werden konnten. Es handelte sich um die Fingerabdrücke von Tsutomu Shirozaki, einem bekannten Mitglied der *Japanischen Roten Armee (JRA)*.

Zudem hatte die *JRA* eine Erklärung veröffentlicht, in der sie sich nach dem ersten Anschlag der *AIIB* mit deren Zielen identifizierte: »Wir vereinigen uns international basierend auf dem proletarischen Internationalismus und erhalten somit die Gelegenheit einen Schritt vorwärts zu tun, zu Frieden, Fortschritt und Selbstbestimmung (...) wir, als ein Flügel der Anti-US und antiimperialistischen Weltfront, tragen Kämpfe gleich welcher Art auch immer aus, ob friedlich oder gewaltsam, in der Welt, in Asien und in Japan (...) eine Front wächst heran, die über die feindliche Kriegserklärung siegen wird, in Solidarität mit dem Volk der Philippinen, in Korea, in Europa, in Nicaragua und Palästina-Arabien (...) Die *Japanische Rote Armee* als ein Beteiligter in der Front verspricht, zu kämpfen (...)«.

Im weiteren Verlauf des Textes machte die *JRA* deutlich, dass sie wie die *AIIB* mit Operationen besonders die Feinde Libyens und Syriens bis aufs Blut zu bekämpfen gedenkt. Als Roth schließlich die Erklärungen der *JRA* und der *AIIB* verglich, begann sich für ihn der Kreis zu schließen.

Dass die Japaner etwas mit der *AIIB* zu tun haben, überraschte

Insider keineswegs. Die *JRA* hatte sich von jeher besonders dem Befreiungskampf der Palästinenser verschrieben. Seit ihrer Gründung im Jahre 1971 unterhielt die *JRA* im libanesischen Bekaa-Tal einen Stützpunkt. Die japanische Terrororganisation war dort jedoch auf Förderer von außen angewiesen. Ursprünglich übernahm die *PFLP-SC* diese Rolle. Im Gegenzug führte die *JRA* blutige Operationen aus. Als erste ausländische Terrororganisation schlug sie 1972 in Israel zu und richtete auf dem Flughafen von Tel Aviv ein Massaker an. Dabei kamen 26 Menschen ums Leben und achtzig wurden zum Teil schwer verletzt. »Der einzige Weg, Resultate zu erzielen, besteht darin, die Welt bis zum Äußersten zu schockieren«, bekannte sich damals die *JRA* zu den Morden.

Bei dem wilden Feuergefecht erschossen die Israelis zwei der drei Terroristen. Der dritte Japaner, Kozo Okamoto, überlebte und wurde in der israelischen Haft zum Symbol der antiimperialistischen Bewegung. Es gab danach kaum eine Flugzeugentführung von palästinensischen Terrorkommandos, bei der nicht auch die Freilassung von Okamoto gefordert wurde. 1985 wurde er im Rahmen eines Gefangenenaustauschs zwischen Israelis und Palästinensern freigelassen und soll seitdem im Libanon leben.

Die Bedeutung der *JRA* im Netzwerk des internationalen Terrorismus war wiederum Böttcher nach der Wende in der DDR deutlich vor Augen geführt worden. Im Gegensatz zu westlichen Diensten hatte die Stasi die herausragende Rolle der Japaner erkannt und entsprechend Kontakte geknüpft.

Dem Geheimdienst der DDR war es gelungen, ein führendes Mitglied der *JRA* als Quelle zu gewinnen, die sie unter dem Decknamen »Bruno« führten. Die Informationen von »Bruno«, die im OV »Bert« zusammengefasst wurden, waren offensichtlich so brisant, dass die Akten in den Wendewirren vorsichtshalber vernichtet wurden. Lediglich einzelne Blätter des OV »Bert«

konnten später gefunden werden, weil sie in anderen Operativvorgängen abgeheftet waren.

Allein das große Geheimnis um den OV »Bert« war für Böttcher Anlass genug, nach der Identität von »Bruno« zu forschen. Es dauerte eine Weile, bis er herausfand, wer sich dahinter verbarg. Aber schließlich steckte ihm ein früherer Mitarbeiter der Stasi-Hauptabteilung XXII/8, dass es sich dabei um Masao Adachi, die Nummer zwei der *JRA* handelte.

Die Stasi maß Adachi dieselbe Bedeutung zu wie Abu Nidal, einem der gefährlichsten Terroristen der Welt. Allerdings unterschied sich Adachi in einem wesentlichen Punkt von dem berüchtigten Killer. Der Japaner machte sich nie selbst die Finger schmutzig. Er war ein Stratege, ein Denker und Organisator. Das Morden überließ er anderen.

Böttcher hatte dann auch in Erfahrung gebracht, dass sich Adachi wie so viele Mitglieder der *JRA* bereits in den 70er Jahren in den Nahen Osten abgesetzt und sich dort der *PFLP-SC* angeschlossen hatte. Die palästinensische Organisation fungierte als eine Art Terror-Holding und versammelte damals unter ihrem Dach Linksextremismus aus der ganzen Welt, von der *RAF* bis zur *JRA*.

Nachdem die *PFLP-SC* in den 80er Jahren an Bedeutung verlor, hat sich Adachi aller Voraussicht nach Personal und Struktur der palästinensischen Terrororganisation zunutze gemacht und unter dem neuen Label *AIIB* Anschläge im Auftrag von Libyen oder anderen Schurkenstaaten verüben lassen. Damit war die *AIIB* nichts anderes als eine Söldnertruppe.

Böttcher kann sich gut vorstellen, dass dafür Adachi neben Palästinensern und seinen eigenen Leuten aus der *JRA* auch deutsche Terroristen wie Andrea Klump beschäftigte. Im Gegensatz zu Palästinensern können sich Japaner in Europa wohl unauffälliger bewegen. Aber noch besser war es, für Anschläge in Westeuropa einfach Europäer einzusetzen.

Es ist offensichtlich. Adachi ist der Schlüssel zu einer ganzen

Reihe von ungeklärten Fällen. »Man müsste irgendwie an diesen Japaner herankommen«, überlegt Böttcher laut. »Hast du eine Ahnung, wo sich der Kerl heute aufhält?«

Roth zuckt mit den Achseln. Er ist der scharfsinnigste Analytiker, dem Böttcher jemals begegnet ist. Aber er ist kein Fahnder. »Das ist schließlich mein Job«, denkt Böttcher.

Wiesbaden, 10. März 1997

Böttcher gehört zu jenen Menschen, die Montage nicht sonderlich mögen. Etwas mürrisch sitzt er deshalb in seinem Büro in Wiesbaden und blättert gelangweilt im »Spiegel«.

Er ist müde. Das Wochenende war anstrengend. Noch etwas benommen überfliegt er die Überschriften über den Artikeln des Nachrichtenmagazins. »Terrorismus: Japaner trainieren im Libanon« steht über einer kurzen Meldung. Plötzlich ist Böttcher hellwach.

Aufmerksam liest er den Artikel: »Die Verhaftung von zehn mutmaßlichen Terroristen in der Bekaa-Ebene und in Beirut hat möglicherweise einen Überfall auf die japanische Botschaft in der libanesischen Hauptstadt vereitelt. Angehörige der *Japanischen Roten Armee* sollen die Aktion geplant haben, um ihren peruanischen, revolutionären Genossen in Lima zu helfen. Dort halten *Tupamaros*-Rebellen 72 Geiseln in der japanischen Botschafterresidenz fest, um inhaftierte Mitkämpfer freizupressen. Den libanesischen Sicherheitsbehörden waren bereits in den vergangenen zwei Jahren paramilitärische Aktivitäten von Japanern aufgefallen. Geheimagenten aus Beirut beobachteten, wie die Asiaten in verschiedenen Camps radikaler Arabergruppen – etwa der *Volksfront für die Befreiung Palästinas – Generalkommando* des Ahmed Jibril oder der islamistischen *Hisbollah* – Kommandoaktionen probten. Zu den jetzt Verhafteten zählt Kozo Okamoto. Er und seine ebenfalls festgesetzten Genossen verfügten über hervorragend gefälschte chinesische, indonesische und andere Pässe, die auf beste Verbindungen der *Japanischen Roten Armee* ins Ausland schließen lassen.«

Böttcher legt das Nachrichtmagazin aus der Hand und fischt aus seinem Jackett seinen Taschenkalender, in dem er alle wichtigen Telefonnummern notiert hat. Er muss nicht lange suchen, um die Handynummer des für den Libanon zuständigen Verbindungsbeamten Sven Eckert zu finden. Seit ihrer Nacht-und-Nebel-Aktion im Beiruter Gefängnis Roumieh, als sie den entscheidenden Zeugen für die Landshut-Entführung auftrieben, sind sie befreundet. Damals hatte sich Eckert noch vorwiegend um gestohlene Autos gekümmert. Nach der gemeinsamen Operation mit Böttcher hatte er angefangen, sich verstärkt um Staatsschutzthemen zu kümmern und sich mittlerweile zum Experten mit exzellenten Verbindungen gemausert.

Das Telefon zwischen Ohr und Schulter geklemmt, hält er mit der linken Hand die Seite mit Eckerts Handynummer aufgeschlagen, während er mit der anderen wählt.

»Sven? Hier Richard. Wie geht's«, sagt Böttcher. Bevor Eckert antworten kann, kommt er gleich zur Sache. »Du, in Beirut sollen ein paar Japaner verhaftet worden sein. Kannst du mir die Namen besorgen?«

»Ich denke schon. Lass mich ein paar Telefonate machen. Ich melde mich dann.«

»Das wäre klasse! Ich hab da nämlich so eine Idee«, sagt Böttcher und beendet das Gespräch.

Böttcher erinnert sich an das Angebot, das ihm Bernard Falk, der Vizepräsident des BKA, vor zwei Jahren machte. Nach der erfolgreichen Fahndung und Verhaftung von Weinrich hatte der Vizepräsident ihm einen Vorschlag unterbreitet. Er sollte sich mit gleicher Intensität, mit der er jahrelang nach Weinrich fahndete, nun der *RAF* annehmen. Böttcher hatte damals mangels eines Ermittlungsansatzes abgelehnt. Aber er hatte Falk versprochen, sich zu melden, sobald er eine Idee hat.

»Und wie es ausschaut, habe ich jetzt vielleicht eine Idee«, sagt sich Böttcher und wird vom Klingeln seines Telefons aus seinen Gedanken gerissen. Es ist Eckert, der ihm die Namen der festgenommenen Japaner durchgibt.

Nachdem er das Telefongespräch beendet hat, lehnt sich Böttcher in seinem Stuhl zurück, verschränkt die Finger hinter dem

Kopf und schließt die Augen. Insgesamt wurden im Libanon fünf Japaner verhaftet, darunter auch Kozo Okamoto. Aber Böttcher interessiert sich nur für einen der fünf, für Masao Adachi.

Seit Jahren spukt ihm der Name durch den Kopf. Es ist nun wie ein Puzzle, das plötzlich ein Bild ergibt. Böttcher steht auf und geht zu seinem Schrank. Dort hat er ein altes Fahndungsplakat aus den 80er-Jahren liegen. Es ist von der japanischen Polizei, die damit nach sechzehn Personen sucht. Der dritte Name auf der Liste lautet Masao Adachi. Vorwurf: Mitgliedschaft in einer terroristischen Vereinigung. Adachi gilt als die Nummer zwei der *Japanischen Roten Armee*.

Aber Böttcher weiß, dass Adachi viel mehr als das ist. Er ist eine der wichtigsten Spinnen im internationalen Terrornetzwerk. Auf einem DIN-A-3-Papier beginnt er das Beziehungsgeflecht zu skizzieren, in dessen Mitte Adachi steht. Böttcher ist sich sicher, dass der Japaner der Kopf der *AIIB* ist. Und damit ist Adachi der Schlüssel zu deutschen Terroristen wie Meyer und Klump, die im spanischen Rota ganz offensichtlich für die *AIIB* ein Attentat planten.

Ein Gefühl der Zufriedenheit durchströmt ihn, das sich immer dann einstellt, wenn sich im Kopf nach langem Suchen ein Puzzleteil zum anderen fügt und so langsam ein komplettes Bild vor seinem inneren Auge entsteht.

Als er mit dem Zeichnen fertig ist, wirft Böttcher noch einmal einen kritischen Blick auf die Skizze. Er ist halbwegs damit zufrieden. Schließlich ist er Fahnder und kein Grafiker. Er faltet das Papier zusammen und macht sich damit auf den Weg zu Falk.

Es ist unüblich, ohne vorherige Anmeldung im Büro des Vizepräsidenten aufzukreuzen. Falk schaut einigermaßen überrascht, als Böttcher so unvermittelt im Vorzimmer seines Büros steht und fragt: »Haben Sie kurz Zeit?«

»Fünfzehn Minuten«, sagt Falk.

»Also gut«, sagt Böttcher. »Dann muss ich Ihnen eben in fünfzehn Minuten fünfundzwanzig Jahre internationalen Terrorismus erklären.«

Falk kann sich ob der Unverfrorenheit ein kurzes Lächeln nicht verkneifen. »Dann schießen Sie mal los«, sagt er.

»Sie haben mich vor zwei Jahren mal gefragt, ob ich mich um die *RAF* kümmern will. Damals hatte ich noch keinen Ansatz. Jetzt habe ich einen«, beginnt Böttcher seinen Vortrag. Er erklärt dem Vizepräsidenten anhand der Skizze, dass vermutlich die meisten der steckbrieflich gesuchten deutschen Terroristen gar nichts mit der *RAF* zu tun haben, sondern vielmehr für Gruppen wie die *AIIB* arbeiten.

»So habe ich das noch nie gehört«, sagt Falk und nimmt die Skizze in die Hand. Ohne es auszusprechen, wissen beide, was das bedeutet. Mehr als ein Jahrzehnt lang hat das BKA in Sachen *RAF* nach den Falschen gefahndet.

Schließlich gibt Falk ihm die Skizze zurück. »Okay, gehen Sie der Sache einmal nach.« Er muss nicht eigens erwähnen, dass die Angelegenheit Fingerspitzengefühl erfordert.

Beirut, Oktober 1998

Seit eineinhalb Jahren versucht Böttcher, mit Adachi in Kontakt zu kommen. Nun scheint die Gelegenheit gekommen zu sein. Der libanesische Generalstaatsanwalt hat ihm schriftlich die Erlaubnis erteilt, den Japaner im Beiruter Gefängnis besuchen zu dürfen.

Weil Böttcher davon ausgeht, dass er nicht allzu viele Möglichkeiten bekommen wird, Adachi vernehmen zu können, hat er gleich einen jungen Kollegen mitgebracht sowie Sven Eckert, den Verbindungsbeamten des BKA. Somit sind sie problemlos in der Lage, eine gerichtsverwertbare Vernehmung durchführen zu können.

Böttcher geht davon aus, dass Adachi im Gefängnis von Roumieh ist. Allerdings stellt sich nun heraus, dass sich der Japaner gar nicht in Roumieh befindet. Er war krank und musste operiert werden. Adachi liegt deshalb in einem Gefängniskrankenhaus in Beirut. Böttcher möchte ihn trotzdem sprechen. Vielleicht ist es sogar besser, sich mit ihm in einem Krankenzimmer zu unterhalten, als in einer trostlosen Besucherzelle in Roumieh.

Ein libanesischer Polizeibeamter bringt sie in seinem Wagen zu dem Krankenhaus. Mit der schriftlichen Erlaubnis des Generalstaatsanwaltes ist es kein Problem, die Wachposten am Eingang zu passieren. Adachi liegt in einem der oberen Stockwerke. Sie benutzen den Aufzug.

Das Zimmer von Adachi befindet sich am Ende des Flurs. Davor ist eine Wache postiert, ein junger Kerl, vielleicht Anfang zwanzig, groß gewachsen und mit einer Kalaschnikow bewaffnet. Der junge Kollege von Böttcher lässt sich davon nicht abschrecken und geht laut »permission«, Besuchserlaubnis, rufend und mit dem Papier des Generalstaatsanwaltes wedelnd auf den Wachposten zu.

Böttcher will ihn noch zurückhalten, als er sieht, wie der Wachposten die Kalaschnikow von der Schulter nimmt und durchlädt. Sofort geht er in Deckung, ebenso ihr libanesischer Fahrer. Sven Eckert bekommt den jungen Kollegen schließlich noch an der Schulter zu fassen und reißt ihn zurück. »Was soll das, wir haben schließlich eine Besuchserlaubnis …«, protestiert er, als ihm Böttcher ins Wort fällt: »Hör mal gut zu, mein Lieber! Guck dir den Wachposten mal gut an. Der ist Baujahr 1977, vielleicht 1976. Weiß du, was damals hier los war. Da war der Bürgerkrieg in vollem Gang. Der hat wahrscheinlich nie eine Schule gesehen, der kann deinen Scheißzettel gar nicht lesen. Das interessiert den eigentlich auch gar nicht. Der hat den Auftrag, das Zimmer zu bewachen und aufzupassen, dass keiner reinkommt und dass keiner rauskommt.«

Plötzlich geht die Aufzugstür auf. Heraus tritt ein Mann in Anzug und mit Aktenkoffer. »Scheiße«, denkt Böttcher. Er ahnt nichts Gutes.

Der Mann herrscht zunächst den Wachposten an, der ihn offensichtlich kennt. Danach wendet er sich auf Englisch an die BKA-Beamten. Es ist der Anwalt von Adachi. Offensichtlich hat er davon Wind bekommen, dass deutsche Polizeibeamten seinen Mandanten vernehmen wollen.

Er baut sich vor der Tür zum Krankenzimmer auf und gibt Böttcher und seinen Kollegen unmissverständlich zu verstehen, dass Adachi weder Angaben macht noch sie empfangen wird. »Er ist krank und nicht vernehmungsfähig«, sagt der Anwalt und grinst feist. Er stellt Böttcher in Aussicht, sich mit Adachi frühestens nach dessen Haftentlassung einmal unterhalten zu können.

Böttcher dreht sich zu dem Polizisten um, der sie hergebracht hat. Aber der libanesische Beamte zuckt nur mit den Achseln. Böttcher flucht innerlich. Er kann es nicht fassen. Sie waren so dicht dran. Nun bleibt ihnen nichts anderes übrig, als unverrichteter Dinge wieder abzureisen.

Beirut, 6. Mai 1999

In der deutschen Botschaft wartet Böttcher gespannt auf »Bomben-Barbara«, wie die Boulevardpresse die mutmaßliche *RAF*-Terroristin Barbara Meyer einmal nannte. Sie ist die Ehefrau von Horst Ludwig Meyer, der an dem fehlgeschlagenen Anschlag im spanischen Rota beteiligt war.

Zusammen mit ihrem Ehemann ist Barbara Meyer Mitte der 80er-Jahre von der Bildfläche verschwunden. Seitdem wird sie der Kommandoebene der *RAF* zugerechnet. Im Fahndungscomputer steht hinter ihrem Namen »BEWA/GEWA« – das amtsinterne Kürzel für bewaffnet und gewalttätig. Neben der Beteiligung an diversen Morden der *RAF* stand sie im Verdacht, im Beisein ihres Mannes den MTU-Manager Ernst Zimmermann erschossen zu haben. Zu dem Mord bekannte sich die *RAF*. Nach einer Täterbeschreibung soll der Schütze »klein und zierlich« gewesen sein, weshalb die Ermittlungsbehörden schlussfolgerten, dass es sich dabei um die nur 1,60 Meter große Barbara Meyer handeln muss.

Das »fürchterlichste Terrorpaar, das je bei uns gewütet hat«, hieß es fortan in den Medien, die besonders vor Barbara Meyer warnten: »Schießt sofort«, »unvorstellbar grausam«. Die »Bild«-Zeitung widmete ihr gar eine ganze Serie mit dem Titel »Ich sterbe mit einer Kugel im Kopf«.

Vor achtundvierzig Stunden war die »Staatsfeindin Nr. 1«, wie sie in den Medien auch genannt wurde, mit ihrem achtjährigen Sohn Jan Said in die deutsche Botschaft in Beirut marschiert und hatte sich dem Konsularbeamten mit den Worten vorgestellt: »Ich bin Barbara Meyer, und ich möchte nach Deutschland.«

Der Konsularbeamte wollte ihr anfangs gar nicht glauben. Schließlich nahm er ihre Fingerabdrücke und schickte sie auf elektronischem Wege zum BKA. Von dort kam wenig später die Antwort: Die »Selbstgestellerin«, wie es im Polizeijargon heißt, werde weltweit als Mitglied der *RAF* gesucht. Böttcher macht sich sofort auf den Weg nach Beirut.

Er ist keineswegs überrascht, dass sich Barbara Meyer stellen will. Seit geraumer Zeit weiß er, wo sich Meyer aufhält. Eine Quelle hat ihm sogar das Lager genannt, wo sie lebt. Allerdings sah er keine Möglichkeit, sie dort festnehmen zu lassen. Er musste also warten.

Sein Informant beschaffte ihm auch ein aktuelles Foto von Meyer. Darauf sind Meyer, ihr Sohn und ein Palästinenser zu sehen. Es ist der Vater ihres Sohnes, mit dem sie zusammenlebte, bis er vor ein paar Jahren bei einer Militäraktion der *PFLP* ums Leben kam. Seitdem musste sie allein den Lebensunterhalt für sich und ihren kleinen Sohn bestreiten. In der von Männern dominierten Welt im Libanon keine leichte Aufgabe.

Statt für die *AIIB* oder die *PFLP* zu bomben, wie ihr Ehemann und dessen neue Lebensgefährtin, Andrea Klump, hat es Barbara Meyer vorgezogen, mit gewaltfreier Arbeit ihren Lebensunterhalt zu bestreiten. Sie arbeitet als Pflegerin in einem Hospital der libanesischen Stadt Saida.

Dass die Konterfeis von Barbara und Horst Ludwig Meyer wie auch Andrea Klump auf dem unsäglichen Fahndungsplakat zu finden sind, hält Böttcher nicht nur für überholt, sondern auch inhaltlich für falsch. Weder Klump noch Barbara Meyer und ihr Ehemann haben seiner tiefen Überzeugung nach jemals zur *RAF* gehört.

Davon abgesehen gibt es die *RAF* gar nicht mehr. Ziemlich genau vor einem Jahr, am 20. April 1998, war im Kölner Büro der Nachrichtenagentur »Reuters« ein achtseitiges Schreiben der *RAF* eingegangen. »Vor fast 28 Jahren am 14. Mai 1970 entstand in einer Befreiungsaktion die *RAF*. Heute beenden wir das Projekt. Die Stadtguerilla in der Form der *RAF* ist nun Geschichte«, hieß es darin. »Ab jetzt sind wir ehemalige Militante der *RAF*.«

Es war die Kapitulationserklärung der 1970 gegründeten Terrororganisation.

Der »entscheidenden Fehler« *der RAF* sei gewesen, führen die Verfasser aus, neben dem Untergrundkampf »keine politisch-soziale Organisation« aufgebaut zu haben: »Das Ausbleiben einer politischen Organisierung über mehr als zwanzig Jahre hinweg hatte zu jeder Zeit einen insgesamt schwachen politischen Prozess zum Ergebnis.« Die *RAF* habe die »Wirkung politisch-militärischer Aktionen« überschätzt. Deshalb habe sie »kein stärkeres Befreiungsprojekt aufbauen« und damit keinen »stärkeren Einfluss auf die gesellschaftliche Entwicklung« nehmen können.

Das Schreiben endet mit einer Totenehrung. Die *RAF* gedenkt namentlich der sechsundzwanzig »Gefallenen« in ihren Reihen. »Ihr Tod ist schmerzlich, aber niemals umsonst. Sie leben in den Kämpfen und der Befreiung der Zukunft weiter.« Kein Wort zu den Opfern.

Seither hat sich die *RAF* nie wieder gemeldet.

In der deutschen Botschaft in Beirut sind alle in heller Aufregung. Ständig klingelt irgendwo ein Telefon. Beamten in Deutschland wollen wissen, ob Meyer bereits eingetroffen ist. Schließlich kann man nicht wissen, ob es sich die Terroristin in letzter Minute noch einmal anders überlegt hat.

Böttcher ist die Ruhe in Person. Im Laufe der Jahre hat er sich angewöhnt, in hektischen Situationen die Nerven zu bewahren. Sein Handy hat er einem Kollegen gegeben und ihn darum gebeten, die Anrufer zu notieren, da er aus Sicherheitsgründen die Mailboxfunktion grundsätzlich ausgeschaltet hat. Er will jetzt nicht mehr gestört werden. Er will sich in Ruhe mit Barbara Meyer unterhalten, die mit ihrem Sohn zusammen pünktlich zu der vereinbarten Uhrzeit das Botschaftsgebäude betritt.

Als sie Böttcher gegenübersteht, hat er Mühe, sich seine Bestürzung nicht anmerken zu lassen. Vor ihm steht eine zierliche

Frau, die sich zitternd an ihren Sohn klammert, der vielleicht acht oder neun Jahre alt ist. »Vor diesem Häufchen Elend hat sich die Republik zehn Jahre gefürchtet?«, schießt es ihm durch den Kopf. »Sie sieht aus wie ein Gespenst«, denkt er. Ihr Gesicht ist fahl und durchsichtig. Sie wirkt unendlich müde.

Unter einem Panzer von Arroganz und Hass erkennt Böttcher bei ihr Unsicherheit, Angst und Leere. Er lächelt ihr zu. Beruhigend legt er eine Hand auf ihre Schulter. »Jetzt setzen Sie sich erst einmal«, sagt er. »Dann erzählen Sie mir ein bisschen was.«

Mit matten Augen schaut ihn die Terroristin an. »Das geht doch nicht«, stammelt sie.

»Natürlich geht das. Die Zeiten sind vorbei«, sagt Böttcher. Als verdeckt arbeitender Ermittler hat er gelernt, das Vertrauen von Fremden zu gewinnen. Er muss in das Innere eines jeden Menschen eindringen und ihre Gefühle, ihre Ängste und Hoffnungen ertasten können. »Nun beruhigen Sie sich doch, wir beißen nicht«, sagt er zu Meyer.

»Ja, aber früher …«, sagt Meyer.

»Nix früher, wir befinden uns im Hier und Jetzt«, sagt er.

Böttcher muss jetzt aufpassen, was er sagt. Wenn sie völlig in Panik gerät, würde er nichts Brauchbares mehr aus ihr herausbekommen. Der Trick ist also, ihr Angst zu machen, aber nicht so viel, dass sie sich irgendetwas ausdenkt, nur um ihn zufrieden zu stellen.

»So setzen Sie sich doch endlich. Ich muss jetzt mit Ihnen ein bisschen sprechen. Ich weiß, dass Sie überhaupt nichts sagen, aber ich muss ja hier eine Gefährdungseinschätzung machen. Sie wollen doch zurück nach Deutschland. Und dann müssen Sie ein bisschen was erzählen. Wo Sie herkommen, was Sie machen.«

Sie erzählt dann zunächst von ihrer Ehe mit Horst Ludwig Meyer, die offensichtlich nicht viel mit Liebe und Geborgenheit zu tun hatte. Vielmehr war die Ehe mit dem Starkstromelektriker für sie die einzige Möglichkeit, der erdrückenden Enge des schwäbischen Elternhauses zu entkommen. Seit Jahren, seit 1987, hat sie ihren Mann nicht mehr gesehen.

Böttcher hört ihr schweigend und mit Aufmerksamkeit zu, die weder Urteil noch Mutmaßungen erkennen lässt. Schließlich fragt er sie auf den Kopf zu: »Ist er nun mit der Andrea zusammen?« Keine Antwort. Also hat er Recht. Damit hat sich sein Verdacht so gut wie bestätigt: Neben Andrea Klump war Horst Ludwig Meyer unter den drei Terroristen, die vermutlich im Auftrag der *AIIB* 1988 in Rota einen Bombenanschlag planten. Bleibt nur noch zu klären, wer damals der dritte im Bunde war. Aber Böttcher hat bereits einen Verdacht.

Er wagt sich weiter vor. Wie ein Kind, das sich ins Elternschlafzimmer schleicht, versucht Böttcher in ihre Erinnerung einzudringen.

»Wer hat sie nach 1987 unterstützt?«

»Die Palästinenser!«

Böttcher verdreht lächelnd die Augen. »Nun nennen Sie das Kind doch einfach einmal beim Namen und sprechen von der *PFLP*.«

Meyer starrt ihn verdutzt an. Sie muss erst die Erkenntnis verarbeiten, dass er etwas über diesen Aspekt ihres Lebens weiß, und sie muss entscheiden, wie sie darauf reagieren will. Meyer entscheidet sich, zunächst zu schweigen. Nach einer Weile jedoch schildert sie ihm das erbärmliche Dasein in den Palästinenserlagern, wo sie es als eine allein stehende Frau nicht leicht hatte, sich und ihren Sohn zu schützen und irgendwie über die Runden zu kommen. Es war ein einziger Überlebenskampf.

Böttcher lässt es nicht unbeeindruckt, was Terroristen für ihre Überzeugung auf sich nehmen; wie sie jahrelang im Schatten leben, den eigenen Tod bereitwillig in Kauf nehmend. Er mag Menschen, die hinter einer Idee stehen. Und er hat Respekt davor, wenn sie für ihre einstigen politischen Überzeugungen jahrelang ein kärgliches Lagerleben in Kauf nehmen.

Es wird ihm deutlich, dass die Geschichte von Barbara Meyer

auch die Geschichte von einsamen Menschen ist, von Abwesenheiten und Verlust. Und dass Barbara Meyer längst einen hohen Preis dafür zahlte, sich einst Typen wie Horst Ludwig Meyer angeschlossen zu haben.

Am nächsten Tag fliegen sie nach Deutschland.

Obwohl es Sonntag ist, wird Barbara Meyer bereits einen Tag nach ihrer Rückkehr dem Ermittlungsrichter vorgeführt und kommt vorerst in U-Haft. Sie beteuert ebenfalls, sich weder in irgendeiner Form an den Anschlägen der *RAF* beteiligt zu haben, noch jemals Mitglied dieser Terrororganisation gewesen zu sein.

Die Ermittler stürzt das in ein Dilemma. Mit Barbara Meyer stellt sich nach Christoph Seidler nun schon die zweite von den insgesamt sieben Personen, die seit mehr als einem Jahrzehnt vergebens per Steckbrief gesucht werden, freiwillig den Behörden und macht glaubhaft, dass die Anschuldigungen gegen sie nicht zutreffen.

Langsam gehen den Ermittlern die Verdächtigen aus, zumal die These von Böttcher, Andrea Klump und Horst Ludwig Meyer haben ebenfalls nichts mit der *RAF* zu tun, bald bestätigt werden wird.

Bei einer wilden Schießerei am 15. September 1999 in Wien wird Horst Ludwig Meyer getötet. Andrea Klump wird dabei verhaftet. »Ihr tut euren Job – und ich tue meinen«, sagt sie bei ihrer Festnahme.

Das Terroristenpärchen hatte seit 1995 in der österreichischen Hauptstadt gelebt. Aber erst im September 1999 waren sie einem Geschäftsmann aufgefallen, weil das Pärchen wochenlang an einer Straßenecke im XXII. Bezirk der Donaustadt irgendetwas ausspionierte. Der Geschäftsmann verständigte schließlich die Polizei. Ein Streifenwagen kam daraufhin vorbei und wollte die Ausweispapiere der beiden sehen. Aber statt der Papiere zog der Mann eine Beretta. Nach einer kurzen Verfolgungsjagd kam es zum Feuergefecht. Meyer wurde dabei tödlich in der Brust getroffen. Als Klump ihren Lebensgefährten sterben sah, warf sie ihr Klappmesser weg und ließ sich widerstandslos festnehmen.

Die Identität der beiden ist schnell festgestellt. Allerdings kann nicht geklärt werden, ob die beiden einen Anschlag planten oder nur eine der in der Nähe befindlichen Banken überfallen wollten. Jedenfalls stellen die Ermittler später fest, dass drei Jahre zuvor bei einem Überfall auf einen Supermarkt mit Meyers Beretta eine Kassiererin angeschossen wurde. Es ist demnach nicht auszuschließen, dass sich die Terroristen in den vergangenen Jahren als gemeine Verbrecher finanziell über Wasser gehalten haben.

Andrea Klump wird bald nach Deutschland ausgeliefert, wo ihr zunächst wegen ihrer Beteiligung an dem Sprengstoffanschlag im spanischen Rota der Prozess gemacht wird. Sie wird zu neun Jahren Gefängnis verurteilt, wegen »versuchten Mordes an zwei Menschen« und »der schweren räuberischen Erpressung«. Der Verdacht der Bundesanwaltschaft, Andrea Klump habe »der *Roten Armee Fraktion (RAF)* von 1984 bis zu deren Auflösung 1998 angehört«, heißt es in der Urteilsbegründung, konnte »in der Hauptverhandlung nicht verdichtet werden«.

Später wird Klump auch noch wegen eines anderen Attentats der Prozess gemacht. Am 23. Dezember 1991 war Horst Ludwig Meyer in Budapest an einem Sprengstoffanschlag auf einen Bus mit 29 Juden beteiligt, die auf dem Weg nach Israel waren, um sich dort anzusiedeln.

Als der Bus an einem Mietwagen vorbeifuhr, wurde per Fernzündung eine darin deponierte Fünfundzwanzig-Kilo-Bombe zur Explosion gebracht. Zwei Polizisten, die in einem Begleitfahrzeug vor dem Bus fuhren, wurden schwer verletzt, vier Businsassen leicht – die Bombe war eine Sekunde eher als beabsichtigt gezündet worden. Wenige Tage nach dem Anschlag bekannte sich eine »Bewegung zur Befreiung Jerusalems« zu dem Anschlag.

Klump streitet zunächst ab, an dem Anschlag beteiligt gewesen zu sein. Unter dem Druck belastender Indizien gibt sie schließlich zu, Meyer logistisch geholfen zu haben. Das Stuttgarter Oberlandesgericht verurteilt sie deswegen zu insgesamt zwölf Jahren Gefängnis.

Barbara Meyer kommt währenddessen wieder frei. Der Verdacht, sie habe bei Anschlägen der *RAF* mitgemacht, kann ihr »nicht mit der zur Anklageerhebung erforderlichen Sicherheit nachgewiesen werden«, schreibt die Bundesanwaltschaft und stellt die Ermittlungen gegen sie ein. Die »Staatsfeindin Nr. 1« von einst ist nun eine freie Staatsbürgerin.

DIE HEISSE SPUR IM FALL ROHWEDDER

Ihre Freiheit kann Barbara Meyer zum Teil auch einem spektakulären Forschungsergebnis des Kriminaltechnischen Institutes des BKA verdanken. Den Wissenschaftlern des BKA ist im Jahr 2000 in Sachen DNS-Technik ein Quantensprung gelungen.

Bislang war es nur möglich, die DNS (Desoxyribonukleinsäure) aus Körperflüssigkeiten wie Speichel, Blut und Sperma sowie aus ausgerissenen, »lebendigen« Haaren zu erstellen. Denn nur an der Wurzel lebendiger Haare befinden sich Körperzellen, aus denen sich Erbgut für einen genetischen Fingerabdruck isolieren lässt.

Ausgefallene Haare waren bislang für eine DNS-Analyse ungeeignet. Bei fünfundneunzig Prozent der an einem Tatort gefundenen Haare handelt es sich jedoch um ausgefallene Haare. Allein am Tatort des Attentates auf Alfred Herrhausen, dem Vorstandssprecher der Deutschen Bank, hatte die Spurensicherung etwa fünfzig Haare gefunden, die nicht für eine DNS-Analyse taugten.

In aufwendigen Forschungsreihen ist es Wissenschaftlern des BKA im Frühjahr 2000 gelungen, auch aus ausgefallenen Haaren DNS-Muster herauszulesen. Eine Weltneuheit, die den Ermittlern völlig neue Möglichkeiten eröffnet – auch in der Fahndung nach den Tätern der *RAF*-Anschläge. Denn mit Hilfe der neuen Analysetechnik werden umgehend alte Asservate auf DNS-Informationen untersucht und dann mit bereits identifiziertem Material von Terrorismusverdächtigen verglichen.

Ein erster Erfolg lässt nicht lange auf sich warten. In einer schwarzen Baskenmütze, die die Täter nach dem fehlgeschlagenen Sprengstoffattentat 1988 im spanischen Rota zurückgelassen hatten, waren damals vier Haare gesichert worden. Zwölf Jahre danach kann bei einem der Haare die DNS ermittelt werden. Sie stammt von Horst Ludwig Meyer. Mit Meyer sowie Andrea Klump sind somit zwei der drei Terroristen von Rota zweifelsfrei identifiziert.

Die neue BKA-Methode gibt den Ermittlern Hoffnung, noch auf weitere heiße Spuren in dem einen oder anderen ungeklärten Anschlag der *RAF* zu stoßen. Immerhin liegen in vierundzwanzig Terrorfällen noch brauchbares Spurenmaterial vor, das nun mit der neuen Methode untersucht werden soll.

Zunächst trägt die Analysetechnik dazu bei, dass Barbara Meyer nicht zweifelsfrei nachgewiesen werden kann, irgendetwas mit den Attentaten der *RAF* zu tun zu haben. Ihre DNS passt zu keiner der analysierten Spuren. Die verbleibenden Verdachtsmomente reichen für eine Anklageerhebung nicht aus.

Dafür stoßen die Wissenschaftler des BKA im Fall von Detlev Karsten Rohwedder auf eine heiße Spur. Der Treuhandchef war am 1. April 1991 im Arbeitszimmer seines Hauses in Düsseldorf-Oberkassel erschossen worden.

Aus über sechzig Meter Entfernung hatte ein Schütze aus einem Schrebergarten heraus drei Schüsse abgegeben. Bereits mit dem ersten Schuss tötete er Rohwedder. Das Projektil zerstörte den Brustwirbel, zerriss die Luft- und Speiseröhre sowie die Aorta. Der Treuhandchef war sofort tot. Der zweite Schuss traf die Ehefrau Rohwedders, eine Verwaltungsrichterin, am Arm. Die dritte Kugel schlug in einem Bücherregal ein.

Am Tatort kann die Polizei eine Reihe von Beweismittel sicher stellen: ein Fernglas vom Typ »Ultra«, das von einer japanischen Firma vertrieben wird und mit dem Rohwedder vermutlich ausspioniert wurde. In dem Schrebergarten finden sich noch drei Patronenhülsen, Kaliber 7,62

× 51 Millimeter, ein dunkelbrauner Plastikstuhl und ein Bekennerschreiben mit dem Emblem der *RAF* mit der Überschrift: »Wer nicht kämpft, stirbt auf Raten. Freiheit ist nur möglich im Kampf um Freiheit.«

Es ist der dreiunddreißigste Mord der *RAF*.

Am nächsten Morgen stoßen die Ermittler auf weitere Spuren. Den Fußabdrücken nach zu schließen haben sich am Tatort zwei Attentäter aufgehalten. Im Gestrüpp des Schrebergartens finden sie ein königblaues Handtuch mit eingewobener Zierleiste, das die Täter offensichtlich mitgebracht hatten. Es erhält die Nummer 2,8 im Beweismittelverzeichnis.

In dem Handtuch hat die Spurensicherung später neun Haare sicherstellen und asservieren können. Aber erst zehn Jahre nach dem Mord können die BKA-Wissenschaftler dank ihrer neuen Methode mit einem einzigen Haar etwas anfangen und analysieren. Es gehört Wolfgang Grams, der 1993 in Bad Kleinen umkam. Zuvor hatte Grams dort den Polizisten Michael Newrzella erschossen. Der Polizeibeamte trug keine Schutzweste. Er war das letzte Todesopfer in der blutigen Geschichte der *RAF*.

Die Erkenntnisse zu Barbara und Horst Ludwig Meyer sowie zu Andrea Klump bleiben nicht ohne Folgen für die Ermittlungsbehörden. Das alte Fahndungsplakat »Terroristen! Vorsicht Schusswaffen!«, mit dem nach den mutmaßlichen *RAF*-Terroristen gesucht wurde, hat ausgedient.

Generalbundesanwalt Kay Nehm ordnet an, bundesweit alle Fahndungsplakate abzuhängen und ins Archiv zu bringen. Nach zwanzig Jahren verschwinden damit die Plakate der Bundesanwaltschaft mit den Fotos der mutmaßlichen *RAF*-Terroristen aus öffentlichen Gebäuden. Die Behörde begründet den Schritt damit, die Fotos seien zumeist mehr als zehn Jahre alt und entsprächen nicht mehr dem heutigen Aussehen der Gesuchten. Die Fahndung nach den mit Haftbefehl gesuchten Mitgliedern der *RAF* gehe aber weiter.

Böttcher ist zufrieden. Mehr konnte er nicht erwarten. Nach dem Tod von Horst Ludwig Meyer, der Verhaftung von Andrea Klump und der richterlichen Feststellung, dass Barbara Meyer und Christoph Seidler nichts mit der *RAF* zu tun hatten, wird nur noch nach drei Personen gefahndet. Gehörten sie wenigstens alle zur *RAF*? Zumindest bei einer der drei hat Böttcher so seine Zweifel.

Es handelt sich um Sabine Elke Callsen. Die gebürtige Hamburgerin wird seit Dezember 1985 mit Haftbefehl international gesucht. Die Bundesanwaltschaft beschuldigt Callsen der Mitgliedschaft in der *RAF*. Darüber hinaus soll sie an zwei Sprengstoffanschlägen auf die Firmen »Internationale Schiffs-Studiengesellschaft« (ISS) und »Project-Management-Office« (PMO) in Hamburg am 8. April 1985 beteiligt gewesen sein.

Zu den beiden Anschlägen bekannten sich jedoch nicht die *RAF*, sondern so genannte *Kämpfende Einheiten*. Jahrelang ging man davon aus, dass es sich dabei um die »zweiten Ebene« der *RAF* handelte. Mittlerweile ist Böttcher der Überzeugung, dass dies vielleicht einer der entscheidenden Fehler war. Dadurch, dass man Personen wie Callsen der *RAF* zugeschlagen hatte, blieb ihnen wegen des immensen Fahndungsdrucks der Behörden nichts anderes übrig, als sich in den Nahen Osten abzusetzen.

Dort hatten sie dann keine große Wahl. Entweder sie ließen sich von palästinensischen Terrorgruppen oder von Söldnertruppen wie der *AIIB* für deren Operationen einspannen, oder sie hielten sich wie im Falle von Barbara Meyer mit karitativen Arbeiten in den Palästinenserlagern irgendwie über Wasser. Sabine Callsen schlägt Böttcher der letzten Kategorie zu. Er rechnet deshalb fest damit, dass sich Callsen über kurz oder lang stellt.

Bereits nach der Rückkehr von Christoph Seidler waren Gerüchte aufgekommen, dass sich neben Barbara Meyer auch Sabine Callsen überlegt, freiwillig nach Deutschland zurückzukommen. Angeblich wollten beide abwarten, wie das Verfahren gegen den Rückkehrer Seidler ausgeht. Die Vorwürfe gegen Seidler wurden fallen gelassen. Ebenso erging es Barbara Meyer nach ihrer Rückkehr, zumindest was die Vorwürfe im Zusammenhang mit der *RAF* angingen. Somit dürfte auch der Rückkehr von Callsen nichts mehr im Weg stehen. Schließlich hat sie nicht viel zu befürchten. Bei den Anschlägen damals im April 1985 in Hamburg war Sachschaden entstanden. Personen waren nicht in Mitleidenschaft gezogen worden.

Wiesbaden, 7. März 2000

Die »taz« gehört normalerweise nicht zu Böttchers bevorzugter Lektüre. Aber an diesem Dienstagmorgen jedoch ist die Lektüre der linken Berliner »Tageszeitung« geradezu Pflicht.

»Ziel: Der legale Ruhestand«, lautet die Überschrift über dem ganzseitigen Artikel, dazu ein halbseitiges Foto, das Masao Adachi und seine Braut zeigt. Der Kopf der *Japanischen Roten Armee* hat im Gefängnis von Roumieh seine langjährige Freundin, die Libanesin Oumayya Abboud, geheiratet.

Die Braut kommt aus einer angesehenen libanesischen Familie. Allein deswegen war die Hochzeitszeremonie schon ein Medienereignis. Zudem war es die erste Trauung in dem berüchtigten Männergefängnis von Roumieh. Um dort seine 39-jährige Freundin nach christlich-orthodoxem Ritus heiraten zu können, war Adachi zuvor konvertiert. Der 61-jährige war bis dahin Shinto-Buddhist gewesen.

»Sie waren gefürchtet. Sie kämpften für Palästina. Jetzt wollen Ex-Terroristen der *Japanischen Roten Armee* friedlich altern«, liest Böttcher und muss laut lachen. »Es gibt sie noch, die internationale Solidarität. Libanesen aller Parteien engagieren sich für die japanischen Freunde, die mit Attentaten weltweit für die Palästinenser kämpften.«

Böttcher schüttelt den Kopf. Er kann es nicht verstehen, dass Terroristen wie Adachi noch immer als Freiheitskämpfer für die palästinensische Sache verklärt werden. Dabei waren ihre Anschläge allzu oft nichts anderes als Auftragsmorde von Despoten wie Gaddafi oder anderen größenwahnsinnigen Diktatoren. Allerdings muss Böttcher sich zugestehen, dass der Japaner schlau genug war, sich nicht selbst die Hände schmutzig zu machen. Die Drecksarbeit überließ er vermutlich Desperados wie Horst Ludwig Meyer.

»Fünf von ihnen kommen heute aus der Haft frei. Japan fordert ihre Auslieferung. Sie hoffen auf Asyl im Libanon«, heißt es in dem Artikel weiter. Das Schlitzohr Adachi, schießt es Böttcher durch den Kopf, versucht nun durch die Heirat mit einer Libanesin seine Abschiebung in seine Heimat verhindern zu können.

Böttcher geht allerdings davon aus, dass das Kalkül des japanischen Terroristen nicht aufgehen wird. Seit der Verhaftung von Adachi hat Japan beträchtliche Wirtschaftshilfe im Libanon geleistet. Erst vor kurzem hatte der libanesische Bildungsminister beispielsweise ein von der japanischen Regierung gesponsertes Film- und Musikstudio im Wert von 400 000 Dollar einweihen können. Die Symbolik ist in den Augen von Böttcher jedenfalls frappierend. Vor seiner Karriere als Terrorist hatte sich Adachi zumindest in Japan als Filmregisseur einen Namen gemacht.

Böttcher ist davon überzeugt, dass Japan seine Zahlungen an den Libanon wohl unter anderem an die Bedingung gekoppelt hat, Adachi nach Ablauf seiner Haft ausgeliefert zu bekommen. Vielleicht passierte sogar schon dessen Verhaftung auf Intervention aus Fernost.

Böttcher legt den Zeitungsartikel beiseite. Wenn er noch mit Adachi reden will, muss er das schnell tun. In Japan würde es nicht so einfach sein, an ihn heranzukommen. Allerdings schätzt Böttcher seine Chancen, Adachi noch im libanesischen Gefängnis aufsuchen zu können, als nicht allzu groß ein. Der Anwalt von Adachi würde sich bestimmt wieder quer legen.

Ein anderer müsste sein Glück versuchen. Jemand, der noch nicht mit dem Anwalt aneinander geraten ist. Böttcher hat bereits eine Idee. Er fingert seinen Taschenkalender aus seinem Jackett und sucht die Telefonnummer von Roth, seinem Freund beim BfV.

Roth muss Adachi in Beirut aufsuchen, bevor er auf Nimmerwiedersehen nach Fernost abgeschoben wird. Zudem kennt sich Roth in dem Fall aus wie kein Zweiter. Er war es schließlich, der Böttcher auf die Bedeutung von Adachi und der *AIIB* aufmerksam machte. Zudem ist Roth ein Intellektueller. Der Japaner ebenfalls. Allein deshalb wird es Roth gelingen, einen persönlichen Zugang zu Adachi zu bekommen.

Böttcher greift zum Telefon und wählt die Nummer von Roth: »Hallo, ich bin's. Wir müssen uns treffen. Ich hab da so eine Idee.«

Bald nach der Rückkehr von Roth treffen sie sich im Büro von Böttcher. Roth berichtet von Adachi, den er nur ganz kurz ungestört sprechen konnte. Erst als die Richterin für einen Moment den Raum verlassen hatte, war Adachi aufgetaut und hatte sich ernsthaft mit Roth unterhalten. Aber Roth ist überzeugt, dass er bei dem Japaner nun einen Fuß in der Tür hat. Böttcher nickt zufrieden. »Wer weiß, wofür das mal gut sein kann«, denkt er insgeheim.

Böttcher macht sich nun daran, mit Hilfe von Roth ein Grundsatzpapier für die Amtsleitung zu erstellen. Der Arbeitstitel lautet: »Die *PFLP* und West-Europa.« Darin weisen sie auch auf Masao Adachi hin und dessen Rolle im Netzwerk des internationalen Terrorismus. Am Beispiel des fehlgeschlagenen Anschlages im spanischen Rota veranschaulichen sie, wie der Japaner geschickt die Strukturen und das Personal der *PFLP* nutzte, um im Auftrag von Schurkenstaaten wie Libyen Terroranschläge unter dem Label der *AIIB* durchführen zu lassen.

Anhand von Personen wie Horst Ludwig Meyer und Andrea Klump verdeutlichen sie, wie man für die Terroroperationen auch Deutsche einsetzte, die fälschlicherweise immer mit der *RAF* in Zusammenhang gebracht wurden. Derweil standen sie seit den frühen 80er-Jahren im engen Austausch mit militanten Antiimperialisten, gründeten so genannte »Kämpfende Einheiten« und gingen schließlich in den Untergrund, weil sie irrtümlich in Verdacht geraten waren, zur *RAF* zu gehören.

Dies wiederum wussten Terrorpaten wie Adachi für ihre Ziele zu nutzen. Sie boten den per Steckbrief gesuchten Deutschen im Libanon Unterschlupf. Allerdings bekamen sie das nicht umsonst. Sie mussten dort arbeiten. Entweder in sozialen Einrichtungen wie Barbara Meyer oder aber sie engagierten sich aktiv im Kampf und führten Anschläge durch, so wie Horst Ludwig Meyer und Andrea Klump.

Das Papier wird schließlich fünfzehn Seiten lang und zeigt einige neue Ermittlungsansätze auf. Böttcher ist zufrieden. Allerdings weiß er, dass er sich bald über einen längeren Zeitraum ganz anderen Dingen widmen wird. Maria, seine Ehefrau ist wieder schwanger.

Am 1. August 2000 kommt Sohn Paul auf die Welt. Und Böttcher, der vor wenigen Monaten zum Ersten Hauptkommissar ernannt wurde, verabschiedet sich in den Erziehungsurlaub. Ein Jahr lang will er sich nur seiner Familie widmen.

Berlin, Frühjahr 2004

Böttcher blättert in dem Grundsatzpapier »*PFLP* und West-Europa«, das er zusammen mit Lothar Roth vor nun mehr als drei Jahren verfasste. Das Papier hat nach wie vor Gültigkeit. Er weiß nicht so recht, ob er darüber stolz sein soll. Oder ob dies ihn vielmehr erschrecken muss, weil dies nur belegt, wie wenig in den vergangenen Jahren in dieser Sache geschehen ist.

Lediglich eine der Personalie hat sich erledigt. Vor einem Jahr hatte sich Sabine Callsen in Beirut gestellt. Wie bereits Christoph Seidler und Barbara Meyer vor ihr, hatte auch Callsen glaubhaft machen können, dass sie nicht zur *RAF* gehörte und spätestens seit 1988 ununterbrochen im Libanon in einem Palästinenserlager lebte. Böttcher hatte sie dort im März 2003 abgeholt.

Die aus Hamburg stammende Callsen hatte ihre Rückkehr nach Deutschland von langer Hand vorbereitet. Im Beisein eines Hamburger Rechtsanwalts, der von ihren Eltern bezahlt wurde, war sie in der deutschen Botschaft in Beirut aufgetaucht. Anders als im Fall von Barbara Meyer war es Böttcher im Beisein des Rechtsanwaltes nicht möglich gewesen, sich groß mit Callsen zu unterhalten. Er war hauptsächlich mit der Abwicklung der Formalitäten beschäftigt. Es mussten Papiere für Callsen, die damals hochschwanger war, sowie ihren beiden Kindern angefertigt werden. Der Vater der Kinder war Syrer. Mit ihm lebte Callsen all die Jahre zusammen in einem Palästinenserlager.

Böttcher musste sich nun darum kümmern, dass sich der Syrer schriftlich damit einverstanden erklärte, die Kinder mit ihrer Mutter nach Deutschland ausreisen zu lassen. Die Formalitäten hielten ihn fast eine ganze Woche auf Trapp. Schließlich hatte er alles zusammen, und sie konnten ohne größere Probleme nach Deutschland fliegen. Es war eine verhältnismäßig unspektakuläre Rückkehr von einer Frau, nach der per Steckbrief fast achtzehn Jahre gefahndet worden war.

Damit verbleiben auf dem Fahndungsplakat, das offiziell nicht mehr ausgehängt wird, von den ehemals sieben steckbrieflich gesuchten Personen lediglich noch zwei, deren Namen heute kaum noch jemand kennt: Daniela Klette und Ernst-Volker Staub.

»Das entbehrt nicht einer gewissen Ironie«, geht Böttcher durch den Kopf. Alle, die nichts mit der *RAF* zu tun hatten, sind entweder tot, sitzen wegen Anschlägen für andere Terrororganisationen im Gefängnis oder haben sich gestellt. Nur von Klette und Staub gibt es nicht den Hauch einer Spur. Dabei sind sie die Einzigen auf dem alten Fahndungsplakat, die vermutlich tatsächlich zur *RAF* gehörten.

Nach der Schießerei im Bahnhof von Bad Kleinen 1993 wurden auf Schriftstücken, die bei dem toten Wolfgang Grams und dessen festgenommener *RAF*-Komplizin Birgit Hogefeld gefunden worden waren, Fingerabdrücke von Klette und Staub sichergestellt. Zudem lassen Redewendungen in der Kapitulationserklärung der *RAF* aus dem Jahre 1998 Bezüge zu Staub erkennen. Seine Lieblingsbegriffe wie »rund um den Globus« oder »paradoxerweise« tauchen auffällig oft in dem Auflösungspapier der *RAF* auf. Möglicherweise war Staub der Verfasser.

Demnach war die *RAF* in den vergangenen Jahren lediglich ein Zwei-Personen-Unternehmen. Außer es gab noch Mitglieder, deren Namen die Behörden nicht kennen und vielleicht auch nie kennen lernen werden.

Mittlerweile gibt es Hinweise, dass sich Staub und Klette ebenfalls mit Raubüberfällen über Wasser halten. Am 30. Juli 1999 waren bei einem Überfall auf einen Geldtransporter in Duisburg-Rheinhausen rund eine Million Mark erbeutet worden. Die Täter waren mit einer Panzerfaust und einer Maschinenpistole bewaffnet. Bei der Untersuchung am Tatort gefundener Gesichtsmasken und zweier Autos fanden Experten des nordrhein-westfälischen LKA Spucke und Abriebspuren. Als die DNS-Profile der zentralen Datenbank des BKA übermittelt und dort mit vorhandenem Material verglichen wurden, konnten die Kriminalisten das Ergebnis erst gar nicht glauben. Es handelte sich eindeutig um die DNS von Klette und Staub.

Gedankenverloren legt Böttcher das Papier beiseite. Wer interessiert sich heute noch für die Akteure der *RAF*, der *PFLP* oder der *AIIB*? Sie werden zum Bedauern von Böttcher allzu oft als Gestalten der Geschichte abgetan. Großzügig wird darüber hinweggesehen, wie viel Leid sie über die Menschen gebracht haben, die Opfer ihrer Anschläge wurden.

Aber seit dem Verfassen des Papiers hat sich nun mal einiges verändert, auch in seinem privaten Umfeld. Nicole, seine älteste Tochter, studiert Mathematik und Wirtschaftswissenschaften im Rhein-Main-Gebiet, während er zwischenzeitlich mit seiner zweiten Frau und den beiden kleinen Kindern Nora und Paul in Berlin lebt und dort so oft als möglich von Nicole besucht wird.

Maria, seine Ehefrau, ist mittlerweile eine äußerst erfolgreiche Managerin im IT-Bereich. Sie verdiente schon einmal in einem Monat mehr Geld als er im ganzen Jahr. Allein aus wirtschaftlichen Erwägungen war es deshalb vernünftig, dass er eine Zeit lang ausstieg und sich um die Kinder kümmerte. Zudem hatte er nach einundzwanzig Jahren die Schnauze voll von der Jagd nach Terroristen. Er brauchte damals einfach eine Auszeit.

Im August 2001 trat er schließlich wieder voller Tatendrang zum Dienst an. Er hatte sich sogar dazu breitschlagen lassen, endlich einmal einen Computerkurs zu belegen. Aber sonderlich weit war er nicht gekommen. Die hausinterne Schulung hatte am 10. September 2001 begonnen. Am nächsten Tag passierten die Terroranschläge in New York und Washington und Böttcher wurde als Verbindungsbeamter des BKA nach Pullach zum BND geschickt, wo er trotz der »Babypause« noch über beste Kontakte verfügte.

Danach arbeitete Böttcher für die Sonderkommission »Wüste«, die nach der Entführung von 32 europäischen Touristen, darunter mehrere Deutsche, eingerichtet worden war. Die

Touristen waren in der Sahara verschleppt und monatelang gefangen gehalten worden. Für eine der deutschen Geiseln waren die körperlichen Strapazen zu viel. Sie starb wenige Wochen vor der Freilassung der ersten Geiselgruppe im August 2003.

Die Geschichte hätte Böttcher ebenfalls um ein Haar das Leben gekostet. Wochen hatte er in Algerien verbracht und zusammen mit Kollegen vom BKA und BND versucht, die Spur der Entführer zu verfolgen. Dabei ignorierte er die Signale seines Körpers. Erst als er bereits Blut im Stuhl hatte, ließ er sich ausfliegen. In Deutschland wurde er operiert. Die Ärzte schnitten ihm ein Geschwür heraus. Die Sache hatte ihn eine ganze Weile außer Gefecht gesetzt.

Böttcher wird in drei Monaten fünfzig. Für seinen Geschmack ist es jedoch zu früh für einen Bürojob. Er fühlt sich fit genug, noch ein paar Jahre im operativen Bereich zu arbeiten. Und die verbleibende Zeit will er nutzen, so viel als möglich von den bislang ungeklärten Fällen zu lösen.

Er hat sich deshalb entschlossen, das Angebot des Vizepräsidenten anzunehmen. Vor kurzem erst hatte ihn Falk gedrängt, wieder in seinem alten Bereich aktiv zu werden. Dafür braucht er auch keine Computerkenntnisse. Böttcher verlässt sich lieber auf seine alte Methode: auf seinen Instinkt, seinen Kopf und seine Taschenkalender, in denen alles drinsteht, was wirklich wichtig ist. Die gute alte Schule eben.

Gedankenversunken nimmt er noch einmal das Grundsatzpapier in die Hand. Bei einigen der Anschläge, die in den 80er-Jahren im Namen oder zumindest im Auftrag der *PFLP* oder der *AIIB* begangen wurden, hatten nach seinem Dafürhalten deutsche Terroristen die Finger im Spiel, wie etwa bei dem gescheiterten Anschlag im spanischen Rota. Mit Horst Ludwig Meyer und Andrea Klump konnten zwei der drei Täter identifiziert werden. Der dritte Mann von Rota ist jedoch noch immer flüchtig. Böttcher glaubt zu wissen, wer es ist. Er lebt sogar in Deutschland.

Aber das ist nicht der einzige Fall, den Böttcher als »unerledigt« abgespeichert hat. Beim Gedanken an die Liste der »unerledigten Fälle« muss er leise stöhnen. Sie ist lang. Zudem hat er sich vorgenommen, ein paar der ganz harten Nüsse knacken zu wollen. Das wird nicht einfach. Die Taten liegen manchmal so lange zurück, dass sie sich nicht mehr mit herkömmlichen Ermittlungsmethoden aufklären lassen.

Er braucht einen Aussteiger, einen Kronzeugen, um endlich Licht in das seit Jahren währende Dunkel bringen zu können. Angestrengt überlegt er, wer dafür in Frage kommen könnte. Immer wieder geht er die Namen der möglichen Personen durch. Immer wieder bleibt er an demselben Namen hängen: Masao Adachi, der Japaner.

Formal ist Adachi der zweite Mann in der *JRA*, die in einer Erklärung vor vier Jahren ihre Auflösung bekannt gab. »Dies wird die letzte Erklärung der *Roten Armee* sein«, hieß es in einem Schreiben an die japanischen Zeitung »Yomiuri«. Wortlaut und Art erinnerten an die Abschiedserklärung der *RAF*.

Aber Adachi war nicht nur führendes Mitglied in der *JRA*, sondern eine der wichtigsten Spinnen im Netzwerk des internationalen Terrorismus. Allerdings erachtet es Böttcher als Vorteil, dass sich die *JRA* nach drei Jahrzehnten auflöste. Adachi muss zumindest nicht mehr auf seine japanischen Genossen Rücksicht nehmen und ist vielleicht etwas einfacher dazu zu bewegen, über die Einbindung deutscher Terroristen im internationalen Netzwerk zu sprechen.

In seinem Kopf formuliert Böttcher bereits einen Plan. Er überlegt, wer ihm die Tür zu dem japanischen Terroristenführer aufstoßen kann. Der einzige, der ihm einfällt, ist wieder Lothar Roth. Sein alter Freund vom BfV. Immerhin hat Roth kurz vor Adachis Haftentlassung wenigstens ein paar Worte mit ihm wechseln können.

Wenige Sekunden später greift er zum Telefonhörer und wählt eine Nummer, die er in den vergangenen Jahren unzählige Male angerufen hat. »Hallo, ich bin's. Wir müssen uns bald mal wieder treffen«, sagt Böttcher. Nach einer kurzen Pause fügt er noch hinzu. »Eigentlich sehr bald. Es ist es relativ dringend.«

Ein Lachen dringt aus der Muschel des Hörers. »Das klingt nach Arbeit«, sagt Roth.

Böttcher übergeht die Bemerkung seines Freundes. »Ich habe da so eine Idee«, sagt er.

Nachwort

Ich saß im Wohnzimmer einer Ex-Terroristin, als ich das erste Mal von Richard Böttcher hörte. »Sie stellen so blöde Fragen wie Böttcher«, sagte Magdalena Kopp, die Ehefrau von Carlos.

Der Name sagte mir nichts. Ich tippte auf Konkurrenz, oder jemand vom Verfassungsschutz. Kopp schüttelte lachend den Kopf. »Böttcher ist BKA-Beamter, aber zur Zeit im Erziehungsjahr.«

Der Polizeibeamte habe sie einst in Venezuela ausfindig gemacht und im Zusammenspiel mit zwei Verfassungsschützern und einem Berliner Staatsanwalt zur Rückkehr nach Deutschland bewegt. Meine Neugier war geweckt. Ich begann, mich umzuhören.

Anfangs war über diesen vermeintlichen Polizisten, der in seiner Freizeit Ex-Terroristinnen besuchte, nichts in Erfahrung zu bringen. Erst im Laufe der Zeit kam ein Mosaiksteinchen zum anderen, bis ich eine ungefähre Vorstellung von der Tätigkeit dieses meist geheim operierenden Polizeibeamten hatte.

Der nächste Schritt bestand darin, irgendwie an Böttcher heranzukommen. Die Chance bot sich anlässlich eines Terrorprozesses in Berlin, bei dem Böttcher als Zeuge geladen war.

Zu meiner Überraschung war Böttcher bestens darüber im Bilde, dass ich ihm seit geraumer Zeit nachstellte. Damals war ich längst von dem Wunsch besessen, ihn für mein Buch über Carlos interviewen zu wollen. Schließlich hatte er den Schakal, wie Carlos genannt wird, sowie dessen deutsche Gefolgsleute, jahrelang gejagt. Böttcher schien nicht abgeneigt, empfahl mir aber, mich mit meinem Ansinnen an das BKA zu wenden. Ich tat dies – und erhielt eine freundliche, aber bestimmte Absage.

Jahre später, mein Buch »Im Schatten des Schakals. Carlos und die Wegbereiter des internationalen Terrorismus« war längst erschienen und in mehreren Sprachen übersetzt worden, unternahm ich einen erneuten Vorstoß. In der Zwischenzeit hatte ich so viel Geschichten gehört und Informationen über Böttcher zusammengetragen, dass ich zu der Überzeugung gekommen war, über den vermutlich erfolgreichsten deutschen Terrorfahnder ein Buch schreiben zu wollen. Ich schrieb einen langen Brief an Böttcher und das BKA.

Zu meiner Überraschung bekam ich dieses Mal die Zusage, Böttcher unter gewissen Voraussetzungen für ein Buchprojekt interviewen zu dürfen. Mit Verantwortlichen des BKA, denen ich hier ausdrücklich dafür danken möchte, wurde vereinbart, dass ich Böttcher zu einer Reihe von Operationen befragen kann, die bereits abgeschlossen sind. Zu laufenden Ermittlungen durfte er verständlicherweise keine Auskunft geben, selbst wenn ich bereits aus anderen Quellen davon Kenntnis bekommen haben sollte. Ebenso sollte ich seinen Namen nicht nennen. Böttcher ist also ein Pseudonym.

Alles andere ist wahr.

Alle Angaben und Schilderungen in diesem Buch entsprechen der Realität. Nichts wurde verfremdet oder gar beschönigt. Teilweise werden hier erstmals Hintergründe und Abläufe von bislang streng geheim gehaltenen Operationen beschrieben, die ich mit Hilfe von Unterlagen, aber vor allem auf Grund von mehreren Dutzend Interviews detailliert nachzeichne.

Richard Böttcher schulde ich für das mir entgegengebrachte Vertrauen großen Dank. In unzähligen Sitzungen, die manchmal bis zu neun Stunden dauerten, hat er mir Einblick gewährt in sein abenteuerlich anmutendes Leben.

Ebenso muss ich mich bei einer Reihe von Mitarbeitern des BKA wie auch diverser Nachrichtendienste im In- und Ausland bedanken, die nicht nur bereit waren, in ihrem Gedächtnis zu kramen, sondern auch persönliche Aufzeichnungen, Memos, Terminkalender und sonstige Dokumente heran zu ziehen, um mit mir Abläufe, Ereignisse oder auch Gespräche zu rekonstruieren. Viele dieser Gesprächspartner sind noch im Dienst und nicht selten an sensiblen Operationen beteiligt, weshalb sie hier anonym bleiben müssen.

Lediglich einem Agenten, nämlich meinem eigenen, kann ich namentlich danken. In seinem Fach ist Alexander Simon einfach unschlagbar. Ohne ihn wäre dieses Buchprojekt nie zustande gekommen.

Ebenso möchte ich mich bei meinem früheren Verleger Holger Kuntze bedanken, der sich spontan für dieses Buch begeisterte, obwohl wir eigentlich ein anderes Thema vereinbart hatten. Peter Lohmann und Felix Rudloff gebührt mein Dank, weil sie sich mit ebenso großer Begeisterung dem Projekt widmeten.

Ein ganz besonderer Dank geht an meine Lektorin Martina Seith-Karow, deren Geduld ich arg strapazierte, was sie aber nicht davon abhielt, sich mit unglaublichem Einfühlungsvermögen über das Skript herzumachen.

Mein allergrößter Dank gebührt jedoch meiner Frau Dorothee. Ohne sie hätte ich nicht die Kraft, die Bücher zu schreiben, die ich in den vergangenen Jahren geschrieben habe. Und dies ist nur einer von unzähligen Gründen, weshalb ihr auch dieses Buch gewidmet ist.

Hamburg, im Juli 2005, Oliver Schröm

Glossar

AIIB (Antiimperialistische Internationale Brigade) Terroristische Söldnertruppe, die in der 80er-Jahren insgesamt zwölf Attentate vor allem im Auftrag Libyens verübte.

Al Fatah (Nationale Palästinensische Befreiungsbewegung) 1962 gegründet und damit die älteste, aber vor allem auch die größte Gruppe innerhalb der *PLO*. Führte in und außerhalb Israels Terroranschläge durch.

Al Fatah RC (Al Fatah – Revolutionskommando) siehe *ANO (Abu-Nidal-Gruppe)*

Amal 1969 als »Höherer Schiitisch-Islamischer Rat« gegründet. Der militärische Zweig dieser libanesischen Bewegung trägt seit 1975 den Namen *Amal* und hatte während des Bürgerkrieges in den südlichen Vororten von Beirut seine Hochburg.

ANO (Abu-Nidal-Organisation) Palästinensische Terrorgruppe, auch bekannt als *Al Fatah RC*, die sich bereits 1973 von der *PLO* abspaltete. Benannt nach dem Kampfnamen ihres Anführers Sabri al-Banna alias Abu Nidal.

ASALA (Geheime armenische Befreiungsarmee) 1975 mit dem Ziel gegründet, ein »vereinigtes Armenien unter der Führung einer demokratischen, sozialistischen und revolutionären Regierung« zu schaffen.

Bewegung 2. Juni Linksgerichtete, deutsche Terrororganisation. Der Name bezieht sich auf das Todesdatum des 1967 von der Polizei in Westberlin erschossenen Studenten Benno Ohnesorg.

ELA (Revolutionärer Volkskampf) 1975 gegründete griechische Terrororganisation, die bis 1995 aktiv war und das »kapitalistisch-imperialistische System« stürzen wollte, um somit eine sozialistische Herrschaft des Volkes zu erreichen.

Falangisten Extrem eingestellte, maronitische Miliz, die während des libanesischen Bürgerkrieges im April 1975 erstmals auffiel, indem sie einen mit Palästinensern besetzten Bus angriff.

Hisbollah (»die Partei Gottes«) Schiitische Splittergruppe, finanziert von den Mullahs im Iran, machte Mitte der 80er-Jahre erstmals mit einer Reihe von Anschlägen im Libanon von sich reden. Setzt mittlerweile nicht mehr allein auf Terrorismus und militärische Aktionen, sondern auch auf politische Einflussnahme.

Islamischer Dschihad 1975 von palästinensischen Studenten in Ägypten gegründet, gilt die Gruppe als eine der gefährlichsten Terror-Organisationen im Nahen Osten. Hauptfeind ist das »zionistisch-jüdische« Israel, das in einem Dschihad (Heiliger Krieg) zerstört werden muss.

JRA (Japanische Rote Armee) 1971 gegründet, schlug die Organisation im Nahen Osten ihr Hauptquartier auf und führte vorwiegend als Bestandteil einer Terrorinternationalen auch im Auftrag der *PFLP* Anschläge durch.

Leuchtender Pfad Peruanische Bewegung, von Studenten gegründet. Trat 1980 erstmals mit Sabotageakten in Erscheinung.

PFLP (Volksfront für die Befreiung Palästinas) 1967 gegründete, marxistisch-leninistische Palästinensergruppe, die sich der *PLO* anschloss und dort die »Verweigerungsfront« anführte, jenem militanten *PLO*-Flügel, der politische Verhandlungen mit Israel kategorisch ablehnte.

PFLP-GC (Volksfront für die Befreiung Palästinas – Generalkommando) Spaltete sich 1968 von der *PFLP* ab. Wurde vor allem von Libyen und Syrien unterstützt.

PFLP-SC (Volksfront für die Befreiung Palästinas – Spezialkommando) Abspaltung der *PFLP*, die 1969 erstmals mit einer Reihe von Aufsehen erregenden Flugzeugentführungen in Erscheinung trat.

PLO (Palästinensische Befreiungsorganisation) Fungierte als eine Art Dachorganisation aller palästinensischen Kampftruppen und umfasste Mitte der 80er-Jahre acht terroristische Gruppen wie etwa die *Al Fatah*, aber auch fünfzehn soziale Einrichtungen und Erziehungsverbände.

RAF (Rote Armee Fraktion) Bekannteste linksgerichtete, deutsche Terrororganisation, die bis zu ihrer Auflösung im Jahre 1998 mit Mordanschlägen auf Vertreter aus Wirtschaft und Politik 28 Jahre lang die Republik in Atem hielt.

Revolutionäre Organisation 17. November (17N) Griechische Terrororganisation, die erstmals 1974 in Erscheinung trat. Der Name erinnert an den Studentenaufstand gegen die Militärjunta vom 17. November 1973.

RZ (Revolutionäre Zellen) Linksgerichte, deutsche Terrororganisation. Wurden als »Feierabendterroristen« tituliert, weil sie im Gegensatz zur *RAF* oder *Bewegung 2. Juni* nur anlässlich ihrer Operationen in den Untergrund abtauchten.

Schwarzer September Geheimes Terrorkommando der *PLO*, unter anderem verantwortlich für den Überfall auf israelische Sportler während der Olympischen Spiele 1972 in München.

Tupamaros Neben dem *Leuchtenden Pfad* die zweite linksgerichtete Bewegung in Peru. Wurde erstmals 1984 aktiv, fordert die Nationalisierung ausländischer Industriebetriebe und Firmen.

Abkürzungsverzeichnis

AfNS	Amt für Nationale Sicherheit, Rechtsnachfolger des MfS
ÁVH	Államvédelmi Hatóság, ungarischer Geheimdienst
BfV	Bundesamt für Verfassungsschutz, deutscher Inlandsnachrichtendienst
BND	Bundesnachrichtendienst, deutscher Auslandsnachrichtendienst
BKA	Bundeskriminalamt
CIA	Central Intelligence Agency, US-Geheimdienst
DST	Direction de la surveillance du territoire, französischer Inlandsgeheimdienst
FBI	Federal Bureau of Investigation, US-Bundespolizei
GLKA	Gemeinsames Landeskriminalamt der DDR
HV A	Hauptverwaltung Aufklärung (Auslandsgeheimdienst der DDR)
ISF	Internal Security Force, libanesische Polizei
IM	Inoffizieller Mitarbeiter des MfS
IMB	Inoffizieller Mitarbeiter des MfS mit Feindberührung

LfV	Landesamt für Verfassungsschutz, Nachrichtendienst der Bundesländer
MfS	Ministerium für Staatssicherheit, Geheimdienst der DDR
MI6	Britischer Auslandsgeheimdienst
Mossad	Merkazi Le-Modiin U-Letafkidim Meyuhadim, Institut für Nachrichten und Spezialoperationen, israelischer Geheimdienst
OPEC	Organization of Petroleum Exporting Countries, Organisation ölexportierender Länder
PASOK	Panhellenische Sozialistische Union
UKPV	Unabhängige Kommission Parteivermögen

Personenregister

Die Hauptfigur *Richard Böttcher* (Name geändert) wurde wegen zu häufiger Nennung nicht aufgenommen. Namen von Agenten, BKA-Beamten und V-Leuten, die aus Sicherheitsgründen geändert wurden, sind *kursiv* gedruckt.